KB272001

대학사용법

대학사용법

학습력을 커리어로 만드는 4단계 전략

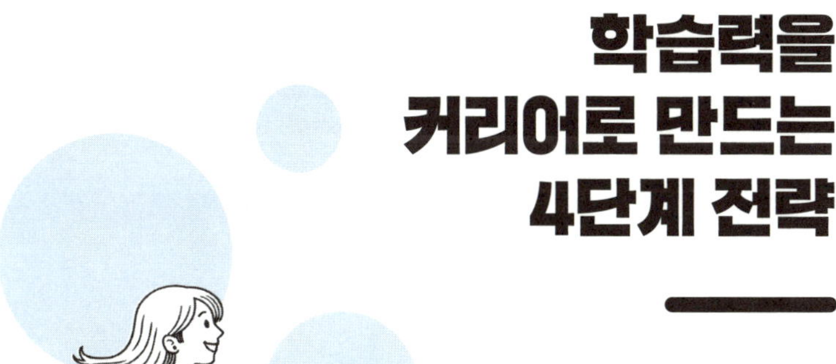

김재연 지음

일러두기

1. 이 책은 2014년에 출간된 『대학사용법』의 개정판이다.
2. 인명과 지명은 외래어표기법에 따랐으나, 저자명의 경우 먼저 출간된 도서를
   기준으로 표기했다.

여러 연구 결과에 따르면, 대학 교육의 평균적인 부가가치는 크지 않다. 대학이 학생을 길러내는 역량보다 애초에 역량이 다른 학생들을 선발하는 기능이 크기 때문이다. 그러나 같은 대학 내에서도 학생들 사이의 격차는 크게 벌어진다. 대학은 학습의 책임이 학생에게 본격적으로 이전되는 전환점인데, 많은 학생은 여전히 대학을 '정답을 제공받는 공간'으로 이해한다. 이는 태도의 문제가 아니라, 그 전환을 충분히 체감하지 못한 데서 생기는 간극이다. 『대학사용법』은 바로 그 차이가 어떤 선택에 따라 만들어지는지를 구체적으로 설명한다.

학생들과 대화하다 보면 비슷한 장면을 자주 마주하게 된다. 국제기구를 희망한다는 학생들은 국제기구초급전문가JPO 시험을 준비하고, 어학점수를 올리며, 자격증을 딴다. 그러나 실제 채용은 시험보다 경력의 축석에 가깝다. 현지에서 일해본 경험, NGO를 전전하며 쌓은 컨설팅 이력, 그리고 그 모든 시행착오가 경로를 만든다. 대학원도 마찬가지다. '학부 때 공부를 잘했으니 공부를 더 해봐야지'라는 생각으로 진학하지만, 대학원은 구체적인 연구 질문을 가진 사람들이 모이는 곳이다. 그 질문 역시 내 것을 찾아보려는 과정의 시행착오에서 온다. 학생들은 성실하지만, 선택의 책임을 시험과 자격증 같은 외부 기준에 맡기곤 한다. 단기적으로 합리적인 선택일 수 있지만, 이는 시행착오를 피하는 방식이기도 하다. 대학은 자신이 누구인지를 찾아볼 수 있는 시기다. 이 책은 그러한 시행착오를 어떻게 받아들일 수 있는지 보여준다.

이 책의 조언이 설득력을 가지는 이유는 저자 김재연이 그 시행착오를 직접 겪으며 살아왔기 때문이다. 그는 가장 깊이 있는 연구 분야 중 하나인 '미국정치발전론'에서 흔한 두꺼운 벽돌 책을 읽는 연구자이면서도, 데이터과학에 투자해 미국 공공 부문의 데이터과학자로서 경력을 쌓았다. 조용하고 내성적인 사람이지만, 먼저 연락하고 커피를 함께 마시며 연구의 지평을 넓혀왔다. 누구든 그와 대화를 조금이라도 나눠보았다면, 김재연이 열정적인 사람이라는 점을 알 수 있다. 훌륭한 학자, 동료이자 친구인 그의 진심이 이 책 전체에 담겨 있다. 정답을 찾기보다 자기만의 선택을 시작하고 싶은 학생들에게 이 책을 권한다.

이인복 연세대학교 정치외교학과 교수

AI와 디지털 전환의 시대에 접어들면서, 대학 생활의 의미도 빠르게 바뀌고 있다. 이제는 어느 대학에 입학했는지보다 대학에서 무엇을 배우고, 어떤 자료를 활용하며 스스로 역량을 키웠는지가 사회에 나아간 이후를 결정짓는 중요한 기준이 되고 있다. 그러나 많은 학생은 여전히 '무엇을 전공해야 하는지', '어떻게 스펙을 쌓아야 하는지'에 머물러 있을 뿐, 대학을 어떻게 활용해야 사회에 필요한 인재로 성장할 수 있는지는 제대로 배우지 못한 채 졸업을 맞이한다.

이 책은 바로 그 빈틈을 메워준다. 저자는 대학을 단순히 학점을 채우고 졸업장을 받는 공간이 아니라, 사고력과 문제 해결력, 그리고 스스로 배우는 힘을 기를 수 있는 '자원'으로 바라보도록 이끈다. 수업을 어떻게 듣고, 어떤 자료를 찾아 읽으며, 교수와 연구 환경, 교내 프로그램을 어떤 방식으로 활용해야 하는지까지 구체적으로 짚어주어, 학생이 자신의 대학 생활을 주도적으로 설계할 수 있도록 돕는다.

대학 생활을 '잘 보내고 싶다'는 막연한 바람을 넘어, 사회가 요구하는 역량을 갖춘 사람으로 성장하고 싶은 학생이라면 이 책을 반드시 읽어보기를 권한다. 지금의 대학 생활이 앞으로의 진로와 어떻게 연결되는지 고민하고 있다면, 이 책은 가장 현실적이고 든든한 길잡이가 되어줄 것이다.

박성철 고려대학교 보건정책관리학부 교수

『대학사용법』을 가장 빨리 접한 사람 중 한 명이 나일 것이다. 대학 시절 초판 원고를 감수하시던 조대곤 교수와 함께 책의 내용을 이야기한 지 벌써 10년이 훌쩍 넘었다. 당시 김재연 박사를 만나기 전, 이렇게 전략적이고 진취적으로 대학 생활을 하는 사람은 어떤 사람일까 궁금해했던 기억이 난다.

대부분의 학생이 『대학사용법』의 모든 조언을 따르는 것은 어렵고 힘든 일일 것이다. 하지만 그중 극히 일부만이라도 본인에게 필요한 부분을 수용한다면, 큰 변화를 발견할 수 있을 것이다. 이 책의 각 주제 하나하나가 저자 스스로 고민하고, 실행하며, 효과를 관찰한 후에 작성한 내용임을, 김재연이라는 사람을 알게 된 후 깨달았기에 더욱 자신 있게 말할 수 있다.

만약 책 전체를 읽는 것이 부담스럽다면 필요한 부분만 쏙쏙 골라 읽는 것을 추천한다. 대학 입학을 앞둔 신입생이라면 2장 '고등학생의 삶과 결별하라'부터 읽어도 좋다. 대학 졸업을 앞둔 고학년이라면 15장 '4학년, 이제는 더하지 말고 빼라'부터 후딱 보는 것도 효율적일 수 있다. 학부모님들은 1장을 먼저 읽어보셨으면 좋겠다. 자녀의 대학 간판보다 4년 동안의 경험과 성장을 응원할 수 있도록.

심재웅 미국 코네티컷대학교 경영대학 교수

20대 초반의 나는 대학 생활을 잘 해내고 싶은 욕심 많은 학생이었다. 비교과활동, 대외활동, 봉사활동 등 할 수 있는 것은 다 해보며 바쁘게 살았지만, 그 수많은 활동이 나의 진로와 어떤 연관이 있는지, 어떤 의미를 가지는지에 대해서는 막연하기만 했다. 그러던 중 학부 2학년 때 읽은 「스펙은 커리어와 같지 않다」는 글은 내게 큰 전환점이 되었고, 그 글을 계기로 『대학사용법』을 처음 접하게 되었다. 이 책은 대학이라는 제도를 단순히 '졸업장'을 따기 위한 공간이 아닌, 자기만의 커리어를 설계하고 실험해볼 수 있는 플랫폼으로 활용할 수 있다는 사실을 깨닫게 해주었다. 그 덕분에 나의 대학 생활도 점차 방향성을 가지게 되었고, 이후의 진학과 진로 결정에서도 흔들림 없이 나만의 기준을 세워나갈 수 있었다.

대학 생활의 끝에 '직업을 잡는 것'에만 머무르지 않고, 스스로의 가치관과 문제의식을 바탕으로 커리어를 개척해나가고자 하는 모든 이에게 이 책을 강력히 추천한다.

유나리 미국 미시간대학교 사회복지대학 교수

김재연 저자가 2014년에 펴낸 『대학사용법』을 나는 일본에서 대학원에 다니던 시절에 접했다. 저자가 대학과 대학원을 어떻게 활용해야 하는지 구체적으로 제시해놓은 내용을 읽으며, "이 책을 내가 학부 때 알았다면 얼마나 좋았을까!" 하고 여러 번 아쉬워했던 기억이 생생하다.

김재연 저자는 미국으로 유학을 떠나 한층 더 폭발적인 성장을 이루어냈고, 그로부터 12년 후 이전보다 더욱 강력한 내용을 담아 개정판을 출간했다. 새로 나온 판본을 보며 다시금 "이 책을 대학원 재학 시절에 알았더라면 얼마나 좋았을까!" 하는 아쉬움이 들었다.

『대학사용법』은 대학과 대학원 과정을 준비하거나, 그 이후의 아카데믹 커리어를 고민하는 이들에게 꼭 읽어보라고 권하고 싶다. 그의 깊은 통찰력을 바탕으로 잘 정리된 내용을 참고하여 학습한다면, 어떤 분야에서든 의미 있는 성취를 거둘 수 있으리라 확신하기 때문이다. 학문적인 길을 고민하는 모든 이에게 이 책을 강력히 추천한다.

송원서 일본 슈메이대학교 전임강사, 도쿄대학교 객원연구원

『대학사용법』 초판을 처음 읽었던 것은 대학 졸업을 앞두고 있던 2014년이었다. 그때 "이 책을 조금만 더 일찍 알았더라면 어땠을까" 하는 아쉬움을 안은 채 책장을 넘겼던 기억이 아직도 선명하다. 그로부터 10여 년이 넘게 흐른 지금, 나는 직장 생활 12년 차의 사회인이 되었다. 하지만 개정판을 다시 읽으며 느낀 점은 의외로 '이 책을 지금 처음 읽더라도 결코 늦은 것이 아니겠다'라는 확신이었다.

대학 생활의 끝자락에서 혼란을 겪던 한 청년은, 비교적 안정적인 직장에 취업했다가 새로운 땅에서 다시 공부를 시작했고, 퇴사 후 또 다른 도전을 선택하며 여전히 배움의 한가운데에 서 있다. 그런 나에게도 이 개정판은 여전히 곳곳에 밑줄을 그으며 읽게 되는 지침서가 되어주었다. 자신의 시간과 에너지를 어디에, 어떻게 배분할 것인지, 스스로의 포트폴리오를 만들어가고자 하는 모든 도전자에게 이 책을 강력히 추천한다.

정준성 다스 북미법인, 어카운팅 매니저

수능이 끝나고 나서 '대기업 인사팀 18년 차의 조언'이 알고리즘에 떠서 읽게 되었다. 그중 1번이 "공대를 가라"였는데, 상경계가 아닌 문과에 이미 합격한 나로서는 대학 생활을 어떻게 보내야 할지 고민이 더 커져 검색을 이어가던 중 『대학사용법』을 처음 접하게 되었다.

『대학사용법』이라는 제목이 끌렸던 이유는, 이 책이 대학 생활을 잘 보내면 좋은 직장을 얻거나 혹은 진로 고민이 해결되는 '커리큘럼'을 줄 수 있지 않을까 하는 막연한 기대 때문이었다. 그러나 책을 읽고 배운 것은 '태도'였다. 배우고자 하는 태도와 흥미를 가지고 임했던, 서로 관련 없

어 보였던 활동들은, 졸업반이 되어 돌이켜보았을 때 스티브 잡스가 말한 'connecting the dots(점들을 연결하는 것)'처럼 하나의 줄기를 형성하고 있었다. 그런 부분을 자기소개서에 진심을 담아 풀어내자 좋은 직장, 더 나아가 좋은 삶까지 얻을 수 있었다.

책 제목은 『대학사용법』이지만, 직장 생활을 하는 와중에도 1년에 한 번씩은 꼭 펼쳐보는 책이 되었다. 어떤 환경에서도 배우려는 자세를 잃지 않고 태도에 집중해 도전한다면 좋은 결과가 따라온다는 믿음을 주는 책이다. 아이를 낳게 된다면 어릴 때부터 이 책을 읽히면서 마인드셋을 알려주고 싶을 만큼, 대학 입학 직전이나 진로 고민이 있는 이들뿐 아니라 삶 자체를 고민하는 모든 분에게 이 책을 강력 추천한다.

이다인 직장인 독자

대학이라는 바다를 항해하는 이들에게 다시 말을 건네다

2004년, 나는 대학에 입학했다. 입학하고 얼마 지나지 않아 캠퍼스에서 94학번 선배를 마주친 적이 있다. 그 당시 나에게 그는 말도 붙이기 어려운 까마득한 선배였다. 그런데 04학번인 내가 이제는 '살아 있는 화석'이 되었다. 2024년에 입학한 학생에게 나는 어느덧 20년 선배다.

『대학사용법』은 내가 미국으로 박사 유학을 떠나기 전, 대학생 시절에 겪은 시행착오와 고민 그리고 그 과정에서 얻은 교훈을 기록한 것이다. 이 책은 2014년에 출간된 후 꽤 좋은 반응을 보이며 베스트셀러가 되었다. 그리고 놀랍게도 10년이 넘도록 꾸준히 팔리고 있다. 심지어 한국과 미국에서 이 책의 독자들을 자주 만났다. 학부생이었던 누구는 회사에 다니고, 누구는 창업하고, 누구는 공직에 있고, 누구는 대학에서 학생을 가르친다고 했다. 20대의 끝자락에 내가 남긴 조언과 경험이 시간과 공간을 넘어 누군가에게 힘이 되었다는 사실이 큰 기쁨이자 책임감으로 다가왔다.

한국 대학에 있는 동료 교수들을 제외하면, 이번 개정판의 추천사를 써준 대부분이 그와 같은 오리지널 『대학사용법』 독자다. 이 책이 처음 나왔을 때 감수해주신 분은 당시 포항공대 산업경영공학부의 조대곤 교수님이었다. 조대곤 교수님은 이후 카이스트 경영공학부를 거쳐 최근 연세대 경영대학으로 자리를 옮겼다. 조 교수님의 포항공대 제자였던 심재웅 교수는 이후 카이스트에서 박사 학위를 마치고, 미국 코네티컷대 경영대학 교수로 자리 잡았다. 그런 인연으로, 나는 10년 넘게 심재웅 교수와 학계의 동료이자 가까운 친구로 지내고 있다.

그사이 세상은 많이 변했다. 대학의 풍경도, 대학생들이 마주한 현실도 이전과 확연히 다르다. 취업 시장은 더욱 불확실해졌고, 인공지능AI의 등장은 교육, 기술 습득, 지식 노동의 방식을 근본적으로 바꿔놓고 있다.

그럼에도 불구하고 이 책에서 강조한 기본적인 태도와 원칙은 여전히 유효하다. 똑똑한 기계가 세상을 바꾸는 지금, 우리는 어떻게 하면 더 사람답게, 그래서 더 충실하고 더 경쟁력 있게 살아갈지 고민해야 한다.

그동안 나는 미국 UC 버클리에서 박사과정을 마치고, 한국개발연구원KDI 국제정책대학원에서 1년 남짓 교수로 일했다. 그런 뒤 다시 미국으로 돌아가 미국의 대표적 시빅 테크civic tech 단체 코드 포 아메리카에서 데이터과학자로서 미국 정부와 여러 프로젝트를 진행하며 실무 경험을 쌓았다. 그러고 나서 하버드대, 존스홉킨스대, 미시간대의 연구위원을 거쳐 다시 학계로 돌아왔다. 이제 미국에서 가장 오래된 공립대학이며 최상위 연구 중심 대학인 노스캐롤라이나대 채플힐UNC에서 공공정책과 데이터과학을 연구하고 가르친다.

박사과정을 마친 뒤, 어쩌다 보니 한국과 미국을 오가며 대학과 학계, 실무 현장을 넘나드는 커리어를 쌓았다. 그러면서 '대학이란 무엇인가', '커리어란 무엇인가'라는 근본적인 문제를 깊이 고민했다. 내 커리어가 다소 이색적이다 보니, UC 버클리와 스탠퍼드대부터 서울대와 카이스트에 이르기까지 미국과 한국의 여러 대학에서 초청을 받았다. 그곳에서 다양한 전공의 대학원생과 학부생을 만나 커리어 설계에 대한 고민을 듣고 이야기를 나눴다. 그리고 이들과 나눈 수많은 대화가 이 책을 개정하기로 결심하는 데 결정적 계기가 되었다.

그런 점에서 이번 『내학사용법』 개정판은 특별하다. 왜냐하면 이 책에는 학부생으로서의 경험, 박사과정 유학생으로서의 고민은 물론 미국과 한국의 대학, 실무를 모두 경험한 교수로서의 관점이 모두 담겨 있기 때문이다.

나는 믿는다. 덜 후회하는 청춘을 보내기 위한 대학 생활에는 공통된 원칙이 있다고. 그리고 그 원칙은 지금도 유효하다고. 문호 톨스토이가 『안나 카레니나』 서문에 "불행한 가정은 제각기 다른 이유로 불행하지만, 행복한 가정은 비슷한 이유로 행복하다"라고 썼듯이, 대학 생활도 마찬가지다. 모든 사람의 경험이 같을 수는 없지만, 나만의 커리어를 찾고 만드는 데 필요한 공통의 기준과 태도는 분명 존재한다. 되돌아보면, 지난했던 대학 생활이 내게 준 가장 큰 축복은 바로 그것이었다. 나와 주변 사람의 삶의 여정을 지켜보면서, 커리어를 충실히 쌓기 위해 필요한 공통의 원칙이 무엇인지 숙고할 수 있었다.

내가 조금이나마 이룬 것이 있다면, 운이 좋았기 때문이다. 그 행운 가운데 가장 큰 복은 단연 '사람'이었다. 좋은 사람들이 주변에 있었다. 적절한 시기에 훌륭한 스승, 존경할 만한 선후배, 믿고 의지할 수 있는 친구와 동료들을 만났다. 그들이 건네준 정직하고 유용한 조언은 내가 초심을 잃지 않고 여기까지 오는 데 큰 힘이 되었다. 하지만 시간이 흐르면서 깨달았다. 그런 '운'은 누구에게나 주어지는 것이 아니라는 사실을.

'pay it forward'라는 영어 표현이 있다. 이 말은 누군가에게 받은 도움이나 기회를 그 사람에게 되갚는 것이 아니라, 다른 누군가에게 전달하는 것을 의미한다. 즉 선의善意를 이어가라는 것이다. 한 예로, 내가 미국에서 박사 공부를 할 수 있었던 것은 고등교육재단 덕분이다. 고등교육재단이 해외 유학 장학생으로 선발해 UC 버클리에서 박사과정을 공부하는 내내 든든한 동반자가 되어주지 않았다면, 나는 유학을 꿈꾸기 어려웠을 것이다. 고등교육재단은 50년이 넘는 기간 동안, 아무런 조건 없이 해외 대학의 박사과정에 진학한 우수한 학생들에게 재정 지원을 해왔다. 그 인원은 1천 명에 이른다. 나도 그중 한 사람이다. 나는 가정 형편이 어려워, 확실한 재정 지원이 없으면 유학을 포기하기로 마음먹었다. 내 소망이 실현될 줄은 정말 꿈에도 몰랐다.

이처럼 나는 그동안 정말 많은 기회를 얻었다. 공장 노동자의 아들인 내가 미국 학계와 사회에서 교수이자 데이터과학자로서 자리 잡을 수 있었던 것은 그런 기회를 잡았기 때문이며, 그 후로도 비슷한 기회가 이어진 덕분이다. 나는 유학과 이민 생활에서 경험한 것을 전혀 고생이라고 생각하지 않는다. 대학에 가지 못했고, 그것이 일평생 한이 되셨던 아버지는 상상도 못 한 특권이었다.

이렇게 받은 것이 많은 만큼, 이제는 다음 세대에게 내가 받은 운을 돌려주고자 한다. 한국과 미국의 대학 및 현장에서 직접 겪고 고민했던 내 이야기를 더 많은 사람과 나누려고 한다. 내 경험이 누군가에게는 새로운 기회가 되기를 바란다. 구체적으로, 이 책은 대학에서 커리어를 설계하는 이들에게 첫걸음을 내딛도록 도와주는 안내서 역할을 하고, 대학을 졸업한 뒤 새로운 커리어의 방향을 모색하는 이들에게 나침반이 되어줄 것이다.

이 책을 읽는 대학 신입생에게 가장 먼저 하고 싶은 말이 있다. 만일 여러분이 하이틴 시트콤이나 캠퍼스 드라마에서 본 이미지를 품고 있다면, 그런 대학은 현실에 없다는 것이다. 그렇게 대학 생활을 하면 학점은 바닥을 치고, 학사 경고는 예약한 것이나 다름없다. 남학생이라면 군대에 다녀와야 겨우 정신을 차릴지도 모른다. 이미 대학을 졸업한 선배들은 이 사실을 잘 안다. 그것이 냉정한 현실이다.

물론 낭만을 모두 폐기하고, 고등학교 3학년처럼 계속 살아야 한다는 말은 아니다. 너무 일찍부터 대학 졸업 후를 걱정하면, 대학은 '과정'이 아니라 '결과'가 되어버린다. 시행착오를 두려워하고, 도전과 모험을 꺼리게 된다. 또한 스스로 마음을 좁히고, 가능성을 차단한다. 그렇게 살면 대학 생활이 지루하고 새로운 시도를 향한 동기마저 시들어버린다.

대학을 졸업하면 대부분은 회사에 들어가 조직 생활을 한다. 청년이 느끼기에, 어느 직장이든 먹고살기 참 피곤할 것이다. 일은 대개 단순하고 반복적이다. 물론 현실을 경험하고 돈을 번다는 장점은 있다. 그러나 다양한 삶을 실험하거나 자신의 가치를 시험할 여유는 턱없이 부족하다.

반면, 대학생은 다르다. 주머니에 돈은 없지만, 대학생이라는 사회적 위치만으로 무슨 일을 하든 숭고해지는 좋은 시기다. 실패는 경험이라는 이름으로 저축된다. 넘어져도 다시 일어서게 해주는 청춘이라는 희소한 보험도 있다. 그렇기에 이 황금 같은 기회를 절대 놓치지 말아야 한다.

대학 생활을 고3처럼 하는 것이나 직장 생활처럼 하는 것이나 본질은 같다. 전자는 '자기가 믿고 싶은 현실'만을 믿고, 후자는 '자기가 경험한 현실'만을 믿는다. 현실을 구성하는 조건들을 직시하고 개선할 생각은 하지 않은 채, 자신이 바라는 현실에 파묻혀 사는 것은 문제가 있다. 또한 변화 기회를 거부하고 지금껏 살아온 방식만 고수하는 것도 좋지 않다.

이것은 대학 생활만의 문제가 아니라, 인생을 사는 태도의 문제다. 삶의 태도가 진보적이냐 보수적이냐를 넘어 '극단적'이라는 데 문제가 있다. 안타깝게도 지금 대학에는, 그리고 대학생들이 졸업 후 나갈 사회에는 이런 극단적인 방식으로 살아가는 사람이 적지 않다.

여기서 대학생이 해야 할 가장 중요한 일이 무엇인지 명확해진다. 그것은 인생의 태도 점검이다. 내가 어떤 삶을 살려고 하는지, 어떻게 살아가려고 하는지, 왜 그런 삶을 원하는지 차근차근 따져봐야 한다.

대학생이라는 특권으로 얻은 자유를 가장 자유롭게 사용하는 방법은, 그 자유를 인생의 길을 넓히는 데 쓰는 것이다. 아직 가보지 않은 길을 찾아 탐색하고, 때로는 실패를 감수하며 실험하는 것이다. 자기만의 길을 만들고, 삶의 방향을 스스로 결정하며,

그것을 이루기 위해 노력하면 인생의 그릇이 커진다. 대학 생활은 기회다. 선택의 폭이 넓은 만큼, 기회의 폭도 넓다. 그러나 기회는 주어지는 것이 아니라 만드는 것이다. 어떤 기회는 우연처럼 다가오지만, 그 기회도 준비된 사람에게만 의미가 있다.

내가 겪은 대학 생활을 돌이켜보면, 하나하나의 경험이 서로 연결되어 또 다른 기회를 만들었다. 그렇게 작은 기회가 또 다른 기회를 낳고, 그것이 다시 나의 선택과 실천으로 이어지는 기회의 선순환이 일어났다.

'기회의 선순환'은 막연한 기대나 자기 암시에 기대는 일종의 '기적의 선순환'과 다르다. 마법처럼 일이 저절로 풀리기를 바라는 태도magical thinking는 현실의 구조와 나의 노력을 외면한 채 결과만 바라는 사고방식이다. 반면, 기회의 선순환은 구체적인 선택과 행동이 다음 기회의 씨앗이 된다는 믿음에서 출발한다. 그 선순환이 조금씩 인생을 바꾼다. 그것이 바로 대학에서 학생들이 지향해야 할 현실적이고 지속 가능한 성장 방식이다. 불확실한 미래를 가장 확실하게 사는 방법이다.

이 책은 바로 그런 관점에서 쓰였다. 대학 생활을 통해 기회의 선순환을 어떻게 시작해야 할지, 그 흐름을 커리어와 인생 전반으로 어떻게 이어갈지 알려주는 실용적 안내서다. '대학 탐색, 공부 탐색, 진로 탐색, 인생 탐색' 단계는 각자 출발선에서 더 넓고 깊은 기회의 선순환으로 나아가는 과정이자 여정이다.

대학 생활이 어렵다고 느끼는 독자가 있다면, 진심으로 축하의 말을 전하고 싶다. 당신은 지금 어른이 되는 관문 앞에 서 있다. 그러니 너무 주저하거나 두려워하지 마라. 문제가 있다는 것은 아직 성장하고 있다는 뜻이다.

배움은 고통과 함께 오지만, 결국 우리를 더 나은 곳으로 데려다준다. 성경 「시편」의 말씀처럼, "눈물을 흘리며 씨뿌리는 자, 기뻐하며 거두어들일" 것이다.

'기회의 선순환'을 만드는 대학 생활 필수지침 10가지

1. 대학 생활을 결정짓는 것은 입시 결과가 아니다

대학 합격은 끝이 아니라 시작이다. 수석으로 입학했다고 가장 영예롭게 졸업하는 것도 아니고, 추가 합격했다고 초라하게 졸업하는 것도 아니다. 상위권 대학에 들어갔다고 반드시 성공적인 인생을 사는 것도 아니며, 지방대학을 다닌다고 인생이 실패하는 것도 아니다. 더 나아가, 소위 명문대를 우수한 성적으로 졸업했다고 좋은 커리어가 보장되거나 인생이 순조롭게 풀리는 것은 아니다.

인생이라는 긴 마라톤 경주에서 중요한 것은 '현재 위치'가 아니라, '성장 속도의 방향과 기울기'다. 대학 이후의 삶을 결정짓는 것은 입시 결과나 학점이 아니라, 대학 시절 동안 갈고닦은 삶의 태도와 부단한 노력이다.

2. 대학의 자원을 적극적으로 활용하라

대학은 기회의 땅이다. 소극적으로 생활하면 학교에서 할 수 있는 것이 강의 듣고, 학점 따고, 졸업장을 받는 것밖에 없다. 반면 학교의 자원을 적극적으로 이용하면 훨씬 많은 기회가 있다. 내가 대학을 고용했다고 생각하고 대학의 사용법을 스스로 발견하고 정의하자. 이런 태도는 이후 취직하든, 대학원에 진학하든, 유학을 가든 유용하다. 기회는 도전하고 행동하는 사람에게만 찾아온다.

3. 대학생이기에 할 수 있는 일을 찾아라

사회에 나가서 배울 수 있는 것을 학교에서 배우고, 졸업 후에 할 수 있는 일을 학생 때 하는 것은 어리석다. 기회비용이 생기기 때문이다. 학교에서는 밖에서 배울 수 없는 강의를 듣고, 학생이라는 사회적 위치에서만 할 수 있는 일들에 집중하자. 그러다 보면 매 학기가 학습력과 실행력을 키우는 기회의 시간이 된다.

4. 현실적 목표를 정해 한 단계씩 성취하라

현실적 목표를 설정하는 것이 중요하다. 한 번에 잘할 수 있는 것은 없다. 전공이나 어학 실력, 소통 능력도 단계별로 향상된다. 너무 거창한 목표보다 조금씩 이룰 수 있는 목표를 설정하자. 단번에 A$^+$를 받을 수 있는 사람은 적다. 하지만 B에서 열심히 노력해 점차 A$^+$로 올라가는 것은 누구나 가능하다.

5. 사회에서 쓸 수 있는 학습력을 키워라

대학은 '공부'를 가르치는 곳이 아니라, '공부하는 법'을 가르치는 곳이다. 사회가 빠르게 변하기 때문에 학교에서 배운 내용은 사회에서 대부분 쓸모없다. 그러나 새로운 현상에 대해 체계적으로 학습하고 논리적으로 사고하는 '학습력'을 키우면 어느 분야에서 일하든 적응할 수 있다. 학습력이 향상되면 학점은 자연스럽게 따라온다. 두뇌의 생산성을 높이는 학습력이 진정한 경쟁력이다.

6. 전공과 학교의 울타리를 벗어나라

전공이 같은 사람은 같은 방식으로 사고하기 쉽고, 같은 학교에 다니는 사람은 같은 문화에 젖기 쉽다. 전공과 학교의 울타리를 벗어나라. 나와 다른 방식으로 사고하면서 다른 문화적 배경에서 자란 사람을 수용하고 존중할 줄 알아야 한다. 또한 진로가 고민된다면 학과 선배를 넘어 졸업한 선배, 현업에 종사하는 사람을 많이 만나는 것이 좋다. 그 시기를 지나온 사람으로부터 배울 수 있는 지혜와 그 사람만이 줄 수 있는 기회가 있기 때문이다.

7. 다른 사람의 조언을 가려서 들어라

인간은 편견의 동물이다. 사람들은 대부분 자기 경험과 감성에 기초해서 조언한다. 따라서 자기에게 하고 싶은 얘기를 타인에게 하는 경우가 많다. 여러 사람의 의견을 듣되, 그중에서 옥석을 구분하는 것은 본인의 몫이다.

8. 이니셔티브를 경험하라

진짜 스펙을 만드는 것은 이니셔티브 initiative다. 이니셔티브란 남보다 앞장서서 문제를 정의하고 해결하는 것을 뜻한다. 자기가 속한 공동체의 문제를 발견하고, 그 문제를 해결하기 위해 꾸준히 고민하고 노력하며 학습하자. 내 문제를 넘어 다른 사람의 문제, 우리의 문제를 고민하는 사람, 그리고 그 문제를 해결하기 위해 주어진 자원을 활용할 줄 아는 사람, 자신의 부족함을 깨닫고 끊임없이 더 나은 방법을 찾는 사람이 진짜 인재다. 이런 경험이 진짜 스펙을 만든다.

9. 스펙과 커리어는 같지 않다

이력서에 써넣을 경험이 많다고 좋은 것은 아니다. 경험의 일관성과 집중도가 중요하다. 남에게 보여주기 위한 경험에 치중하지 마라. 자기가 잘할 수 있는 일과 자신의 능력을 어디에 어떻게 써야 할지 이해하는 것이 더 실속 있다. 또한 사명감을 가지고 절실하게 추구할 만한 일을 한 가지 찾자. 그렇게 하지 않으면 꽃은 화려하지만 열매는 부실한 상태가 된다. 결혼하려면 한 명의 이성을 택해야 하는 것처럼, 커리어를 쌓기 위해서는 내가 가야 할 '하나의 길'을 택해야 한다. 그리고 나머지에 대해서는 "아니요"라고 말할 수 있는 성찰과 용기, 결단이 필요하다.

10. 태도가 인생을 좌우한다

대학생은 성인이므로 삶의 태도를 스스로 가꿀 줄 알아야 한다. 실력이 떨어지는 사람과는 함께 일할 수 있어도 기준이 낮은 사람과는 일할 수 없다. 실력이 모자라면 배우면 되지만, 기준이 낮으면 자신이 왜 배워야 하는지, 무엇이 문제인지 모르기 때문이다. 기업도, 정부도, 학교도 이런 사람을 원하지 않는다. 내 기준을 지키는 것이 실력이고, 다른 사람의 기준을 지키는 것이 인격이며, 모두의 기준을 지키는 것이 리더십이다.

이 10가지를 기억하기 어렵다면, 이것만은 잊지 말자. '인간이라는 생물의 존재 목적은 더 많이 배우고 성장하고 나누는 것이다.'

세상을 내 뜻대로 움직일 수 있다고 믿고 거창한 계획을 세워 그대로 살려고 하지 말자. 그것은 배움과 성장을 멈추는 길이다. 그대로 된다고 해도 다른 가능성을 희생한 것이고, 그대로 되지 않으면 좌절감과 실망감이 밀려온다.

새로운 기회와 가능성에 마음을 열자. 늘 더 많이 배우려는 자세를 잃지 말자. 삶에서 배움을 극대화하는 것을 목표로 삼는 사람은 인생이 어떻게 흘러가든 쉽게 절망하지 않는다. 어떤 상황에서도 배움의 기회를 찾기 때문이다. 일이 잘 풀릴 때든 그렇지 않을 때든, 배움의 기회가 하나 더 생겼다는 점에서는 같다.

고용 시장에서 대학 졸업장이 이전에 비해 경쟁력이 떨어진 것은 사실이다. 이 말은 곧 대학 간판과 졸업장에 의존하지 말아야 한다는 뜻이다. 그 대신 대학에서 정말 무엇을, 어떻게, 왜 배울지 고민해야 한다. 대학에서 배움을 극대화하는 삶의 태도를 익힌 사람은 어떤 상황에서도 성장을 멈추지 않기 때문이다. 우리는 성장한 만큼 더 많은 가능성을 누린다.

20대는 아직 인생의 전반전에 불과하다. 여러분이 참여해야 할 게임은 아직 전반전도 끝나지 않았다. 포기하기에는 너무 이르다. 내 삶과 커리어의 목표와 기준을 낮추는 것은 아직 섣부르다. 4년의 대학 시절을 다르게 살면, 그 후 인생이 완전히 달라진다. 나와 다른 사람에게 기회를 주고, 함께 성장하기로 선택하고 실천하는 사람은 어디에 있든 더 나은 미래를 바라본다.

차례

제3부 진로 탐색

스펙을 쌓지 말고 커리어를 키워라

대학 탐색

> **고등학생은 입시를,
> 대학생은 인생을 준비한다**

"관점을 바꿔야 기회의 문이 열린다"

우리는 왜 대학에 갈까? 대학에서는 무엇을 해야 할까?

입시는 하나의 관문일 뿐이다. 한마디로 통과의례다. 따라서 그 후 어떤 선택을 하느냐가 중요하다. 이때 관점을 바꿔야 기회의 문이 열린다.

누군가는 대학에 입학한 뒤에도 여전히 고등학생처럼 수동적으로 살아가는 반면, 누군가는 주도적으로 질문을 던지고 주변 자원을 탐색하며 기회의 첫 단추를 끼워나간다.

이렇게 시작된 기회는 또 다른 기회를 낳고, 그 기회의 선순환 속에서 삶의 방향과 성장 속도가 바뀐다.

대학은 실험 공간이다. 실패해도 괜찮고, 실수 속에서 배우는 법을 익히는 곳이다. 따라서 자신만의 커리어를 발견하고 만들어가야 한다.

제1부에서는 대학 생활을 시작하는 태도와 전략을 함께 고민해보려 한다.

1

대학에서는
교육이 아니라 학습을 한다

고등학교는 대학에 가기 위한 공부를 가르치는 곳이다. 따라서 교과서가 있고 정답이 있다. 우리나라 입시 시스템에서는 남보다 정답을 잘 맞히면 더 좋은 대학에 갈 수 있다. 성공적인 고등학교 생활의 평가 기준은 출석과 성적이다.

그러나 대학은 다르다. 대학은 '공부'가 아닌 '공부하는 법'을 가르치는 곳이다. 대학 강의에도 주교재와 부교재가 있지만, 그것이 정답은 아니다. 교양이나 전공 시험에서 강의 시간에 배운 것을 그대로 답안에 옮기면 A^+가 아니라 잘해야 B^+를 받는다. 대학 시험에서는 배운 것 이상을 보여줘야 한다. 다시 말해 나만의 생각을 논리적이고 체계적으로 정리해서 표현해야 한다.

고등학생은 입시를 준비하지만, 대학생은 인생을 준비한다

고등학교에서는 교과서를 열심히 들여다보는 것이 공부다. 그러나 대학은 다르다. 대학생이 할 수 있고, 해야 하는 공부는 고등학교 때와 성격이 다르다.

학점을 잘 받는 것은 커리어를 잘 준비하는 것과 같지 않다. 연구원이나 교수가 되려는 것이 아니라면, 만점에 가까운 학점을 받으려 애쓰는 것은 사실 어리석다. 대학교수인 나도 그것을 추천하지 않는다. 기회비용이 발생하기 때문이다. 학문에 뜻이 있는 사람이 아니라면 어느 정도 이상의 학점만 받고, 나머지 시간에는 많은 사람을 만나면서 다양한 경험을 쌓는 것이 유용하다.

대학에서는 책만 열심히 파는 것이 공부가 아니다. 대학은 공부 외에도 다양한 경험을 쌓을 기회의 공간이다. 대학 생활의 핵심은 자기 주도에 있다. 머리로 생각하는 힘을 키우는 것이다. 학문의 힘은 교수의 가르침에서 나오는 것이 아니라, 스스로 생각하는 데서 나온다. 대학은 스스로 배우는 삶이 시작되는 곳이다.

학교에 성실히 다니고 '학위를 받는 것'과 실제로 무엇인가를 '배우는 것'은 다르다. 수업 시간에 조용히 앉아 노트를 정리하고, 배운 내용을 정확히 암기해 시험지에 옮겨 쓰는 능력만으로는 두뇌의 생산성을 높이기 어렵다. 오늘날과 같이 복잡한 현실에서는 흩어진 정보 속에서 핵심을 간파하고, 그것을 논리적으로 재구성해 자신만의 주장을 펼치는 능력이 더욱 중요하다.

전자가 '교육'이라면, 후자는 '학습'이다. 대학에서는 무엇보다 개인의 학습 능력을 키워야 한다. 왜냐하면 미리 정해진 답을 알려주는 인공적 환경에서는 교육이 유효할 수 있지만, 답이 정해지지 않은 세계, 즉 스스로 답을 만들어야 하는 자연적 환경에서는 학습이 더 절실하기 때문이다. 대학 졸업 후에 마주할 현실은 정답이 없는 문제로 가득하다.

대학에서의 4년이 삶을 움직인다

대학에 입학할 때는 같은 학교, 같은 과에 입학하는 학생들 사이에 차이가 크지 않다. 수석으로 입학하든 추가 합격자로 입학하든, 그것은 그때의 점수 차이일 뿐 그 이상의 의미는 없다. 수석으로 입학했다고 수석으로 졸업하는 것도 아니고, 반대로 추가입학이나 편입했더라도 다른 동기들에 비해 뒤떨어지는 것은 아니다. 오히려 남들보다 분발해서 더 잘되는 경우도 많다. 미국 최초의 흑인 대통령 버락 오바마도, 애플의 공동 창업자 스티브 워즈니익도 모두 편입생이었다.

학교 간 서열도 마찬가지다. 물론 졸업 직후 첫 직장을 얻을 때는 학교 간판이 꽤 영향을 미칠 수 있다. 하지만 시간이 지날수록 그 영향력이 점점 약해지고, 결국 개인의 경력과 실력이 훨씬 더 중요한 평가 기준이 된다. 음식점을 고를 때도 처음에는 간판을 보고 들어가지만, 다시 방문하는 이유는 결국 음식 맛 때문이다. 졸업한 지 한참 지났는데도 자랑할 것이 학교 간판밖에 없는 사람은 초라하다. 경력자로 취업하려면 출신 학교가 아니라 경력, 업적, 지식, 기술, 경험을 보여줘야 한다. 학벌밖에 없는 사람과 학벌만 부족한 사람 중에서 어떤 사람과 같이 일하고 싶겠는가?

미국 경제학자 존 리스트의 사례가 이를 잘 보여준다. 트럭 운전사였던 아버지와 할아버지 밑에서 자란 리스트는 미국에서도 잘 알려지지 않은 위스콘신대 스티븐스 포인트 캠퍼스에서 학부를 마쳤다. 그리고 아이오와대에서 경제학 박사 학위를 받았다. 이후 교수로서 처음 일자리를 구할 때 미국 전역 150곳의 대학에 지원서를 제출했지만, 단 한 곳에서만 연락을 받았다. 쉽지 않은 출발이었다. 하지만 존 리스트는 포기하지 않고 실험 경제학 분야에서 꾸준히 뛰어난 연구 성과와 독창적인 데이터 분석 능력을 보여주었다. 결국 경제학 분야에서 세계 최고 명문 중 하나인 시카고대 경제학과 교수가 되었다. 시카고대 경제학과는 노벨 경제학상 수상자를 가장 많이 배출한 대학으로 유명하다. 이후 그는 우버, 리프트, 월마트와 같은 글로벌 기업에서 최고 경제학자Chief Economist로 활약하며 소위 학벌의 한계를 완전히 뛰어넘었다.

존 리스트는 장기적으로 볼 때 학교 간판보다 실력과 성과가 훨씬 중요하다는 사실을 명확히 증명한다. 남들과 다른 특별한 경험과 능력을 꾸준히 쌓으면, 학벌의 장벽을 충분히 뛰어넘을 수 있다. 오히려 열악한 조건이나 부족한 자원 속에서도 남다른 성취를 이룬 사람이라면 더 주목받을 것이다. 인생은 한 번의 대학 입시로 결정되지 않는다.

누구나 다시 시작할 수 있다. 실수했거나, 준비가 부족했거나, 시작이 남보다 늦었더라도 괜찮다. 영어에서 말하는 '두 번째 기회second chance'란 단순히 다시 기회를 얻는 것이 아니라, 이전의 시행착오를 토대로 자기 자신에게 더 나은 선택의 기회를 주는 것이다. 대학은 두 번째 기회를 줄 수 있는 좋은 환경이다.

자신에게 두 번째 기회를 주자. 내 삶을 바꾸고 싶다면, 대학은 그 출발점이 될 수 있다.

미국 상원 의원 엘리자베스 워런의 인생도 그런 두 번째 기회의 사례다. 미국에서 상원의원은 각 주에서 두 명밖에 선출하지 않는다. 따라서 정말 당선되기 어려운 의회 권력의 핵심이다. 워런은 열아홉 살에 대학을 중퇴하고 결혼했다. 그 후 여러 해 동안 학교를 옮기고 아이를 기우며 공부를 병행했다. 결국 로스쿨을 졸업해 로스쿨 교수로 일하게 되었다. 그녀는 최종적으로 하버드대 로스쿨 교수로 일했고, 12권의 책과 1백 편이 넘는 논문을 썼다. 또한 금융 소비자 보호 운동을 이끌며 미국 정치 개혁의 중심으로 떠올랐다. 비록 평범하게 시작했고 수차례 경력 단절을 경험했지만, 워런은 자기 자신에게 두 번째 기회를 주며 자기만의 학계와 정치 커리어를 만들었다.

존 리스트와 엘리자베스 워런의 사례에서 보듯, 처음 출발보다 더 중요한 것은 그다음 선택이다. 우리의 긴 인생에서는 어디에서 시작하느냐보다 무엇을 배우고 어떻게 성장하느냐가 훨씬 더 중요하다. 이 질문을 어떻게 '지속'하고, 자기 삶으로 답해 나가느냐가 결국 인생의 방향을 결정짓는다.

대학이라는 새로운 환경을 접하면 누구나 어리둥절하고 당황스럽다. 고등학교에 없는 수강 신청부터 신기하고 두렵다. 늘 비슷한 지역이나 환경에서 자란 친구들과 어울리다가, 전혀 다른 배경에서 온 사람들을 만나는 것이 재미있기도 하고 불편할 수도 있다. 그러나 졸업할 때가 되면 많은 차이가 생긴다. 같은 학교와 같은 학과를 나왔다고 모두 같은 수준의 지적 발전을 하는 것도, 유사한 인생 경험을 하는 것도 아니다. 고등학교 때는 비슷한 환경에서 아침부터 저녁까지 거의 똑같은 목표를 놓고 경쟁하지만, 대학은 그렇지 않다. 대학에 들어오는 문은 하나지만 나가는 문은 하나가 아니다. 대학에 입학할 때는 모두 같은 문으로 들어오지만, 나갈 때는 각자 다른 길로 나간다.

누군가는 대학에 들어와서도 고등학교 때처럼 교육만 반복하고, 누군가는 학습을 시작한다. 교육에서는 주어진 프로그램만 따라가도 된다. 시간표대로 수업에 들어가고, 과제를 수행하고,

발표하고, 시험을 치르고 평가받으면 된다. 그러나 학습하려면 '무엇이 궁금한지', 그 궁금증을 '어떻게 해소할 것인지' 스스로 계획을 세워야 한다. 그리고 시행착오를 통해 조정하며 자신이 '아는 것'과 '모르는 것'을 파악해야 한다.

대학 때 인생에 대해 묻고 답을 스스로 찾아본 사람은 이후 다른 삶을 살아간다. 고학년이 되었는데도 자신이 무엇을 좋아하고 무엇을 잘할 수 있는지 파악하지 못해 헤매는 사람이 있는가 하면, 이미 준전문가가 되어 자기의 길을 개척하는 사람도 있다. 졸업이 가까워졌는데도 여전히 자신이 무엇을 좋아하고 무엇을 잘할 수 있는지조차 파악하지 못한다면, 그동안 귀중한 시간을 헛되이 보낸 셈이다.

고등학생의 진로는 대개 '대학 진학'이라는 하나의 선택지로 수렴된다. 그러나 대학생이 되면 취업, 대학원 진학, 유학 등 다양한 길이 눈앞에 펼쳐진다. 한 길을 걷다가 중간에 방향을 바꾸는 경우도 많다. 그럴 때마다 어떤 길을 선택할지, 왜 그 길을 가야 하는지 스스로 답을 찾아야 한다. 부모님의 권유나 친구들의 선택, 혹은 그럴듯해 보인다는 막연한 이유가 아니라 학습과 성찰, 실험을 통해 쌓은 자신만의 굳건한 이유가 있어야 한다. 변화하는 환경에 유연하게 대응할 전략도 필요하다. 왜냐하면 그 선택이 결국 자신의 커리어와 인생을 만들기 때문이다.

2

고등학생의 삶과
결별하라

대학에서는 정답만 외우면 B$^+$ 이상 받기 어렵다

고등학생의 삶과 결별하지 않으면 대학 생활이 금세 지루하고 힘들게 느껴진다. 대학에서 발견하고 누릴 기회 역시 줄어든다. 같은 등록금을 내고 다른 사람이 100을 얻을 때 50밖에 얻지 못할 수도 있다.

이상적이지는 않지만 가장 단순해서 대학 생활을 평가하는 유용한 지표인 학점을 기준으로 봐도 그렇다. 열심히 출석하고 교수님이 말씀하신 것을 그대로 옮겨 적었다가 외워서 시험 보면 B$^+$ 이상을 받지 못한다. 고등학교에서는 정답만 맞히면 1등 할 수 있었으나 대학은 다르다. 대학은 정해진 답만 추구하지 않기 때문이다. A$^+$를 받으려면 배우는 내용에 대한 호기심과 열정을 가져야 한다. 그리고 교수님이 가르쳐주신 것 이상을 생각하고 잘 정리해서 전략적으로 표현할 수 있어야 한다. 즉 고등학교와 다른 삶의 태도로 임해야 한다.

교육받는 대학생과 학습하는 대학생

대학생 A는 고등학교 때처럼 출석하고 시험 보기 위해 학교에 다니는 반면, 대학생 B는 자신의 학습 능력과 삶의 기회를 확장하기 위해 학교에 다닌다. 두 사람의 대학 생활은 어떻게 다를까?

대학생 A는 고등학교 때 선생님들의 말을 그대로 따랐던 것처럼, 대학에서도 선배들이 시키는 대로 생활할 것이다. 그러나 대부분 같은 학교, 같은 과 2, 3학년 선배들도 처지는 비슷하다. 대학 생활을 어떻게 하는 것이 장기적으로 좋을지 판단할 능력이 부족하다. 같은 고민을 1, 2년 더 했을 뿐 헤매기는 마찬가지다. 그러나 갓 입학한 신입생 눈에는 술자리에서 각종 무용담과 학교 비사를 늘어놓는 선배가 영웅처럼 보인다.

그렇지만 한 학기가 지나면 신입생도 그들의 영웅이 인간임을 깨닫는다. 요즘 학생들은 영리해서 한 학기가 지나기 전에 그런 진실을 깨닫기도 한다. 인간관계를 확장하는 것도 피곤해 만나는 사람만 만나거나 아예 사람을 만나지 않고 외톨이 삶을 살기도 한다. 이렇게 되면 대학 생활이 고등학교 생활과 크게 다를 바 없다. 처음에는 엄청난 배움을 얻을 것처럼 기대하고 듣던 강의도 점점 지루해진다. 이수할 학점이 많아 부담스럽다. 어학도 공부해야 하고 인턴도 해야 한다. 할 것도 많은데 비싼 등록금을 내고 학교 다니는 것이 버겁다. 얼른 졸업해서 취직할 날만 기다린다.

이에 비해 대학생 B는 주인의식ownership을 갖고 학교에 다닌다. 그는 대학을 자신의 학습 능력을 개선하고 삶을 확장할 기회로 여겨, 대학 생활의 가치를 스스로 만들어간다. 수강 신청할 때도 먼저 질문을 던진다. "이 학기에 나는 무엇을 배우고 싶은가? 어떻게 배울 것인가?" 그 답에 따라 수강 신청을 한다. 수업 시간에도 필기만 하지 않고 적극적으로 질문한다. 교수님이 자기 질문을 바보처럼 생각할지, 다른 학생들이 자기를 어떻게 볼지 신경 쓰지 않는다. 어차피 대부분의 교수는 학생들을 기억하지 못하고, 대부분의 학생은 자기 자신만 생각한다. 또한 정기적으로 자신의 학습 능력을 점검하고 개선 방법을 생각하며, 대학이라는 무대에서 자신의 삶이란 스타트업을 경영하는 법을 배운다.

대학생 B는 인간관계에서도 대학 때 만날 수 있는 사람의 폭을 같은 학교, 같은 과에 국한하지 않는다. 다양한 사람을 만나 다양한 경험을 쌓는 것을 대학이 줄 수 있는 기회 중 하나로 본다. 수업 시간에도 다른 학과 학생 옆에 앉아 그들과 대화를 나누고, 그들로부터 다른 관점에 대해 배운다.

대학생 B에게는 매 학기, 하루하루가 즐겁다. 항상 새로운 것을 배우며 다음에 무엇을 배울지 기대한다. 가슴이 뛴다. 심장은 매력적인 이성 앞에서만 뛰는 것이 아니다.

같은 대학에 다니지만, A와 B는 전혀 다른 대학 생활을 하는 것이나 다름없다. 따라서 두 사람은 얻어가는 것이 전혀 다르다.

교육받는 대학생 A vs 학습하는 대학생 B

구분	대학생 A(교육받는 태도)	대학생 B(학습하는 태도)
대학에 대한 태도	고등학교의 연장으로 인식	완전히 새로운 환경으로 인식
학습 목적	출석과 성적 위주	학습 능력 향상과 삶의 기회 확장
수업 참여	수동적, 필기 중심	능동적, 질문과 토론 중심
수강 신청 기준	남들이 추천한 과목 위주	'무엇을, 왜 배우고 싶은지' 고민
인간관계	학과 내에 국한	다른 학과, 외부 활동까지 폭넓게 확장
대학 생활 인식	지루하고 버거움, 빨리 졸업하고 싶음	매 학기 기대되고 즐거움
목표	좋은 성적 → 졸업 → 취직	나만의 성장을 위한 포트폴리오 완성

3

나만의 대학사용법이
필요하다

복잡한 전자제품은 사용 설명서를 철저히 읽어야 더 많은 기능을 제대로 쓸 수 있다. 대학도 마찬가지다. 대학이 주는 기회를 제대로 누리려면 수동적인 고등학생의 태도에서 벗어나 능동적인 대학생의 태도로 재무장하고, 자신의 대학사용법을 스스로 만들어야 한다.

우리는 선택에 따라 대학생 A가 될 수도 있고, 대학생 B가 될 수도 있다. 어떤 대학에 들어가느냐는 자신의 노력 외에 가정환경, 부모의 소득 수준 등 여러 가지가 영향을 미친다. 그러나 대학은 다르다. 같은 학교에 다니고 같은 학과라고 꼭 같은 강의를 듣는 것도 아니며, 비슷한 인간관계와 대외 활동을 하는 것도 아니다. 어떤 대학 생활을 하느냐는 자기 책임이 크다.

나도 대학에 갓 입학했을 때는 대학생 A의 삶을 살았다. 그런데 고등학교 때와 다를 바 없는 생활이 이어지자 회의감이 들었다. 그리고 진지하게 대학 생활의 목적에 대해 생각하기 시작했다. 고등학교 때는 졸업장을 받고 대학에 가는 것이 목표였다. 그렇지만 대학에 입학한 뒤에는 대학에서 무엇을 얻어가야 할지, 무엇을 대학 생활의 목표로 삼아야 할지 궁금했다.

그 답을 얻기 위해 학교와 학과 선배들 외에 여러 사람에게 조언을 구했다. 다방면의 책을 읽고, 학교 안팎의 세미나와 워크숍에도 적극적으로 참여했다. 취직 준비를 한 것이 아니다. 인생의 파도에 휩쓸리기 전에 중심을 잡고 싶었다. 만나는 사람을 늘리기 전에 나 자신과 마주하는 일에 익숙해지려 했다. 탐색과 성찰 과정을 통해 대학을 보는 관점이 달라졌다. 나아가, 대학뿐 아니라 내가 처한 상황에 대해서도 좀 더 긴 호흡으로 생각하게 되었다. 꼭 대학생 A처럼 생활할 필요가 없다는 것을 깨달았다. 그래서 대학 생활을 어떻게 보낼지 선택했다. 선택하지 않는 것도 선택임을 알았기 때문이다.

그래서 불확실한 대학의 현실에 이렇게 적응할지 고민했다. 대학은 고등학교 때처럼 분명한 생활 방식, 인간관계, 진로가 없었다. 그러나 불확실성이 꼭 나쁜 것만은 아니었다. 고등학교 때는 내가 무엇을 공부해야 할지, 왜 공부해야 할지 정답이 있었다. 하지만 대학에서는 그 답을 스스로 찾아야 한다는 것이 새로운 모험이자 도전으로 느껴졌다. 이전에는 대학을 '다녔지만', 사고의 전환 후에는 대학을 '고용했다'. 학교가 '시키는 것'을 내가 하는 게 아니라, 학교를 통해 내가 '원하는 것'을 얻고자 했다.

고려대 문과 계열 학부 1학년 시절, 나는 문과 특유의 수강 신청 자유도를 최대한 활용했다. '나만의 학습 계획표'를 만들어, 전공의 틀에 갇히기보다 내 호기심과 문제의식을 중심에 두고 학부 커리큘럼을 재구성했다. 2학년 때 영문학과 정치학을 이중 전공으로 정한 뒤에도 역사학, 경제학, 심리학 등 다양한 분야를 유기적으로 엮어 내가 관심 있는 사회 문제, 정책 분야에 대해 공부했다. 이런 지적 기반은 나중에 박사 공부를 하러 미국에 갔을 때 유용한 자산이 되었다.

이공계 학생에게도 이런 능동적인 '학습 설계자'의 자세가 중요하다. 예를 들어 컴퓨터공학과 학생이 인공지능 기술에 관심이 있다면, 1학년 때 수학, 통계학, 프로그래밍 언어의 기초를 다지고, 2학년부터 머신러닝과 딥러닝 관련 과목, 오픈소스 프로젝트, 해커톤 참여 등으로 이어지는 자신만의 로드맵을 설계할 수 있다. 전기전자공학과 학생이 기후변화 해결에 관심이 있다면, 에너지 시스템 강의뿐 아니라 환경정책 수업을 교차 수강하는 식으로 학습을 확장할 수도 있다.

여기서 '나만의 전공 학습 계획표'는 단순한 수업 목록이 아니라, 스스로 던진 질문에 답하기 위한 대학 탐색 지도다. 학과 커리큘럼은 그저 권장 경로일 뿐, 최적화된 학습 경로는 자기가 주도적으로 설계해야 한다. 자신에게 가장 필요한 공부는 자기가 가장 잘 알기 때문이다.

대학을 고등학교처럼 '다니는' 사람이 있는가 하면, 대학을 나만의 학습 놀이터이자 훈련소로 '고용하는' 사람도 있다. 나는 후자의 길을 택했다.

대학 교육의 가치를 스스로 정하라

대학생 B가 되고 나서, 대학은 '적극적인 사람'에게 더 많은 기회를 준다는 사실을 깨달았다. 여기서 적극성은 MBTI의 'E(외향형 성격)'를 의미하지도, 사교성이나 발표력을 뜻하지도 않는다. 나는 결코 적극적인 사람이 아니다. 나는 다른 사람들과 어울리는 것보다 혼자 있는 것을 선호한다. 중요한 것은 내가 왜 대학에 다니는지, 무엇을 배우고 싶은지, 어떤 삶을 설계하고 싶은지 스스로 정의하는 태도다.

앞서 설명한 것처럼, 나는 학부 시절 학교가 정한 선공 거리큘럼에 기대기보다 내 질문과 문제의식에 따라 학습 계획을 설계했다. 정치학 공부를 위해 미국에 유학 가서도 똑같은 선택을 했다. 주어진 길을 그대로 따르지 않고 정치학과 데이터과학을 함께 공부하며, 두 영역을 어떻게 연결하고 정책 현장에 적용할지 끊임없이 고민했다. 그리고 그 질문을 실제 연구와 프로젝트로 실천함으로써, 미국의 공공 영역에서 일하는 데이터과학자로 성장했다. 사회과학과 데이터과학, 학문과 실무를 넘나드는 내 커리어의 출발점은 내게 가장 필요한 학습 경로를 '내가 가장 잘 안다'는 믿음이었다. 중요한 것은 어떤 분야를 전공하느냐가 아니라, 어떤 질문을 품고 어떻게 배움을 이어가느냐이다.

내가 특이한 것이 아니라, 대학은 현실적으로 제약이 있는 조직이다. 교수 채용이나 학생 정원 같은 여러 이유로 학과 간 경계를 설정할 수밖에 없다. 하지만 어떤 사회 문제든 제대로 해결하려면 다양한 전문성의 결합과 적용이 필요하다.

예를 들어, 김용 전 세계은행 총재는 하버드대에서 의학과 인류학을 함께 공부했다. 이것은 김용 총재의 전략적 판단이었다. 그에게 에이즈와 같은 전염병은 단지 의학적 현상이 아니라 사회적·문화적 문제였다. 학문과 실천의 경계를 넘나드는 그의 시선은 이후 하버드 의대 교수를 거쳐 세계보건기구WHO 국장과 세계은행World Bank 총재로 이어지는 커리어에서 더욱 빛을 발했다. 세계보건기구는 전 세계 공중 보건을 책임지는 유엔UN 산하 국제기구이며, 세계은행은 개발 도상국의 빈곤 퇴치와 경제 성장을 위해 자금 지원과 정책 자문을 제공하는 국제 금융기관이다. 두 기관 모두 국제 사회에서 막강한 영향력을 지니고 있다.

이처럼 대학을 문제 해결 능력을 갖춘 전문가로 성장하는 플랫폼으로 사용하려면, '학과 커리큘럼'이 아니라 '내 질문'이 대학에서 배우는 경로의 중심이 되어야 한다. 학교는 내 학습의 도구이므로, 내가 방향을 결정해야 한다.

이런 점에서 링크드인의 공동 창업자 리드 호프먼의 말은 중요한 통찰을 준다. 그는 세계 최대 비즈니스 소셜 네트워크 링크드인을 설립한 실리콘밸리의 대표적 기업가이자 페이팔의 임원으로 일하며 초기 인터넷 산업을 선도했다. 또한 실리콘밸리의 벤처 투자자로서 페이스북, 에어비앤비, 챗GPT로 유명한 오픈 AI 등 수많은 혁신 기업의 성장을 지원했다.

리드 호프먼은 『스타트업 오브 유The Startup of You』에서 이렇게 말했다. "우리 모두 스타트업 창업자가 될 수는 없다. 하지만 우리 인생이라는 스타트업의 창업자가 될 수는 있다." 그는 안정된 직장이나 정해진 커리어 경로를 따라가는 대신 커리어를 끊임없이 재설계하고, 실험하고, 새로운 환경에 적응해야 한다고 강조한다. 그가 말하는 '기업가 정신'은 단지 회사를 창업하는 것이 아니라, 자기 삶을 주도적으로 설계하고 개선하는 능동적인 태도를 뜻한다.[1]

그러나 자기만의 길을 가는 일이 늘 평탄치만은 않다. 기존의 틀을 의심하고 새로운 길을 상상하는 사람은 종종 '문제아'로 불린다. 특히 전통적인 한국 사회는 남의 눈에 띄는 사람, 권위에 순응하지 않는 사람을 좋게 보지 않는다. 나도 어릴 때부터 그런 사회적 압력을 숱하게 겪었다.

그때마다 나는 미국 사회운동가이자 하원의원을 지낸 존 루이스의 말을 떠올렸다. 루이스는 1960년대 흑인 민권운동의 선봉에 섰던 정치인이자 행동가다. 그는 차별과 억압에 맞서 싸우는 데 일평생을 바쳤다. "좋은 문제를 일으켜라Get in good trouble, necessary trouble." 이 말은 그가 평생에 걸쳐 실천한 삶의 철학이자, 민주주의를 위한 행동의 원칙이었다. 좋은 문제아good troublemaker는 단지 반항적인 사람이 아니다. 그들은 사회를 더 낫게 바꾸는 소셜 체인저social changer다. 이들 중 누군가는 창업에 매진하고, 누군가는 공직에 헌신하며, 누군가는 학문에 몰두하고, 누군가는 사회운동을 조직한다. 방식은 다르지만, 이들의 공통점은 남이 정해준 삶이 아니라 스스로 의미를 부여한 삶을 산다는 것이다. 그리고 이들이 일으킨 문제는 새로운 사회적 변화의 씨앗이 된다.

한국 사회는 여전히 '말 잘 듣는 아이'나 '시스템에 잘 적응하는 사람'을 이상적인 인재상으로 여긴다. 하지만 실제로 세상에 필요한 사람은 말을 들어야 할 때와 듣지 않아야 할 때를 분별할 줄 아는 사람이다. 필요하면 문제를 제기하고, 틀을 의심하며, 경계를 넘어 새로운 가능성을 상상할 줄 아는 사람이 좋은 문제아다. 바로 그런 사람이 세상을 바꾸고, 사회를 앞으로 나아가게 한다. 그러니 문제아가 꼭 나쁜 것은 아니다.

누군가 정해준 길을 따라 대학을 '다닐' 수도 있다. 그것은 수용의 문제다. 그러나 대학을 '고용'하고, 스스로 설계하며, 때로는 경계를 넘나드는 '좋은 문제아'가 되는 것은 선택의 문제다. 그 선택을 내릴 때, 대학의 숨은 가능성이 열린다.

대학을 다닐 것인가, 고용할 것인가

대학생 A는 대학을 조용히 '잘 다니는 것', 즉 문제를 일으키지 않고, 학점을 잘 받고, 무난히 졸업해서 취직하는 것이 성공이라고 생각한다. 고등학교처럼 정해진 과정을 착실히 따라가는 것이 그의 목표다. 그는 실수 없이, 눈에 띄지 않게, 대학 입시를 위한 시험 문제의 정답을 고르듯 살며 대학 생활을 보낸다. 하지만 그런 방식으로는 대학을 절반밖에 활용하지 못한다. 실패 없는 대학 생활은 어쩌면 아무런 도전도 하지 않은 삶일 수 있다. 남들과 똑같이 하면 남들과 비슷한 결과밖에 얻지 못한다. 외부에서 정해주는 기준에 기대어 움직이는 A는 시간이 흐를수록 스스로 배우고 판단하고 실전하는 힘이 약해진다.

그러나 대학생 B는 처음부터 모든 것이 명확하지 않았지만, '왜' 배우는지, '무엇'을 배우고 싶은지, '어떻게' 배울지 스스로 묻고 답한다. 대학을 특정 사회 문제를 해결하는 전문가가 되는 데 필요한 자원을 제공해주는 플랫폼으로 본다. 대학을 다니지 않고 고용한다. 자기 목적에 따라 학습 계획을 짜고 강의와 프로젝트, 사람과 기회를 능동적으로 연결한다.

그래서 대학생 B는 시행착오가 많다. 그러나 그에 비례해 자기 안에 학습 능력도 자란다. 이 능력은 졸업 이후 더욱 강력한 힘을 발휘한다. 대학생 A와 B는 입학할 때 별 차이 없었지만 4년이 지난 뒤에는 학점이 아니라 학습 능력과 주인의식에서 엄청난 차이가 난다. A는 대학을 '잘 다닌' 사람이고, B는 대학을 '고용한' 사람이다. 대학생 B는 사막에 던져놓아도 살아남을 수 있는 사람으로 성장한다.

고용은 투자다. 당신이 사장이라면 시키는 일만 정확히 수행하는 사람에게 투자하고 싶은가? 아니면 문제를 스스로 정의하고, 그 상황에 맞는 방법을 찾고, 예상치 못한 변화에 유연하게 대응하는 사람에게 투자하고 싶은가? 인공지능 시대에는 대학생 A처럼 정해진 절차를 정확히 따르는 데만 익숙한 인재는 점점 더 기계로 대체될 가능성이 높다. 기계가 못 하는 일, 즉 스스로 질문을 던지고 판단하고, 답이 없는 곳에서 답을 찾을 줄 아는 사람만 살아남는다.

현실의 일터는 시험지가 아니다. 시나리오 없는 드라마다. 상사가 항상 모든 일을 시키고 감독할 수도 없다. 상황이 시시각각 변한다. 예상치 못한 문제들이 발생하고, 다양한 사람과 협업해야 한다. 이런 역동적이고 복잡하고 불확실한 환경에서는 스스로 생각하고 움직일 줄 아는 대학생 B와 같은 사람이 훨씬 더 능력을 발휘할 것이다.

커리어를 잘 쌓는 것은 공부를 잘하는 것과 같지 않다. 스스로 문제를 정의하고, 불확실한 현실에서 판단하고 실행하는 역량이 결국 커리어를 찾고, 커리어를 만들어가는 삶을 결정한다.

대학에 들어오는 문은 하나지만, 나가는 길은 수없이 많다. 어떤 성적으로 입학했느냐보다, 어떻게 대학 생활을 보냈느냐, 대학의 자원을 얼마나 주도적으로 활용했느냐가 나가는 길의 방향을 결정한다. 그 길의 방향은 나 자신과 대학을 대하는 태도에서 시작된다.

대학 졸업장을 넘어 학습 능력을 키우면 그것을 지렛대로 삼아 사회에서도 더 많은 기회를 얻을 수 있다. 대학을 고등학교처럼 다닐 것인가, 아니면 스스로 정한 목표를 위해 대학을 고용할 것인가? 이것은 대학 생활을 시작할 때 내릴 수 있는 작은 선택이다. 그러나 내 삶의 태도를 결정짓는 큰 결정이기도 하다. 반복된 행동은 습관이 되고, 습관은 한번 굳어지면 바꾸기 어렵다. 성인이라면 인생에 대해 스스로 결정 내리고 책임져야 한다.

공부 탐색

" 대학, 다니지 말고 고용하라 "

대학에서의 공부는 성적을 위한 것이 아니다. 모든 강의에서 A를 받는다고 미래가 보장되는 것도 아니고, 더 나은 삶을 사는 것도 아니다.

무엇을, 어떻게 배우느냐가 결국 어떤 기회를 얻을지 결정한다. 대학생 A는 듣고 싶은 강의만 듣고, 쉬운 과제만 골라 무사히 학점을 챙긴다. 하지만 대학생 B는 스스로 학습 포트폴리오를 설계하고, 자신의 가치관과 세계관을 만들어간다. 같은 대학, 같은 학과를 졸업한 두 사람은 이후 매우 다른 삶을 살게 된다.

제2부에서는 대학에서 무엇을, 어떻게 배우느냐에 따라 미래가 어떤 방향으로 바뀔 수 있을지 함께 고민해보려 한다.

4

학습 포트폴리오가
대학 생활의 질을 결정한다

스펙 쌓는 활동 포트폴리오로는 부족하다

지금까지 대학 생활을 시작하는 전반적인 마음가짐에 대해 이야기했다. 이제는 대학 생활의 실전에 대해 구체적으로 알아볼 것이다. 대학 생활에서 겪을 수 있는 과제들을 하나씩 소개하고, 어떻게 하면 대학생 B의 관점에서 이 문제들에 접근하고 해결할 수 있을지 이야기하겠다.

대학 생활의 첫 단추는 수강 신청이나. 수상 신정은 내가 듣고 싶은 강의 목록을 채우는 것이 아니다. 그것은 취미 생활이다. 수강 신청의 본질은 지적 투자다. 수강 신청은 지적 능력을 키우기 위한 '학습 포트폴리오'를 스스로 설계하고 실천하는 수단이다. 포트폴리오란 특정한 목표를 이루기 위해 선택하고 축적한 활동과 경험의 모음을 말한다.

대외 활동이나 인턴 경험, 공모전 수상과 같은 것은 '활동 포트폴리오'다. 하지만 이런 활동에만 집중하면, 정작 더 중요한 '학습 포트폴리오'가 부실해진다. 활동 포트폴리오는 외부에 보여줄 수 있는 경험을 중심으로 쌓는 것이다. 자격증 취득, 대외 활동, 인턴십, 동아리, 공모전 수상 등은 분명 의미 있는 자산이지만, 표면적인 스펙 쌓기에 그칠 위험도 있다.

반면, 학습 포트폴리오는 '무엇을, 왜, 어떻게 배울 것인가'에 초점을 맞춘 것이다. 어떤 강의를 들었는지, 그 강의에서 어떤 개념과 이론을 배우고 어떤 질문을 던졌는지, 그 배움이 다른 수업이나 삶의 경험과 어떻게 연결되었는지를 담은 지적 성장의 기록이다. 먹는 음식이 우리의 건강을 좌우하듯, 매 학기 어떤 '학습 식단'을 구성하느냐에 따라 4년 뒤 지적 체력이 완전히 달라진다. 전공 수업을 이수한다고 전문성이 저절로 생기는 것은 아니다. 배움의 방향을 고민하고, 나만의 학습 포트폴리오를 꾸준히 설계하며 축적해야 강의 내용이 진짜 실력으로 연결된다.

많은 대학생이 외형적인 활동 포트폴리오에만 관심을 쏟고, 정작 더 근본적인 학습 포트폴리오는 방치하는 태도를 보여 매우 안타깝다.

스스로 학습 포트폴리오를 짜기란 쉽지 않다. 신입생은 한 번도 해본 적이 없어 선배들의 조언에 의지하는 사람이 많다. 교수들이 강의 계획서를 수강 신청용 학교 홈페이지에 올려놓지만, 신입생이 그 자료로 강의를 파악하기란 쉽지 않다. 또한 학교 선배가 반드시 나보다 잘 알고 더 나은 판단을 내린다고 보장할 수도 없다. 그것은 권위에 호소하는 오류다.

내가 신입생 때 선배들에게 들었던 수강 신청에 대한 조언은 대부분 학점 따기 쉬운 과목을 골라주는 것이었다. 대학에 다니는 목적이 학점 잘 따서 졸업장을 받는 것이라면 의미 있는 조언이 될 수 있다. 그러나 이미 대학의 간판과 졸업장이 지니는 사회경제적 의미가 약화되면서 그 전제는 진작에 깨졌다. 대학을 학습 능력을 키우는 곳이라고 정의하면 수강 신청에 완전히 다른 접근법이 필요하다.

위와 같은 문제 인식을 바탕으로, 장기적으로 수익성이 높은 학습 포트폴리오를 구성하려면 어떤 전략을 세워야 하는지 살펴보겠다.

수강 신청에서 대학 교육의 가치가 판가름 난다

수강 신청은 단순히 학점을 잘 받기 위한 수단이 아니다. 내가 어떤 지적 여정을 선택할 것인지 결정하는, 다시 말해 대학 교육의 가치를 설계하는 출발점이다. 예를 들어, 미국의 상위권 대학원에 진학하려면 지원자의 학부 및 석사과정 중 수강한 과목을 전공 분야별로 일일이 기재하는 경우가 흔하다. 이 작업은 지원자에게도, 평가자에게도 번거롭고 시간이 많이 걸린다. 그럼에도 불구하고 이런 정보를 요구하는 이유는 명확하다. 하버드대를 비롯한 미국 유수의 대학원들은 학점보다 '무엇을 배웠는가'를 더 중요하게 여기기 때문이다. 이런 규정과 절차가 명시적으로 드러나지 않았더라도, 대부분의 미국 상위권 대학원에서는 지원자의 학부 평점뿐 아니라 어떤 과목을 들었는지 관심 있게 본다. 어떤 과목을 선택하고, 어떻게 학문적 역량을 키워왔는지 보면 지원자의 지적 태도와 잠재력을 이해하는 데 도움이 되기 때문이다.

비슷한 맥락에서, 학점과 학습 능력은 같지 않다는 것을 기억해야 한다. 학점은 학습 능력이라는 '달'을 가리키는 '손가락'이다. 이번 학기에 모든 과목에서 A^+를 받았다고 해도, 이전보다 더 배운 것이 없고 사고력이나 문제 해결 능력이 전혀 성장하지 않았다면, 사실상 지적 성장 측면에서 실패한 것이다. 반대로 학점이 기대에 못 미쳤더라도, 새로운 개념을 이해하고 학습력과 사고력이 한층 강화되었다면, 충분히 의미 있는 성취다.

대한민국은 성적 지상주의 나라다. 그렇다고 해서 그 사회적 기준을 맹목적으로 따라갈 필요는 없다. 본질을 생각하고 큰 그림을 보자. 학점은 학생들 사이에서 현재 나의 위치를 보여줄 뿐이다. 그것보다는 세상을 바라보는 시야가 얼마나 넓어졌는가,

사고의 방향이 얼마나 깊어졌는가가 더 중요하다. 성장의 방향과 기울기를 더 신경 써야 한다. 대학은 누가 더 많이, 더 잘 외웠는지 겨루는 곳이 아니다. 더 잘 이해하고, 더 잘 질문하고, 더 잘 연결하는 방법, 즉 학습 능력을 배우는 공간이다.

고려대 학부에서 정치학을 전공하기 전 시험 삼아 들었던 정치학 강의에서 나는 B학점을 받았다. 당시 나는 사회과학에 대해 아는 것이 없어, 에세이 중심으로 된 시험을 어떻게 준비해야 하는지 몰랐다. 그래서 정말 열심히 수업을 들었으나 기대에 훨씬 못 미치는 학점을 받았다. 하지만 나는 학점에 연연하지 않고 그 강의에서 내가 얼마나 많은 것을 배웠는지 생각했다. 분명 그 강의를 듣기 전과 들은 후 나는 달라져 있었다. 학점은 만족스럽지 않았지만, 바로 그 점 때문에 정치학을 포기하지 않았다. 이 학문이 재미있다고 느꼈고, 알고 싶은 것이 많아졌다. 내가 가진 질문에 대한 답을 스스로 찾고 싶어졌다. 그래서 학부에서 정치학을 전공했고, 결국 정치학 분야 최고 대학 중 하나인 UC 버클리에서 박사 학위를 받았다.

어떤 강의를 왜 들어야 하는가? 이 질문에 대한 답은 복잡할 수도, 단순할 수도 있다. 하지만 기준은 명확하다. 강의를 듣고 나면 그 전과 달라야 한다. 대학을 나갈 때는 들어올 때와 다른 사람이어야 한다. 그 변화 정도가 자신이 받은 대학 교육의 가치를 증명한다. 고등학교 때와 똑같은 방식으로 대학에 다닐 수도 있다. 학점 잘 받는 것만을 목표로 수강 계획을 짤 수도 있다. 그러나 졸업장이 아닌 학습 능력을 목표로 대학에 다니려면, 그 편안한 삶의 방식comfort zone에서 나와야 한다. 학점 잘 받는 것 이상을 바라봐야 한다.

전략적으로 수강 신청을 하는 5가지 방법

시카고대 해리스 정책대학원 크리스 블래트만 교수에 따르면, 전략적 관점에서 대학 교육의 학습 포트폴리오를 짜는 것이 중요하다.[2] 다음은 블래트만 교수가 제시한 10가지 조언 중 '수강 신청'과 관련된 항목 5가지를 추려 정리한 것이다. 블래트만 교수의 글에 나의 한국 학부, 미국 대학원 경험, 내 주변 사람들의 실제 사례를 덧붙여 핵심을 정리했다.

이것은 여러 사람의 시행착오에서 비롯된 실제적인 원칙이다. 이 내용을 잘 숙지하고 적용한다면, 수강 신청이라는 대학 생활의 '첫 단추'를 제대로 끼우는 데 큰 도움이 될 것이다. 나아가, 대학 생활 전반에 대한 설계 방향도 잡을 수 있을 것이다.

1. 듣고 싶은 과목만 신청하지 마라

누구나 고등학교 때 접하지 못했던 수업이나 지적 호기심을 자극하는 과목을 신청하고 싶은 유혹을 느낀다. 그러나 그런 교양 과목들로 학습 포트폴리오를 모두 채우는 것은 바람직하지 않다.

지루해 보일지라도, 자신의 진로에 중요한 기초가 되는 과목이 있다. 예를 들어, 문과생에게 수학은 종종 어렵고 멀게 느껴지는 과목이지만, 통계는 대학원 진학이나 실무 현장에서 거의 반드시 요구되는 기본기다. 그래서 학부 때 통계를 배워두면 어느 쪽으로 진로를 택하든 유리하다. 나는 정치학 박사과정에서 처음 2년 동안 거의 한 학기도 빠지지 않고 응용통계, 계량경제, 게임 이론과 같은 정량적 방법론에 기초한 강의를 들어야 했다. 학부 때 통계의 기초를 닦아놓지 않았다면 엄청 고생했을 것이다. 따라서 단지 재미있어 보이는 수업만 고르기보다 진로의 폭을 넓혀줄 강의도 전략적으로 들어야 한다.

나는 학부 시절뿐 아니라 박사과정 중에도 전공 외 수업을 일부러 많이 들었다. 특히 데이터과학과 관련된 워크숍이나 교육 프로그램에는 빠지지 않고 참석했다. 학부 때 호기심으로 프로그래밍에 손을 대봤기 때문에 새로운 길에 접어드는 것이 별로 어렵지 않았다. 나중에는 이와 같은 지식과 경험을 바탕으로, UC 버클리 재학 시절 대학원생 신분으로 프로그래밍을 비롯한 전산 도구들을 사회과학 연구에 어떻게 활용할 수 있는지 관련 대학원 정규 과목을 몇 학기에 걸쳐 가르쳤다. 나아가 이렇게 데이터과학 관련 프로젝트 경험과 지식이 쌓이면서, 미국 공공 영역에서 데이터과학자로 취업하고 활동할 기회도 얻었다.

결국 학습 포트폴리오가 기회의 경계를 결정하고 커리어의 경로를 좌우한다. 듣고 싶은 과목만 신청하면 내가 얻을 기회가 줄어든다.

2. 학교 밖에서도 들을 수 있는 과목은 듣지 마라

어학 강의를 굳이 정규 수업으로 신청하는 것은 현명한 선택이 아닐 수 있다. 대학은 어학원이 아니다. 기회비용을 생각하면, 그 강의를 듣느라 더 본질적이고 도전적인 수업을 들을 기회를 놓칠 수 있다.

마찬가지로 혼자 책을 읽고도 충분히 이해할 수 있는 내용을 굳이 학교 강의로 들을 필요는 없다. 오히려 혼자서는 도저히 따라가기 어려운 과목, 익히는 데 많은 시간과 에너지가 필요한 과목을 듣는 것이 더 합리적이다. 앞서 언급한 통계가 대표적인 예다. 통계는 데이터를 통해 세상을 이해하려는 학문으로, 오늘날 거의 모든 분야에서 활용된다. 데이터가 중심이 된 사회에서 통계적 사고는 점점 더 중요한 역량이 되고 있다. 그러나 통계는 확률에 기반한 논리 구조를 따르기 때문에, 우리가 일상적으로 사고하는 방식과 다르다. 이 새로운 사고방식을 익히려면 상당한 시간과 집중이 필요하다. 이런 진입 장벽이 꼭 나쁜 것은 아니다. 아무나 들어올 수 없는 분야라는 뜻이기 때문이다. 잘만 배우면 내 경쟁력이 된다. 반대로, 속성으로 익힐 수 있는 대부분의 지식은 결코 경쟁력이 되지 못한다. 내가 한 달이면 쉽게 배울 수 있는 내용은 다른 사람도 마찬가지다.

따라서 수업을 선택할 때는 명확한 기준이 필요하다. '혼자 배울 수 있는 것'과 '학교에서 배워야 할 것'을 구분하고, 유용하지만 배우기 어려운 것을 배우는 데 4년의 대학 생활과 등록금을 투자하자. 그것이 가성비 높은, 경쟁력 있는 학습 포트폴리오를 만드는 길이다.

3. 강의명보다 교수가 더 중요하다

강의명은 포장이다. 실상 강의를 좌우하는 건 제목이 아니라 교수다. 교수들은 강의명이 바뀌어도 대체로 비슷한 내용을 가르친다. 왜냐하면 강의의 핵심은 대부분 그 교수가 지금까지 해온 연구나 현재 진행 중인 연구와 깊이 연결되기 때문이다. 대학교수가 새로운 강의를 준비하려면 상당한 노력과 많은 시간이 필요하다.

그래서 내게 맞는 좋은 강의를 찾고 싶다면 강의명보다 교수에게 주목해야 한다. 단순히 교수의 이름을 확인하는 데 그치지 말고, 그 사람이 어떤 연구를 해왔는지, 어떤 책이나 논문을 썼는지 미리 확인해봐야 한다. 관심 있는 분야라면 교수의 논문을 한두 편 읽고 수업에 들어가는 것이 좋다. 그러면 강의의 전반적인 맥락을 더 잘 이해할 뿐 아니라, 교수와 깊이 있는 대화를 나눌 기회도 생긴다.

강의를 선택할 때는 제목보다 그 강의를 준비해서 가르치는 '사람'을 이해하려는 태도가 더 중요하다.

4. 대형 강의만 듣지 마라

취직하든 대학원에 진학하든 교수의 추천서를 요구받는 순간이 온다. 직장에서는 보통 한 장의 추천서를 요구하지만, 해외 대학원은 평균 세 장을 요구하는 경우가 많다. 그런데 한국 대학의 현실을 보면, 한 학기에 여섯 개의 강의를 듣는다고 해도 그중 상당수가 수백 명이 수강하는 대형 강의일 때가 많다. 교수와 학생의 접점이 거의 없고, 질문이나 토론 없이 일방적으로 진행되는 수업도 적지 않다. 이런 수업만 계속 들으면, 아무리 열심히 공부해도 교수의 눈에 띄기 어렵다. 그만큼 추천서를 부탁하기도 쉽지 않다.

일반 교양 위주인 미국 대학도 크게 다르지 않다. 특별히 미국 공립(주립)대학의 경우, 학부 1학년과 2학년 수업lower division은 1백 명이 넘는 학생이 듣는 대형 강의가 일반적이다. 이런 환경에서는 교수와 눈을 마주치기도 어렵다. 전공 위주인 3학년과 4학년 수업upper division에 이르러서야 수업 규모가 줄고, 교수와 직접 소통할 기회가 생긴다.

결국 추천서를 잘 받기 위해서는 수업 선택부터 전략적으로 접근할 필요가 있다. 한국이든 미국이든 수업 규모가 작고 질문과 응답이 오가는 수업을 찾아서 들어야 한다. 졸업 전까지 취직을 위해 최소 한 장, 유학을 위해 최소 세 장의 양질의 추천서를 받으려면, 교수와 의미 있는 관계를 맺을 환경을 만들고, 그 안에서 성실하게 참여해야 한다. 그런 경험이 쌓일수록 교수의 기억에 남고, 그 관계가 좋은 추천서로 이어진다. 조용히 강의만 들으면, A^+ 학점을 받더라도 교수가 기억하기 어렵고 해줄 말도 많지 않다.

내가 유학을 준비할 때는 홍콩시티대와 홍콩과기대에 계셨던 싱밍 교수님이 많은 도움을 주셨다. 사실 그분 수업에서 나는 그다지 좋은 학점을 받지 못했다. 그런데도 싱밍 교수님의 '강력한' 추천서를 받을 수 있었던 것은 교수님 연구실에 자주 찾아가 꾸준히 질문하고 대화했기 때문이다. 강의실 안에서뿐 아니라 밖에서도 교수님께 좋은 인상을 남기기 위해 노력했고, 그런 과정들이 누적되어 좋은 추천서를 받을 수 있었다. 교수님께서는 나를 위해 본인이 쓸 수 있는 가장 강력한 추천서를 써줬다고 말씀하셨다. 10년이 훌쩍 지난 지금도 싱밍 교수님과 종종 연락을 주고받는다.

교수와 좀 더 깊은 관계를 맺고 싶다면, 그리고 좋은 추천서를 받고 싶다면, 대형 강의를 듣고 좋은 학점을 받는 것만으로는 부족하다. 한 학기에 좋은 학점을 받는 성실한 학생이 너무나 많기 때문이다.

5. 글쓰기 능력을 향상할 강의를 신청하라

아무리 지식이 많아도, 그 내용을 다른 사람에게 설득력 있게 전달하지 못하면 연구나 업무에서 영향력을 발휘하기 어렵다. 하지만 한국의 초·중·고 교육에서는 에세이식 글쓰기가 주요 평가 요소가 아니어서, 글쓰기 훈련을 제대로 받지 못한 채 대학에 진학하는 학생이 많다.

문과든 이과든, 말과 글로 사람을 설득하는 능력은 결국 모든 분야에서 중요하다. 사회에 나가면 보고서, 제안서, 발표 자료, 연구 계획서 등 대부분의 중요한 의사소통이 글을 통해 이루어진다. 그래서 대학 시절에 글쓰기 능력을 키우지 않으면, 대학원 진학이나 취업, 실제 연구와 실무에서 어려움을 겪을 수 있다.

글쓰기 능력을 키우기 위해서는 글쓰기 중심의 강의나 워크숍을 수강하는 것도 좋은 방법이다. 전공 수업 중에서도 에세이나 리포트 작성이 중요한 평가 요소로 포함된 과목은 꼭 들어보자. 단순히 과제를 제출하는 수준을 넘어, 하나의 주제를 깊이 파고들고 논리적으로 정리하는 연습이 필요하다.

미국 대학에서는 이런 훈련을 학부 과정에 제도적으로 포함하기도 한다. 대표적인 예가 '학부 졸업 논문Honors Thesis' 제도다.

이는 4학년 때 자신이 정한 주제로 한 학기 또는 두 학기 동안 교수의 지도를 받아 논문을 쓰는 제도인데, 전공 분야의 전문성을 키우고 대학원 진학 준비도 할 수 있는 일종의 심화 프로젝트다. 한국 대학에는 아직 널리 퍼지지 않았지만, 미국에서는 이런 학부 졸업 논문이 학부생들의 연구 역량을 키우는 데 중요한 기회로 여겨진다.

또한 미국 대학원에 진학하려면 '대표 논문writing sample'을 제출해야 하는 경우가 많다. 쉽게 말해, 연구 역량과 글쓰기 능력을 보여주는 논문 한 편을 요구한다. 보통 학부나 석사과정 수업에서 쓴 학기말 보고서term paper나 소논문이 그 바탕이 된다.

내가 학부만 마치고 직장 생활을 하다가 바로 미국 박사과정에 진학할 수 있었던 이유 중 하나는, 글쓰기 중심의 수업을 일부러 찾아 들으며 논문 쓰는 훈련을 꾸준히 해왔기 때문이다. 학부 시절에 썼던, 한국과 일본의 통신 정책을 비교한 논문을 미국 대학원 지원 때 대표 논문으로 사용했다.

글쓰기는 하루아침에 늘지 않는다. 여러 번 써보고, 교수의 피드백을 받고, 다시 고쳐가며 실력을 쌓는 수밖에 없다. 대학 시설은 바로 그런 훈련을 할 수 있는 최적기다. 글쓰기 능력은 결국 자신을 표현하고 설득하는 장치이며, 그 자체가 강력한 경쟁력이 된다.

결론적으로, 수강 신청을 할 때는 고등학생의 마음가짐에서 벗어나 학습 포트폴리오를 짜야 한다. 고등학교 때는 100점을 받는 것이 90점을 받는 것보다 무조건 좋지만, 대학에서는 꼭 그렇지 않다. 같은 학점을 받았다고 같은 지적 성장을 이룬 것은 아니다. 전부 A^+만 받았다고 할지라도 그런 강의들이 자신의 지적 능력을 향상하지 못하면 등록금만 날린 셈이다. 교양 과목에서는 전공과목보다 훨씬 다양한 선택을 할 수 있다. 그럼에도 불구하고 이미 잘 아는 과목 위주로 수강 신청을 하면 시간만 낭비하는 셈이다.

전공과목은 개론에서 각론으로

대개 2학년 때 본격적으로 전공 이수를 시작한다. 이때 전공과목의 수강 순서를 바꾸면 고생한다. 대부분 과목이 개론 다음에 각론으로 이어지기 때문이다.

개론은 많은 양을 피상적으로 빨리 다루기 때문에 보통 재미가 없다. 그렇다고 개론을 생략하고 각론을 들으면 그 내용이 전체적인 그림에서 어디에 위치하는지 파악하기 어렵다. 나무는 보되 숲을 보지 못할 수 있다.

예를 들어, 통계학이나 데이터과학을 전공하고자 한다면 초반에 확률이론 같은 기초 과목을 철저히 듣는 것이 중요하다. 확률은 통계의 언어와도 같아, 기본 개념을 제대로 이해하지 못하면 통계학 수업에 나오는 대부분의 내용이 막연하게 느껴질 수 있다. 기본적인 용어도 이해하기 어렵다. 컴퓨터과학도 마찬가지다. 자료 구조나 알고리즘 같은 핵심 과목은 초반에 반드시 짚고 넘어가야 한다. 이 과목들을 제대로 배우면 이후 심화 수업의 내용을 훨씬 잘 이해할 수 있다. 하지만 기초를 생략한 채 각론부터 들으면, 개념들이 단편적으로 흩어져 체계적으로 이해하기 어렵다. 모래 위에 성을 쌓는 셈이다.

이처럼 전공 지식이 체계화되면 시간이 지날수록 공부하는 데 소요되는 시간이 줄어 고학년 때 유리하다. 고학년이 되면 학교 공부 외에도 준비할 것이 많으므로 학과 공부에 많은 시간을 투자할 수 없다. 이때 기초가 잘 닦여 있어야 학점 관리가 가능하다. 이렇게 되려면 전공 이수 때 가장 기초적인 과목부터 차례대로 수강해야 한다.

아울러 가능하면 저학년 때 연구방법론 강의를 들으면 좋다. 연구의 목적과 방법에 대해 원리적으로 이해하고 나면, 논문을 읽거나 강의를 들을 때 저자의 사고 흐름이 좀 더 명확히 보인다. 그러면 짧은 시간에 내용을 더 정확하게 파악할 수 있어 나른 강의를 따라가는 데 큰 도움이 된다.

논리적 사고력을 훈련하는 데도 연구방법론 강의는 큰 도움이 된다. 이론을 정하고, 가설을 세우고, 데이터를 모으고, 검증하는 등의 과학적 사고 과정을 경험할 수 있기 때문이다. 미국에서는 많은 대학이, 문과 계열에서도 학부에서 연구방법론 강의를 필수로 듣게 한다.

이공계 학생의 수강 신청 전략: 순서가 중요하다

이공계 학생에게 수강 신청은 단순히 학점을 따는 일이 아니다. 전공 커리큘럼이 대부분 선수 과목 중심의 구조로 짜여 있어 계획 없이 강의를 들으면 필수 과목을 놓쳐 졸업이 늦어질 수 있다. 따라서 일명 코스트리(과목 이수 체계를 도식화한 것)에 따라 장기적인 계획표를 짜보는 습관이 중요하다.

예컨대 화학과 학생이 2학년 1학기에 실험 과목을 수강하려면, 1학년 때 일반화학 및 실험, 유기화학 등의 선수 과목을 반드시 이수해야 한다. 공대 전체로 보면 수학(미적분, 선형대수, 공학수학)과 물리(일반물리, 전자기학 등)를 어느 시점에서 끊김 없이 듣느냐가 커리큘럼 전체에 큰 영향을 미친다.

이공계에서는 '필수 과목부터 차근차근 밟아가는 기본기'가 특히 중요하다. 전공 내용이 계단식으로 쌓이는 구조이기 때문이다. '재미있어 보이는 과목'이나 '들어보고 싶은 과목'을 고르는 것만으로는 학습 포트폴리오가 성립되지 않는다. 개론 없이 각론을 들으면 조각을 모아서 퍼즐을 풀기가 쉽지 않다.

이공계는 실습과 프로젝트가 많은 만큼 한 학기에 수강하는 과목 수와 과제량을 균형 있게 조정해야 한다. 전공 네 과목을 모두 프로젝트형 수업으로 짜면 한 학기 내내 밤을 새울 수도 있다. 과목마다 요구하는 시간과 에너지를 고려해서 '고강도 과목 + 이론 중심 과목' 식으로 짝을 맞추는 전략이 필요하다.

이공계 전공자는 교양 과목 선택에도 전략을 세워야 한다. 교양 과목은 단순히 전공 수업의 '휴식처'가 아니라, 과학과 기술을 사람과 사회에 연결하는 시야를 넓히는 훈련장이 될 수 있다. 이공계 지식은 그 자체로 완결된 것이 아니라, 언제나 인간과 사회를 위한 기술로 쓰이기 때문이다.[3] 예를 들어, 다음과 같은 교양 과목은 이공계 학생에게 특히 추천할 만하다.

- **과학기술과 사회STS, 과학윤리, 공학윤리, 데이터윤리 등:** 기술의 사회적 책임과 영향을 깊이 고민하게 한다. 단순한 기술 습득을 넘어 기술을 어디에, 왜, 어떻게 써야 하는지 판단하는 능력을 길러준다.

- **철학입문, 논리학, 비판적 사고와 글쓰기 등:** 전공 내용과 다른 방식으로 생각하고 토론하고 글 쓰는 힘을 키워준다. 실험 결과를 해석하고 논리적으로 정리해 타인에게 전달하는 능력은 전공 수업에서도 중요하지만, 사회에 나가서 더 큰 힘을 발휘한다.

- **정치경제의 이해, 법과 사회, 조직과 리더십 등:** 이런 사회과학

교양은 기업과 정부, 제도와 기술의 관계를 파악하는 데 도움이 된다. 기술이 실현되는 현실의 틀을 이해해야 문제 해결도 가능하다.

- **통계, 계량경제학, 데이터과학**: 특별히 통계나 데이터과학을 전공하지 않더라도 데이터를 읽고 해석할 줄 아는 능력은 이제 모든 분야에서 기본 소양에 가깝다. 의외로 공과대학에서는 통계나 계량경제학을 제대로 가르치지 않는 경우가 많은데, 데이터과학의 한 축은 바로 통계다. 데이터에서 무엇이 시그널이고 무엇이 노이즈인지 구분하려면, 통계에 대한 이해가 필수다.

이런 교양 수업은 이공계 전공과목과 성격이 달라, 사고의 유연성을 키우고 과학과 기술, 사람과 사회를 연결하는 역할을 한다. 실험실 안 환경에서만 생각하는 것이 아니라, 기술의 쓰임과 사회적 영향까지 고려하는 '사고의 확장판'을 마련해준다.

5

Read wide & Think deep
학습 전략법

수강 신청은 학사 일정에서 가장 쉬운 일이다. 새내기에게 첫 학기는 순식간에 지나간다. 학과와 동아리 행사에 참여하고 쏟아지는 과제를 하다 보면 어느새 벚꽃이 피어 있다. 꽃구경에 잠시 마음을 돌리고 나면 중간고사가 다가온다. 중간고사가 끝나면 또다시 과제가 폭풍처럼 밀어닥치고, 곧이어 기말고사가 있다. 그렇게 꽃이 피었다가 지면 한 학기가 지나가버린다.

첫 학기에 비해 첫 방학은 다소 서늘하게 다가온다. 성적표가 나오기 때문이다. 대부분의 학생은 기대에 못 미치는 성적을 받는다. 아무리 고등학교 때보다 놀았다지만, 충격적인 학점을 받는 사람이 많다. 대학은 체급 구분 없이 경쟁한다. 신입생끼리 듣는 일부 과목을 제외하고 상대평가 시스템이어서, 고학번 선배들과 경쟁해 높은 학점을 따기가 쉽지 않다. 나아가, 졸업을 앞둔 선배들은 작정하고 학점을 받으려 노력한다.

나도 1학년 1학기 학점이 제일 낮았다. 특히 가장 열심히 들었던 교양 강의에서 B학점을 받았다. 점수를 납득하기 어려워 담당 교수님께 성적 평가 기준에 대해 문의하는 이메일을 보냈더니, 교수님께서 이런 답변을 주셨다. "내용은 알고 있는 것 같은데, 전혀 정리가 되지 않았다."

공부법을 근본적으로 점검했더니, 수업 시간에 열심히 필기한 내용을 외우기만 해서 시험을 보고 있었다. 장학금을 받아 넉넉하지 않은 집안 형편에 보탬이 되려면 고등학교 때와 같은 방식으로 공부해서는 안 된다는 결론에 이르렀다.

배경지식 쌓는 독서하기

도서관에 가서 학습법과 관련된 이런저런 책들을 찾아보면서 전략을 어떻게 바꿔야 할지 고민했다. 우선, 1학년만 듣는 수업을 제외하고 대부분의 수업에서 고학년에 비해 배경지식이 부족하다는 점을 깨달았다. 그래서 그다음 학기부터 관련이 있는 강의를 묶어서 들었더니, 한 강의 내용을 다른 강의의 배경지식으로 활용할 수 있었다. 중국사와 일본사를 같이 듣는 식이었다.

또한 한번 신청한 강의는 웬만하면 정정하지 않았다. 대개 수강 신청을 하고 약 2주간 신청한 강의를 취소하거나 추가하는 기회가 주어진다. 이 기간에 다른 사람들은 진지하게 공부를 시작하지 않지만, 나는 강의 계획서에 지정해놓은 책들을 먼저 읽었다. 그리고 이후 본격적인 강의가 시작되면 지정된 책들 외에 다른 책과 논문들을 추가로 읽어 배경지식을 쌓았다.

대학생의 독서법

학기 중에는 수강하는 강의 위주로 책과 논문을 읽는 것이 좋다. 담당 교수가 쓴 책과 논문을 읽어두면, 전체 강의 내용 중에서 교수가 어디에 관심이 있는지 파악하기 쉽고, 시험을 준비하는 데도 유리하다. 해당 자료는 학교 도서관을 이용하면 쉽게 대여할 수 있다.

자신이 원해서 신청한 강의도 있지만, 필요해서 신청한 강의는 추가로 자료를 찾아서 읽는 것이 지겨울 수 있다. 그러나 그럴 때도 좋아하는 요소를 찾아 관심을 키워야 한다. 어떤 분야에서든 내가 좋아하는 일만 하기는 어렵다. 쉽게 좋아지지 않는 분야도 좋아하는 구석을 찾는 훈련을 쌓다 보면, 남보다 강한 동기부여 능력을 갖추게 된다.

특히 방학은 책을 더 많이 읽을 기회다. 책을 읽는 것도 악기를 연주하는 것과 비슷하다. 하루라도 쉬면 글을 읽고 해석하는 능력이 떨어진다. 이때도 읽기 쉬운 소설 종류만 읽어서는 안 된다. 인문학, 사회과학, 자연과학, 공학 등에 관한 전문적 지식이 담긴 책을 쉬운 교양 도서부터 하나씩 정복하면 개학 후 강의를 들을 때 배경지식이 쌓여 수월하다. 그뿐만 아니라 졸업 후 사회에 진출해서도 평생의 자산으로 써먹을 수 있다.

핵심만 정리하는 노트법

필기할 때도 속기사처럼 교수의 말을 그대로 옮겨 적기보다 핵심을 이해하려고 노력하는 것이 중요하다. 어떤 학생은 형형색색의 펜을 동원해 마치 그림책처럼 노트를 작성한다. 그런데 필기는 전시 목적이 아니라 자신만 알아볼 수 있으면 된다. 악필이라면 랩톱이나 다른 전자기기를 사용해도 된다. 중요한 것은 학습한 내용을 그대로 옮겨 적는 게 아니라, 무엇이 중요한지 파악하는 것이다.

나는 노트 맨 위에 수업 날짜와 강의명을 적은 뒤, 교수가 강조한 내용과 키워드를 적었다. 그리고 맨 아래에 질문 내용을 따로 정리했다. 질문 중 강의 시간에 해결된 것은 지우고, 남은 질문은 수업 도중이나 수업이 끝난 뒤에 반드시 해결했다.

나는 어느 강의에서나 질문이 매우 많은 학생 중 한 명이었다.

수업 시간에 자발적으로 질문을 던지고 답을 찾아가는 것은 수업에 매우 적극적으로 참여하고 있다는 증거다. 수업 참여도와 성적은 비례한다. 그러니 성적을 올리고 싶다면, 수업 시간에 자신이 얼마나 양질의 질문을, 얼마나 자주 던지는지 점검해보라.

강의 일시: 2025. 3. 21.

강의 제목: 데이터과학 개론 — 데이터는 중립적인가?

강의 내용:

- 데이터는 객관적인 숫자처럼 보이지만, 무엇을 수집하고 어떻게 정리했는가에 따라 전혀 다른 이야기를 할 수 있음.
- 예측 모델은 과거 데이터를 바탕으로 작동하므로, 사회적 편향과 차별을 그대로 반영하거나 증폭할 수 있음.
- 예: 미국에서 테크 회사 채용 인공지능이 여성 이력서를 자동 탈락시킨 사례.
- 데이터과학자는 단순한 분석가가 아니라, 데이터의 사회적 맥락을 비판적으로 읽을 줄 아는 사람이어야 함.

핵심어: 데이터 편향, 알고리즘 윤리, 예측 vs 인과, 설명 가능성explainability

나의 질문: 챗GPT가 추천하는 결과가 내게 맞는 것인가, 아니면 내가 훈련된 것인가?

노트의 본문에는 교수가 미리 준 자료나 설명한 내용을 내 나름대로 요약하면서 필기했다. 복잡한 개념들은 다이어그램이나 마인드맵으로 정리했다. 이런 방법으로 배경지식을 확대하면서, 무엇이 중요한지 지속적으로 맥을 잡아가는 과정을 잊지 않았다.

점수가 아니라 학습이 남고, 학점을 덤으로 챙기는 방법

나는 학기 초에 남들보다 공부 범위를 넓게 잡았다. 그러다가 중간고사 기간에 가까워질수록 범위를 좁히면서 깊게 파고들었다. 노트 필기 내용을 컴퓨터 워드프로세서로 옮기고, 그 골격 위에 다른 책이나 논문에서 읽은 내용을 덧붙여 '나만의 기본서'를 만들었다. 시험 기간이 다가오면 그 기본서를 바탕으로 예상 문제에 대한 답안을 직접 작성하고, 시험 전날에는 미리 써놓은 모범 답안을 보지 않고 실제 시험지에 답을 써보며 연습했다.

왜 그렇게까지 했냐고 묻는 사람이 있다. 이유는 간단하다. '쓸 수 없다면, 내가 안다고 착각하는 것'이라는 사실을 여러 번 확인했기 때문이다. "나는 아는데 정리가 안 돼"라고 말하는 학생이 많다. 하지만 그것은 모르는 것과 다름없다. 나의 경우 글로 정리하지 못하면 시험장에서 나오지 않는다.

그렇게 미리 써보면서 답안 내용뿐 아니라 구조와 흐름까지 점검했다. 인문사회 계열 시험에서 자주 나오는 에세이형 문제의 경우, 서두에서 질문을 내 언어로 다시 정의하고, 답안의 개요를 먼저 제시했다. 이어서 세 가지 정도 논거를 들고, 각 논거를 뒷받침하는 근거와 예시를 문단 단위로 정리했다. 시험장에서 글이 자연스럽게 나오도록 키워드 중심으로 머릿속에서 계속 글의 흐름을 구성하는 훈련도 했다. 저학년 때는 예상 답안을 실제로 다 써봤고, 고학년이 되면서 논리적 연결 구조를 더 많이 연습했다.

이 학습법을 꾸준히 적용하자, 성적이 자연스럽게 따라왔다. 1학년 2학기 때 4.5 만점에 4.39를 받았고, 그 방식을 졸업할 때까지 유지했다. 결국 최우수 졸업magna cum laude이라는 결과를 얻었지만, 더 중요한 것은 나만의 '학습 방법'을 체득했다는 점이다. 학부 학점은 시간이 지날수록 별 의미가 없지만, 이 학습 방법은 지금도 유효하다.

또한 이 학습법은 한 과목을 잘 이해하고, 그 '부산물'로 학점을 잘 받는 데만 좋은 기술이 아니다. 글을 구조화해서 쓰는 능력은 리포트나 발표 과제, 도론 수업에서도 효과를 발휘했다. 리포트에서 좋은 평가를 받은 친구들을 보면 대체로 비슷한 습관을 지니고 있었다. 남보다 먼저 시작하고, 더 많이 읽고, 더 많이 퇴고했다.

대학생 때 리포트 과제를 주면, 나는 마감 한 달 전에 자료 조사를 시작하고, 3주 전에 주제를 정해 교수님 오피스 아워에 찾아가 상의했다. 오피스 아워란 교수가 학생과 자유롭게 상담할 수 있도록 마련한 시간을 말한다. 나는 2주 전부터 초안을 쓰고, 논리와 근거를 다시 정리해 전체 흐름을 매끄럽게 다듬었다. 그렇게 공들인 글은, 결과가 어떻든 최소한 스스로 납득할 수 있는 퀄리티를 만들어냈다.

교수의 오피스 아워 활용법

대학이 주는 매우 큰 기회 중 하나는 각 분야 전문가와 직접 깊이 있는 대화를 나눌 수 있다는 것이다. 교수의 연구실 문은 두드리기만 하면 언제든 열린다. 심지어 다른 분야 교수님을 찾아가서 이야기 나누는 것도 얼마든지 가능하다. 이런 만남은 새로운 전공을 탐색하거나 진로의 폭을 넓히는 데도 큰 도움이 된다.

해당 강의를 듣는 학생이 아니더라도, 오피스 아워는 누구에게나 열려 있는 경우가 많다. 그리고 많은 교수가 생각보다 학생이 찾아오는 것을 반가워한다(물론 나도 그렇다). 그러니 너무 부담 갖지 말고, 궁금한 점이 생기면 용기 내어 교수님을 찾아가자.

교수의 시간을 잘 활용하려면 몇 가지 기본예절과 전략이 필요하다.

1. 방문 방식을 확인한다

교수마다 오피스 아워 운영 방식이 다르다. 어떤 교수는 정해진 시간에 그냥 방문해도 되고, 어떤 교수는 미리 이메일로 시간을 예약해야 한다. 교수의 홈페이지, 강의 계획서, 수업 중 공지 사항 등을 통해 방문 방법을 꼭 확인하자.

2. 자기소개와 목적을 짧고 정확하게 말한다

교수의 연구실을 방문하면 간단히 자기소개를 하고, 어떤 질문이나 목적이 있는지 명확하게 말하자. 미리 시간이 얼마나 필요한지 알리면 교수가 일정을 조율하기 훨씬 쉽다("15분 정도면 충분할 것 같습니다", "30분쯤 이야기 나누고 싶은데, 괜찮을까요?"). 교수들은 연구와 강의, 행정 등 다양한 업무를 동시에 수행하므로, 상대의 시간을 존중하는 태도가 기본이다.

3. 질문을 미리 준비한다

오피스 아워는 단순히 '답만 얻는 자리'가 아니다. 질문의 질에 따라 대화의 깊이도 달라진다.

- 강의 내용 중 잘 이해되지 않은 개념이나 복잡한 내용에 대해 질문하자(강의 조교가 있는 경우, 간단한 내용은 먼저 조교에게 묻고, 해결되지 않을 때 교수에게 질문하는 것이 예의다).
- 관련된 다른 강의를 언제, 어떻게 들어야 할지 물어본다.
- 과제를 어떻게 준비하면 좋을지, 어떤 방향으로 접근하면 좋을지 묻는다.
- 교수의 연구 주제나 커리어 경로에 대해 물어보는 것도 좋다. 특히 교수가 쓴 논문을 미리 읽고 그 내용을 바탕으로 질문하면, 연구를 좋아하는 교수는 정말 반가워한다. 이런 질문을 통해 자연스

럽게 연구에 대한 이야기를 나눌 수 있고, 학문적 조언뿐만 아니라 대학원 진학, 유학과 같은 경로에 대해서도 조언을 얻을 수 있다. 만약 해당 교수가 경험이 없는 분야라 하더라도, 다른 전문가를 소개받거나 네트워크를 확장할 기회가 생길 수도 있다. 오피스 아워는 단순한 수업 관련 질문을 넘어, 인생의 방향을 잡는 데도 큰 도움을 얻을 수 있다.

4. 검색하면 나오는 질문은 하지 않는다

구글이나 네이버에서 검색하면 금방 나오는 질문은 교수가 게으름의 신호로 여길 수 있다. 그러면 오피스 아워라는 귀중한 시간을 낭비하는 셈이다. 질문하기 전에 스스로 찾아보고, 그래도 궁금할 때 물어보자.

5. 시험이나 마감 직전에만 찾지 않는다

현실적인 이야기를 하자면, 관계가 형성되지 않으면 좋은 추천서를 써주기 어렵다. 실제로 추천서에 해당 학생과 얼마나 오랫동안, 어떤 식으로 관계를 쌓았는지 담는 경우도 적지 않다. 많은 학생이 과제나 시험 직전에 교수를 찾지만, 오피스 아워를 미리, 자주 활용할수록 효과가 크다. 정기적으로 대화를 나누다 보면, 교수와의 관계도 자연스럽게 형성되고, 더 좋은 조언도 받을 수 있다. 실제로 나는 미국 박사 유학을 준비하며 세 분의 교수님께 추천서를 받았다. 한 분은 한국의 모교 교수님이었고, 다른 두 분은 홍콩과 대만에서 교환학생으로 수강한 수업의 교수님이었다. 그분들이 흔쾌히, 그리고 강력한 추천서를 써주신 이유는 간단했다. 내가 그분들의 오피스 아워에 자주 이런 학습법은 무엇보다 불안을 줄여주고 자신감을 높여주는데 큰 도움이 되었다. 초반에 배경지식이 부족하면 시험이 가까워질수록 불안하고 위축되기 쉽다. 하지만 미리 공부해서 지식이 머릿속에 어느 정도 정리되면, 문제를 마주했을 때 훨씬 안정적으로 대응할 수 있다. 그리고 배경지식이 많아질수록 질문의 질도 달라진다. 진짜 좋은 질문은 구글이나 네이버에서 검색하면 바로 나오는 것이 아니라, 질문을 받은 사람도 고민하게 만드는 것이다. 미리 읽고, 비교하고, 고민한 사람만 그런 질문을 할 수 있다.

이 학습법은 학부 시절에만 유효했던 것이 아니다. 미국 박사과정에 진학한 뒤 대학원 1~2학년 때 치른 자격시험qualifying exam 준비에도 그대로 통했다. 자격시험은 해당 분야의 이론, 논쟁, 방법론을 종합적으로 검증하는 절차로, 단순히 문제를 푸는 시험이 아니다. 내가 박사 공부를 한 UC 버클리 정치학과의 경우, 오전 9시부터 오후 5시까지 도시락을 가지고 시험장에 들어가서 보충 자료 없이 머릿속에 있는 지식만으로 장문의 에세이형 답안을 여러 편 작성해야 했다.

이 시험을 준비할 때도, 먼저 시험 범위를 넓게 설정하고 주요 논문과 개념을 정리해 '나만의 기본서'를 만들었다. 예상 질문에 대한 답안을 구조적으로 정리하고 모의시험도 반복했다. 그 결과, 필수 전공 시험은 물론 선택한 세부 전공 중 하나인 정치행위political behavior에서 그해 수험자 중 유일하게 우수 학생with distinction으로 선정되었다. 하지만 무엇보다 기억에 남는 것은 그 과정에서 어떤 질문을 던지고, 어떤 방식으로 사고를 전개해야 하는지 몸으로 익혔다는 점이다.

늘 결과보다 과정이 더 중요하다. 긴 시간이 흐른 뒤에도 남는 것은 암기했다가 곧 잊히는 지식이 아니라 그 과정에서 쌓인 지적 경험과 사고의 기술이다.

자료 조사법

대학에서 리포트를 쓸 때 가장 중요한 것은 자료 조사다. 요즘에는 인터넷으로 검색만 해도 블로그나 요약 영상, 심지어 챗GPT와 같은 인공지능이 그럴듯한 글을 금방 만들어준다. 하지만 이런 것을 그대로 베끼거나 살짝 고쳐서 내면 좋은 점수를 받기 어렵다. 교수나 조교들은 그런 리포트를 이미 수십, 수백 편 읽었기 때문에 금세 알아본다.

검색은 시작일 뿐이다. 진짜 좋은 리포트를 쓰려면, 그 주제를 직접 연구한 사람이 쓴 자료, 즉 전문 서적이나 학술 논문, 정부 기관이나 연구기관의 공식 보고서 등을 참고해야 한다. 예를 들어 기후 위기에 대해 쓴다면 환경부나 국회입법조사처 자료를 참고하고, 인공지능에 대해 쓴다면 과학기술정보통신부 정책 보고서나 국내 연구 팀의 논문을 찾아보는 것이 좋다. 이런 자료는 학교 도서관 홈페이지나 RISS(학술연구정보서비스), 학술 콘텐츠 플랫폼 DBpia, NDSL(국가과학기술정보센터)과 같은 사이트에서 쉽게 구할 수 있다.

한 가지 팁을 말하자면, 책보다 논문 중심으로 자료 조사를 하는 것이 시간상 유리하다. 책은 내용을 쉽게 설명하려다 보니 보통 분량이 많고, 핵심만 빠르게 파악하기 어려운 경우가 적지 않다. 그에 비해 논문은 비교적 짧고, 구조가 정리되어 있어 핵심 내용을 빠르게 파악할 수 있다. 따라서 여러 활동으로 인해 시간이 부족한 학부생에게는 논문이 훨씬 효율적인 선택일 수 있다.

만약 논문이나 책이 이해되지 않는다면 유튜브를 활용하자. 해당 주제의 저자나 전문가가 발표한 영상, 강연 영상 등을 찾아보면 내용을 훨씬 쉽게 이해할 수 있다. 특히 국내 대학 강의 영상이나 학회 발표 영상 등을 참고하면 큰 도움이 된다. 그리고 가능하면 외국어 자료도 참조하자. 인터넷에 올라온 한글 자료는 한계가 있고, 비슷비슷한 경우가 많다. 영어 논문이나 외국 기관 보고서를 참고하면 자료 조사 측면에서 남보다 한두 발 앞서 갈 수 있다. 요즘에는 번역 도구도 좋아져, 언어 때문에 너무 겁먹지 않아도 된다.

자료 조사 능력은 리포트 한두 편 쓸 때만 필요한 것이 아니다. 대학원 준비, 취업 자기소개서, 실무에서 기획서나 보고서 작성까지, 자기 언어로 정리하는 능력은 평생 쓰인다.

인공지능 시대에 학습력을 키우는 세 가지 원칙

"이 과제, 챗GPT와 같은 인공지능으로 해도 되나요?" 요즘 대학에서 교수들이 학생들에게서 자주 듣는 질문 중 하나다.

학생들이 이런 질문을 하는 이유는 충분히 이해된다. 혼자 과제를 하려면 어렵고, 피곤하고, 시간도 많이 든다. 그런데 인공지능을 쓰면 빠르고, 쉽고, 편하다. 실제로 인공지능을 활용해서 점수를 잘 받았다는 동기나 선후배 이야기도 종종 들린다.

하지만 정말 중요한 질문은 '어떻게 과제를 해야 학점을 잘 받을 수 있을까?'가 아니라 '어떻게 해야 학습력을 높일 수 있을까?'이다. 이러한 관점에서 볼 때, 대학에서 공부하고, 과제하고,

시험 준비하는 데 인공지능을 써야 할까, 말아야 할까? 쓴다면 어떻게 써야 할까?

이와 관련해 미국 노스웨스턴대 기계공학과 엘리자베스 거버 교수는 인공지능 시대의 문제 해결력 향상을 위한 일곱 가지 원칙을 제시했다.[4] 그중에서 학습력 향상과 관련된 내용을 다시 세 가지 원칙으로 정리했다. 핵심은 명확하다. 인공지능 기술 자체보다, 그 기술을 어떤 태도로 배우고, 어떻게 활용할지 고민하는 것이 중요하다.

인공지능은 똑똑한 것이 아니라 똑똑한 척할 뿐이다

인공지능이 똑똑해 보이는 것은 말투와 문장이 자연스럽기 때문이다. 그러나 사실 현존하는 (생성) 인공지능은 방대한 데이터를 학습해서 사람이 자주 쓰는 표현을 그럴듯하게 이어 붙이는 기술에 불과하다. 내용을 알아야 인공지능에 제대로 일을 시킬 수 있다. 인공지능은 무에서 유를 창조하지 못한다. 인공지능에 어떤 방식으로 일을 시키느냐에 따라 결과물의 수준이 천차만별이다. 예를 들어, 챗GPT에 "한국 사회의 출산율 문제에 대해 써줘"라고 하면, 어디서나 볼 수 있는 피상적인 내용이 나올 가능성이 크다. 그러나 "출산율 저하가 정당, 관료, 이해집단, 여론의 상호작용 속에서 어떻게 형성되었는지를 중심으로 분석해줘"라고 구체적으로 요청하면, 그에 맞는 구조와 관점을 적용하려 시도한다. 여기에 내가 꼭 참고해야 할 논문이나 보고서, 기사 내용을 함께 제공하면 더 질 높은 결과를 얻을 수도 있다.

중요한 것은 먼저 내 머릿속에 완성품의 그림이 있어야 한다는 사실이다. 적어도 어떤 구조로 글을 짜야 할지, 어떤 방향으로 전개해야 할지 미리 생각해야 인공지능이 제대로 작동한다. 어느 정도 설계도, 즉 골격이 갖춰져야 인공지능도 거기에 맞춰 움직일 수 있다. 도구는 실력을 대체하지 못한다. 내가 생각할 줄 알아야, 인공지능이 나를 도와줄 수 있다.

인공지능에 의지하지 말고 도움을 받아라

인공지능을 활용해 논문 내용을 요약하거나 복잡한 수식을 쉽게 설명받는 것은 실제로 매우 유용하다. 예를 들어, 영어로 된 학술 논문을 읽을 때 주요 내용을 한글로 요약하거나 통계학 논문에서 모르는 개념을 간단히 설명해달라고 요청하면 개념의 윤곽을 빠르게 잡을 수 있다. 또 여러 논문의 공통점과 차이점을 정리해달라고 하면, 반복되는 키워드나 구조를 기반으로 정리된 리스트를 받을 수 있어 생각을 정리하는 데 도움이 된다.

인공지능은 보조 도구일 뿐이다. 내 공부를 대체할 수 없고 대체해서도 안 된다. 예를 들어, 인공지능이 요약한 내용을 읽고 "이 논문이 왜 중요한가?", "내 연구 주제와 어떤 관련이 있는 가?", "이 분석 방법을 내 연구 주제에도 쓸 수 있는가?"와 같은 질문을 스스로 해봐야 의미가 있다. 논문 1백 편을 대충 읽는 것 보다, 한 편이라도 스스로 직접 요약하고 비판적으로 분석하는 경험이 훨씬 오래 남는다.

연구 주제를 정하고, 자료를 찾고, 정리하고, 어떤 분석을 해야 할지 고민하고, 결과를 해석하고 결론 내리는 모든 과정은 결국 반복적으로 연습해야 실력이 향상된다. 자동차 조수석에 앉는다 고 운전 실력이 늘지 않는 것과 마찬가지다. 이런 과정을 거쳐야 단순한 지식을 넘어 생각하는 힘, 판단하는 감각, 맥락을 읽는 시 각이 향상된다. 인공지능에 전적으로 의지하면 사고력의 성장이 멈춘다. 인공지능을 사용해 더 영민해지는 것이 아니라, 더 아둔 해진다.

빠른 결과가 항상 좋은 것은 아니다. 예를 들어, 인공지능이 써 준 요약문이 그럴듯해 보여도, 핵심 개념이 잘못 설명된 경우도 적지 않다. 눈에 보이는 결과물에만 만족하면, 내가 무엇을 놓지 고 있는지 모른 채 넘어간다. 결국 학습력은 내 손으로 직접 해 보고, 실수하고, 다시 고치는 과정에서 자란다. 편리한 도구를 사 용할수록, 오히려 더 비판적이고 주도적으로 대하는 태도가 필 요하다.

인공지능을 제대로 이해하고 활용하라

인공지능의 단점이나 한계가 있다고, 아예 쓰지 말라는 것은 아니다. 기술을 무작정 피하지 말고, 직접 써보며 작동 원리를 이해하려는 태도가 중요하다. 예를 들어, 과제를 하다가 챗GPT에 "이 주제에 대해 요약해줘"라고 입력했다면, 그 답변이 얼마나 정확한지, 빠진 정보는 없는지, 편향된 예시만 담고 있는 것은 아닌지 점검해보자. 내가 경험한 바에 따르면 2026년 봄 기준 챗GPT는 참고문헌을 자주 틀리게 제시했다.

또 어떤 질문prompt을 어떻게 입력하느냐에 따라 결과가 크게 달라진다. 이런 실험을 반복하다 보면, 각각의 도구가 어떤 데 강하고, 어떤 데 약한지 대략 감이 생긴다.

모든 인공지능이 똑같이 만들어진 것이 아니라는 점도 기억해야 한다. 어떤 인공지능은 특정 국가나 문화의 데이터만 학습해, 다른 배경을 가진 사용자에게 부정확하거나 불편한 결과를 내놓을 수도 있다. 예컨대 '전통 혼례 복장'을 검색했는데 서양식 결혼사진만 보인다거나, '정치 지도자'를 검색했는데 백인 남성의 이미지가 주로 등장하는 경우가 그렇다. 영어 중심으로 학습된 인공지능에 복잡한 한국어 존칭 표현을 가르쳐달라고 하면, 어려워할 가능성이 크다. 현재 인공지능은 학습된 과거 데이터를 바탕으로 작동하므로 기존 사회의 편견을 그대로 반영할 위험이 있다. 그래서 문해력만큼이나 데이터 리터러시data literacy

가 중요하다. 데이터 리터러시란 데이터를 수집하고, 정제하고, 해석하고, 표현하고, 평가하고, 윤리적으로 책임 있게 활용할 줄 아는 역량을 말한다.

데이터 리터러시는 질문에서 출발한다. 예를 들어, "챗GPT가 쓰는 데이터는 어디서 왔을까?", "왜 내가 질문한 내용에 이런 결과가 나왔을까?", "내가 챗GPT에 입력한 데이터는 어떻게 쓰일까?"와 같은 질문을 스스로 던지고, 그에 대해 비판적으로 사고할 줄 아는 것이 데이터 리터러시다.

나는 2023년에 『우리에게는 다른 데이터가 필요하다』라는 책을 출간했다. 바쁜 와중에 이 책을 쓴 중요한 이유 중 하나도 내가 갖고 있는 이 데이터 리터러시에 대한 고민을 더 많은 사람과 나누고 싶었기 때문이다. 그래서 이 책의 부제가 '차별을 만드는 데이터, 기회를 만드는 데이터'다. 빅데이터 시대의 데이터는 결국 우리 일상의 흔적에서 나온 것이다. 하지만 그 데이터가 어떻게 수집되고, 어디에 쓰이며, 어떤 문제를 낳는지에 대한 사회적 이해는 아직 많이 부족하다.

인공지능을 '많이 쓰는 법'보다 '잘 쓰는 법'을 고민해야 한다. 그것이야말로 인공지능 시대를 살아가는 데 꼭 필요한 역량이다. 이 시대의 실력은 기술을 얼마나 많이 아느냐가 아니라, 기술을 얼마나 잘 이해하고 얼마나 똑똑하게 쓰느냐에 달려 있다. 그것이 인공지능을 잘 쓰는 사람과 그렇지 않은 사람을 구분하는 기준이다.

공부하면서 인공지능을 사용한다면, 그 목적을 잊지 말자. 인공지능은 인공지능을 똑똑하게 만들기 위해서가 아니라, 나를 더 똑똑하게 만들기 위해서 쓰는 것이다.

전공마다 다른 학습법이 필요하다

학부에서 인문학(영어영문학)과 사회과학(정치외교학)을 이중 전공하면서 두 전공의 공부 접근 방식이 다르다는 것을 깨달았다. 거칠게 표현하면, 인문학은 '묘사description'에, 사회과학은 '설명explanation'에 집중한다.

한겨울에 서울의 전철역 근처에서 한 노숙인이 사망했다고 가정하자. 인문학은 그 사람을 사회의 한 단면을 드러내는 '상징'으로 바라보며, 이를 통해 우리는 인간의 존엄, 사회윤리, 공감, 회심 등의 서사를 읽는다. 반면 사회과학은 노숙인을 구조적으로 반복 재생산되는 집단의 일부로 보아, 이들이 왜 생기는지, 어느 나라 혹은 어떤 조건에서 더 취약한지 설명하려 한다. 이처럼 같은 현상도 공부하는 분야에 따라 다르게 접근할 수 있다.

그러므로 인문학을 사회과학 방식으로 접근하면 살아 있는 인간의 감정과 갈등이 빠진 채 논리의 뼈대만 남을 수 있고, 반대로 사회과학을 인문학 방식으로 접근하면 구조적 분석 없이 감상에만 머물 수 있다. 전공마다 글쓰기 방식도 다르고, 시험에서 중시하는 것도 다르다.

이공계로 넘어가면 이런 차이가 더 커진다. 물리, 화학, 생물 같은 과목은 원리를 외우는 것에서 멈추지 말고 그 원리를 실제 문제에 적용할 수 있어야 한다. 또한 문제 풀이 과정에서 수식의 의미를 논리적으로 추적하는 사고력이 필요하다. 공학에서는 여기에 설계 기반의 사고가 추가된다. 문제를 푸는 것이 아니라, 문제를 스스로 정의하고 해결안을 설계하는 것이 목표다. 특히 프로젝트 수업에서는 '정답'보다 '왜 이 방식으로 접근했는지' 설명할 수 있어야 한다. 따라서 개념 정리에만 매달리기보다 실습과 병행하며 문제 해결 과정을 구조화하는 훈련이 필요하다.

이처럼 학문 분야마다 강조하는 지식의 형식과 접근 방법이 다르므로, 두 가지 이상 전공할 때는 공부 방법을 유연하게 바꿔야 한다.

이 차이를 이해하고 넘어서기 어렵다면 스터디 그룹을 통해 해당 분야에 익숙한 동료의 학습법을 공유받는 것도 좋은 전략이다. 이미 그 전공에 오래 몸담았거나 시험과 글쓰기 방식을 잘 아는 학생과 함께 공부하면, 그 분야 특유의 언어, 관습, 문화 등을 훨씬 빠르게 익힐 수 있다.

학습지원시설 이용하기

많은 학생이 대학 생활에서 공부가 막힐 때 혼자 해결해야 한다고 생각한다. 하지만 요즘 대부분의 대학에는 학생의 학습을 지원하는 전담 기관이 있다. 학교마다 조금 다르지만 보통 교수학습개발센터, 학습지원센터, 교수학습혁신센터와 같은 이름으로 운영된다.

이곳에서는 단순히 공부 잘하는 법을 알려주는 데 그치지 않는다. 글쓰기, 발표, 비판적 사고, 토론 참여, 보고서 작성 등과 같이 대학에서 요구하는 학습 역량에 어려움을 겪는 학생들을 위해 다양한 워크숍, 1:1 맞춤형 프로그램을 제공한다.

그러나 이런 기회가 있어도 스스로 찾지 않으면 알기 어렵다. 그러니 학기 초에 학교 홈페이지나 도서관 공지, 학생 지원 포털 등을 꼼꼼히 살펴보자. 특히 리포트 제출이나 시험이 몰리는 시기에는 신청이 빨리 마감될 수 있으니, 미리 확인해두는 것이 좋다.

학습지원시설은 단순히 공부를 잘하기 위한 공간이 아니다. 대학이 요구하는 새로운 공부 방식에 익숙해지고, 나만의 학습 습관을 만들어가는 데 필수적인 기반이 된다. 이런 프로그램을 적극적으로 활용한 학생과 그렇지 않은 학생은 학기가 끝날 때 눈에 띄는 차이를 보일 수밖에 없다.

혼자서 고민하지 말고 시스템을 적극적으로 활용하자. 도움을 받는 것도 능력이다.

학문 간 소통은 선택이 아니라 필수다

"나는 정치학과니까 정치학만 잘하면 되지!", "나는 화학과니까 다른 건 몰라도 괜찮아." 이렇게 생각하는 학생이 많다. 하지만 학문과 사회는 그렇게 단순하지 않다. 현실의 문제는 하나의 전공 언어로 설명되지 않고, 하나의 도구로 해결되지 않는다. 그리고 직장에서는 대부분 서로 배경이 다른 사람들과 함께 일한다. 실제로 오늘날 많은 조직은 한 조직 내에 기능 조직(예: 데이터과학 팀)과 프로젝트 조직(예: 캘리포니아 프로젝트 팀)이 동시에 작동하는 '매트릭스 조직matrix organization' 형태다. 나는 데이터과학자이지만, 내가 담당한 업무는 캘리포니아 프로젝트 팀에서 일하는 것이다. 그 팀에서는 다양한 분야 전문가가 모여 함께 일한다. 이런 팀을 '크로스펑셔널 팀cross-functional team'이라고 부른다. 어떤 분야든 전공 외 언어와 도구를 이해하고, 다른 사람들과 소통할 수 있는 능력이 점점 더 중요해지고 있다.

나는 정치학 박사 학위를 받았지만, 대학원에서 데이터과학을 따로 공부했고, 실제 현장에서 컴퓨터과학, 통계학을 전공한 동료들과 함께 데이터과학자로 일하기도 했다. 내 사회과학 연구는 정책 연구와도 밀접하게 연결되어 있어, 한국과 미국의 동료 교수가 대부분 경제학자인 정책학 교수로 임용되었다. 정치학이라는 전공의 틀에만 머물지 않고, 다른 분야의 개념과 언어를 배우기 위해 꾸준히 노력해왔기에 가능한 일이었다.

친한 친구이자 공저자인 뉴욕 포덤대 로스쿨 아니켓 커사리 교수는 UC 버클리에서 법학 박사, 예일대에서 법학 전문 석사JD 학위를 받았다. 동시에 그는 깃허브와 같은 실리콘밸리 테크 기업에서 정책 분석가로 일하며 실무 경험도 쌓았다. 아니켓은 UC 버클리에서 대학원에 다닐 때 나와 함께 응용통계, 게임 이론 수업을 듣고, 데이터과학 워크숍을 기획하고 운영하면서 가까워졌다. 그는 지금 법학, 경제학, 컴퓨터과학의 경계에서 활약하는 법학자이자 데이터과학자이며 사회과학자다.

우리는 가끔 서로의 커리어를 돌아보며, 각자의 전공(나는 정치학, 아니켓은 법학) 안에서 원하는 답을 찾지 못해 다양한 전공을 기웃거리며 수업을 듣고, 사람을 만나고, 프로젝트를 해본 것이 큰 도움이 되었다고 말하곤 한다. 그래서 우리는 '이상한 탁월함weird excellence'이란 말을 좋아한다. '이상한 탁월함'이란 남들 눈에는 좀 엉뚱하고 복잡해 보여도, 그런 길을 걷는 사람에게는 남들이 보지 못하는 기회가 열린다는 뜻이다.

현대 사회에서 잘 훈련된 전문가란 하나의 전공에만 갇혀 있는 사람이 아니라 전공 간 경계를 넘나들며 문제를 새롭게 정의하고 소통할 수 있는 사람이다. 물론 자기 전공도 제대로 파악하지 못했으면서 성급하게 다른 전공을 넘나드는 것은 섣부른 시도가 될 수 있다. 그러나 많은 전공이 사실 깊이 들어가면 연결되어 있다. 그래서 다른 전공을 파다 보면 오히려 내 전공을 더 깊이 알게 되는 경우도 많다. 따라서 학부 시절부터 전공 밖 수업을 듣고, 모르는 언어에 도전하고, 다른 분야 학생들과 협업하는 경험은 장기적으로 엄청난 자산이 된다.

전공은 깊게, 다른 전공은 넓게 공부하려는 노력과 훈련을 꾸준히 해온 사람에게는 더 큰 커리어의 무대가 주어진다.

6

어학은
기본 체력이다

축구에서 감독의 전략이 아무리 훌륭해도 선수들의 기본 체력과 기술이 받쳐주지 않으면 전략이 제대로 실행되기 어렵다. 이와 마찬가지로, 대학에서는 학습 전략 외에도 대학생의 3종 스킬이라고 할 수 있는 어학, 소통 능력(글쓰기와 말하기), 비판적 사고력을 키우기 위해 노력해야 한다.

이 3종 스킬은 대학에서만 중요한 것이 아니다. 사회 어느 분야에서 일하든 도움이 된다. 어학에 능통하면 여러 나라 사람을 만날 수 있고, 더 많은 자료를 볼 수 있다. 소통 능력이 뛰어나면 자기가 아는 바를 더욱 정확하게 효과적으로 전달하고 공유할 수 있다. 그러면 자연스럽게 업무 능률이 향상된다. 비판적이고 논리적인 사고력은 정해진 답이 없는 상황에서 문제를 정의하고 해결하는 방식을 찾는 데 도움이 된다. 이는 창의적인 인재로 성장하는 밑거름이 된다.

어학을 기초 체력으로 쌓아라

어학은 학업에 임할 때든 사회에 나가서든 기본 중의 기본이다. 이공계에서 수학의 역할을 문과에서는 어학이 한다. 문과 계열 공부는 대부분 텍스트를 읽고 해석하는 데서 출발한다. 그런데 고등 학문에서는 여전히 서구의 학문이 우세하므로, 미국이나 유럽 등지에서 발간된 책과 논문을 읽을 일이 많다.

어학은 문과생만의 과제가 아니다. 오히려 어학 실력을 갖춘 이공계 학생은 국내외에서 훨씬 더 넓은 커리어 기회를 얻는다. 실제로 미국, 유럽 등 해외에서 취업하거나 연구를 지속할 때 어학 능력이 충분하면 이공계가 더 유리한 경우가 많다. 과학기술 분야는 전 세계적으로 통용되는 전문성과 협업이 요구되기 때문에, 영어만 잘하면 글로벌 프로젝트에 참여하거나 유수의 연구소 기업에 진출할 가능성이 훨씬 크다.

특히 미국에서는 과학, 기술, 공학, 수학 분야Science, Technology, Engineering, and Mathematics, STEM 전공 유학생에게 졸업 후 최대 3년간 합법적인 취업 및 체류가 가능한 선택적 실습 교육Optional Practical Training, OPT 제도를 제공한다. 반면, STEM이 아닌 전공자는 OPT 기간이 1년으로 제한된다. 또한 STEM 전공자는 미국 영주권을 신청할 때 '국익 면제National Interest Waiver, NIW' 제도를 활용할 수 있다. 이 제도는 박사 학위, 특허, 주요 연구 성과 등 자신의 전문성과 국가에 대한 기여 가능성을 강조해, 일반적인 취업 이민 절차보다 유리한 조건으로 심사받을 수 있다. 즉 언어 실력은 단지 논문을 읽기 위한 도구를 넘어, 글로벌 커리어와 이민까지 연결되는 핵심 역량이다. 이는 인문사회 계열과 이공 계열에 모두 적용된다.

인공지능의 등장으로 번역 및 언어 처리 기술이 급격히 발전했지만, 인간의 언어 능력을 완전히 대체할 수는 없다. 왜냐하면 언어는 단순한 정보 전달 도구가 아니라, 문화와 맥락, 감정의 뉘앙스를 함께 담고 있기 때문이다. 인공지능이 유용한 번역을 제공할 수는 있지만, 언어 뒤에 숨은 미묘한 의미나 사회적 관계, 맥락을 정확히 이해하는 데는 분명한 한계가 있다.

그뿐만 아니라 실제 연구 현장에서 사람들과 소통하려면 언어 능력이 더욱 중요하다. 연구 회의나 학술 발표, 인터뷰, 협업 과정에서 언어는 곧 신뢰와 역량의 지표가 된다. 예컨대 면접에서 인공지능 통역기를 활용해 대화한다면, 단지 말이 안 통하는 수준이 아니라 언어를 통한 사고 능력과 연구 수행 능력을 의심받기 쉽다.

이처럼 언어는 단순히 소통 도구가 아니라, 인류가 수천 년 동안 사용해온 전문성과 신뢰의 기반이며, 여전히 사회의 중요한 경쟁력으로 작용한다.

저학년 때는 어학에 투자하라

어학은 저학년 때부터 준비해야 한다. 고학년이 되면 어학 공부 외에도 할 일이 많다. 전공은 교양보다 어려워 학점 관리를 위해 꾸준히 공부하고 고시나 취직, 대학원 준비도 해야 한다. 거기에 학비를 벌기 위해 아르바이트까지 하면 아침에 눈뜰 때부터 밤에 잠들 때까지 바쁠 수밖에 없다. 그러다 보면 자연히 토익과 토플 공부를 속성으로 해야 한다.

목표 점수를 받더라도 이것이 실제 외국어 실력과 관계없다는 것은 누구나 아는 사실이다. 그냥 남들 가진 스펙을 나도 가진 것뿐이다. 토익 점수가 900점이 넘더라도 영어로 된 소설책 한 권 읽기 쉽지 않고, 외국인을 만나면 겁부터 난다. 어학은 저학년 때 해결해야 할 과제 중 하나다.

나도 어학은 취약한 부분 중 하나였다. 한국에서 태어나고 자라, 중학교까지는 입시와 담을 쌓고 살았다. 입시 공부보다 애니메이션과 힙합을 더 좋아했다. 그나마 학교 공부에 가장 근접한 취미는 책 읽기뿐이었다. 영어 공부를 제대로 시작한 것은 대학에 가야겠다고 결심한 고등학교 때다. 'during'의 정확한 발음을 안 것도 고등학교 1학년 때였으니, 정말 한심한 수준이었다. 그러다가 대학에 가니 특목고를 나오거나 외국에서 생활한 동기가 진짜 많았다. 특히 입학 동기 가운데 영어 실력을 기준으로 일종의 신분 질서가 생기는 느낌이었고, 그중에서 나는 저 아래 어디쯤인 것 같았다. 하지만 남보다 불리하다고 해서 포기해야 하는 것은 아니다. 전략을 바꾸면 된다. 그때 나는 남들과 똑같은 방법으로 똑같은 양을 공부해서는 결코 어학을 잘할 수 없음을 깨달았다.

나에게는 고등학교 때 깨달은 한 가지 학습 원리가 있다. 어학은 수학처럼 원리를 깨친다고 바로 문제를 풀 수 있는 것이 아니라는 사실이다. 매일 꾸준히 노력해야 실력이 쌓인다. 규칙적으로 훈련해야 실력이 느는 스포츠와 같다.

습관의 힘으로 어학 공부하기

나는 습관의 힘을 믿는다. 대학 신입생 때부터 아무리 바빠도 두 가지를 지켰다. 하루 한 장chapter 분량의 영어 원서 읽기와 하루 한 시간 집중해서 영어 듣기였다. 일단 양으로 승부하기로 마음먹고, 외국어 공부량을 늘렸다.

영어 원서를 구하는 것은 어렵지 않았다. 지방에서 고등학교 다닐 때는 온라인 서점을 통해 간신히 샀던 원서가 대학에 가니 도서관에 즐비했다. 일단 쉽게 읽을 수 있는 책부터 읽었다. 고려대 학부를 다닐 때 총 1,027권의 책을 대여했는데, 그중 대다수가 영어 원서였다(교환학생으로 갔던 두 학기 동안은 다른 때보다 책을 더 많이 읽었다). 도서관은 내 영어 공부의 가장 든든한 조력자였다. 그렇다고 당장 영어 실력이 느는 것을 기대하기보다 일단 영어로 읽는 습관을 들이는 데 집중했다.

예전에는 학교 도서관 멀티미디어실에서 CNN 같은 외국 뉴스를 자막 없이 틀어놓고 듣거나, 영화나 드라마를 영어 자막과 함께 반복해서 보곤 했는데, 요즘은 환경이 훨씬 좋아졌다. 유튜브, 넷플릭스, 웨이브 같은 플랫폼만 잘 활용해도 언제 어디서든 영어 듣기 연습을 할 수 있다. 유튜브에는 자동 자막 기능이 탑재된 영상도 많고, 설정을 바꾸면 자막 속도나 글자 크기까지 조절할 수 있어 듣기와 읽기를 병행하기에 좋다.

게다가 의외로 많은 학생이 놓치는 자원이 바로 학교 안에 있다. 요즘도 학교 도서관이나 어학원에서 토익, 토플 같은 인터넷 강의를 무료로 제공하거나 어학 관련 콘텐츠를 스트리밍할 수 있도록 지원하는 경우가 많다. 정확한 운영 여부는 학교마나 다를 수 있지만, 재학 중이기 때문에 무료 또는 학내 전용 요금으로 활용할 수 있는 자원이 생각보다 많다. 학과 사무실, 도서관, 어학 센터, 심지어 학교 커뮤니티 게시판만 둘러봐도 지금 당장 사용할 자원이 꽤 많다는 것을 알 수 있다.

또 하나 추천하고 싶은 것이 팟캐스트다. 나는 예전에 아이팟과 MP3 플레이어로 하루 한 시간씩 영어를 들었는데, 요즘에는 스마트폰 하나면 충분하다. 애플 팟캐스트, 스포티파이, 네이버 오디오클립, 팟빵 같은 앱에서 BBC 뉴스, TED 토크, 영어 공부용 콘텐츠를 구독하면 지하철이나 운동할 때, 밥 먹으면서도 틈틈이 영어를 익힐 수 있다. 처음에는 자막을 보면서 듣고, 익숙해지면 자막 없이 듣고, 나중에는 직접 따라서 말하는 식으로 단계를 나눠 연습하면 듣기 실력도 자연스럽게 향상된다.

스피킹 훈련을 도와주는 앱도 함께 활용해보자. 예를 들어, 링글Ringle은 원어민과의 일대일 개인교습을 통해 실전 감각을 키우는 데 좋다. 볼드보이스BoldVoice는 발음을 교정해주고 피드백을 주는 앱으로, 발음에 자신 없는 사람에게 특히 유용하다. 듣기와 말하기는 결국 함께 가는 언어 훈련이다.

그러나 어떤 학습법을 선택하고, 어떤 도구를 활용하느냐보다 매일 조금씩이라도 꾸준히 공부하는 습관이 중요하다. 가수 성시경은 일본어를 배울 때 "기상 후 최소 두 시간, 자기 전 아무리 술에 취해도 최소 한 시간은 반드시 공부했다"고 한다. 그렇게 해서 그는 일본어 능력 시험 자격증 1급을 취득했고, 일본어로 방송도 진행한다. 지금은 스마트폰만 있으면 언제 어디서든 영어 듣기와 말하기 연습이 가능하다. 도구는 달라졌지만, 결국 실력을 키우는 데 중요한 것은 꾸준함과 반복, 자신만의 루틴을 만드는 것이라는 사실은 변함이 없다.

나는 대학 1학년 때 이렇게 습관을 기르는 데 주력했다. 그런 다음 영어 강의를 수강하기 시작했다. 내가 입학한 2004년은 고려대가 공격적으로 영어 강의 비중을 늘리는 시점이었고, 의무적으로 수강해야 할 영어 강의가 있었다. 1학년 1학기 때는 영작문 회화 수업만 영어 원서 강의를 들었으나, 2학년 1학기에는 세 개의 강의를 들었다. 영작문 회화 수업을 들으면서 영어 에세이 작성법을 배웠다. 난도가 높지 않은 전공과 교양 과목도 원어 강의로 들었다. 영어 에세이는 기본기를 배웠는데도 다른 학생들과 실력 차가 나서 고민이 많았다. 하지만 결국 수강 과목 중 두 개는 A, 하나는 B$^+$를 받았다.

그렇게 나쁘지 않은 결과여서 자신감이 생겼다. 이후에도 항상 매 학기 평균 두세 개 이상의 강의를 영어 원어로 들으면서 읽기, 듣기 외에도 말하기, 쓰기 등 종합적인 언어 능력을 향상시키기 위해 노력했다.

이후 어학 공부에 더 깊이 파고들면서 새로운 도전 과제가 생김에 따라 대응 전략을 조금씩 바꿨다. 그러나 어학 공부에 대한 기본적인 접근법은 거의 그대로 유지했다. 먼저 어학 공부 습관을 만드는 데 주력한 다음, 읽기와 듣기를 기초로 쓰기와 말하기 실력을 늘리는 데 중점을 두었다.

회화 공부는 상대적으로 늦게 시작했다. 2006년 여름방학에 고려대와 UCLA가 공동 주최한 '미국 대학생을 위한 한국학 프로그램'에 한국 측 대학생 자원봉사자로 참여했다. 당시 하버드, 컬럼비아, 코넬, UC 버클리, UCLA 등에서 온 미국 대학생들과 학술 토론을 할 때는 문제가 없었으나, 빠른 속도로 오가는 농담과 잡담은 따라가기 어려웠다. 그러나 회화는 훨씬 적은 단어를 단순한 패턴으로 사용하기 때문에 곧 상당 부분 해결되었다. 2006년 2학기 때 홍콩에 교환학생으로 다녀온 후 영어로 대화하는 데 별 어려움이 없었다. 일단 뇌에 많은 양의 영어를 입력한 뒤 그것을 뽑아내는 훈련을 하면 상대적으로 쉬운 것이 영어 회화다. 물론 내 영어 실력은 여전히 완벽하지 않다. 그럼에도 불구하고 토종 한국인으로 대학에서 내가 얻을 수 있는 자원과 기회들을 꾸준히 활용해 여기까지 왔다는 점에 스스로 만족한다.

미국 유학을 결심한 뒤에는 GREGraduate Record Examination라는 시험을 준비했다. GRE는 미국을 비롯한 영어권 대학원 과정에 진학할 때 요구되는 것으로, 비판적 사고력, 논리적 독해력, 수학적 사고력까지 전반적인 학문적 능력을 평가하는 시험이다. 특히 문과생에게는 수학quant 파트가, 이과생에게는 언어verbal 파트가 어려운 시험으로 악명이 높다. 문장 구조가 복잡하고, 일상에서 거의 쓰이지 않는 고급 단어가 많이 등장해 영어가 모국어 아닌 학생들에게는 토플보다 훨씬 더 까다롭게 느껴질 수 있다. 또한 논리적 사고와 글쓰기 실력을 평가하는 분석적 작문도 포함되어, 단순히 영어를 '잘하는 것'과 다른 능력이 필요하다.

나는 한 달 동안 집중적으로 GRE를 준비해, 다행히 목표했던 점수를 바로 받았다. TOEFL 점수 역시 별다른 준비 없이 무난히 받았는데, 그것은 학부 시절부터 쌓아온 습관과 노력의 결과였다. 뉴스를 듣고, 원서를 읽고, 강의 노트를 정리하고, 리포트를 쓰면서 조금씩 축적한 것들이 마침내 결실을 본 것이다.

어학연수가 영어 실력을 키우는 가장 확실한 방법이라고 믿는 사람이 많다. 하지만 이는 착각에 불과하다. 안타깝게도 단기간의 어학연수로 영어 실력을 고급 수준까지 끌어올리기란 쉽지 않다. 그렇게 해서 영어 실력이 좋아질 정도면 한국에서 이미 좋아졌을 것이다. 어학에서 정말 필요한 것은 '습관'이다. 영어권 국가의 어학원에서 배우는 내용은 한국에서 배우는 것과 크게 다르지 않다. 단지 체류 비용만 더 들어갈 뿐이다.

게다가 미국 현지에서 한국 사람들하고만 어울리며 한국에서와 똑같은 방식으로 생활하면, 굳이 외국에 나갈 이유가 없다. 뉴욕이나 샌프란시스코 같은 비싼 동네에서는 떡볶이를 한식당에서 보통 18달러, 한화 2만 6천 원에 판다. 거기에 딥까지 줘야 한다. 그 돈으로 차라리 배낭을 짊어지고 혼자 여행을 떠나면, 더 넓은 세상을 보고 더 많은 경험을 쌓을 것이다.

어학 실력을 키우는 데 가장 중요한 것은 외국에 나가는 것이 아니라 어학을 공부하는 '습관'을 먼저 만드는 것이다. 물론 한국에서만 영어를 배우는 데는 한계가 있다. 예를 들어, 미국에서는 샌드위치를 주문할 때 빵 종류를 물어본다. 홀위트, 사워도 등 다양한 옵션이 있다. 밥에 진심인 한국 사람이 백미, 현미, 잡곡 등 밥을 다양하게 먹듯이, 빵이 주식인 미국 사람도 그렇게 한다. 이런 사회적·문화적 맥락은 직접 가서 살아보지 않으면 피부로 느끼기 어렵다.

어쨌든 어학 공부에서 가장 중요한 것은 단계를 밟아서 학습하는 태도다. 음식을 한 번에 너무 많이 먹으면 체하듯, 언어도 마찬가지다. 더디더라도 기초를 하나씩 다지며 차근차근 위로 올라가는 것이 결국 가장 빠른 방법이다.

나는 미국에서 10년 넘게 살며 박사 학위를 받고, 직장 생활을 하고, 아이도 키우고 있지만, 여전히 쉬지 않고 영어 공부를 한다. 기초가 얼마나 중요한지, 그리고 기초는 멈추지 않고 쌓아야 한다는 것을 잘 알기 때문이다. 산책할 때는 뉴스나 팟캐스트를 듣는다. 미국 뉴스와 팟캐스트이니 영어로 되어 있다. 그리고 시간 날 때마다 킨들이라는 전자책 기기로 영어 책을 읽고, 오디블이라는 앱으로 오디오북을 듣는다. 요즘에는 스포티파이 앱에서도 오디오북을 들을 수 있어 자주 활용한다. 내가 킨들을 처음 사용한 것은 유학을 가겠다고 마음먹은 2012년이다. 2025년 4월 10일 기준으로, 내 킨들에는 989권의 책이 저장되어 있고, 오디블에는 401권의 오디오북이 들어 있다.

이 이야기를 하는 이유는 언어란 결코 단기 프로젝트가 아니라는 점을 강조하기 위해서다. 운동하는 사람은 잘 아는 개념이지만, 우리는 단기간에 이룰 수 있는 것을 과대평가하고, 장기간에 이룰 수 있는 것을 과소평가하는 경향이 있다. 어릴 때부터 쓰지 않았던 언어를 능숙하게 말하고, 그 언어를 평생 사용하는 사람처럼 생각하는 수준까지 되려면 시간과 정성을 정말 많이 들여야 한다. 그리고 그 과정은 지금 당장, 오늘 내가 쌓는 습관에서 시작된다.

영어 콘텐츠를 쌓아라

영어 회화가 가능하다고 가정하자. 하지만 10분 이상 대화를 이어가기 어려울 정도로 대화 소재가 빈약하다면, 결국 영어로 누군가를 사귀거나 설득하기 힘들다. 영어는 되는데 할 말이 없는 상황, 즉 '영어만' 잘하는 사람이 되기 쉽다. 모국어든 외국어든 결국 중요한 것은 콘텐츠다.

긴단한 영어 회화는 유듀브 강의나 앱을 통해 빠르게 익힐 수 있다. 하지만 영어로 교양 있게 말하고, 질문하고, 논의하는 능력은 하루아침에 생기지 않는다. TED 영상, BBC 인터뷰, 영어 논문 발표를 보면 쉽게 알 수 있다. 표현보다 더 중요한 것은 무엇을 말하느냐, 다시 말해 자기 생각을 어떻게 구성해 전달하느냐이다.

영국에서도 '표준 영어 발음received pronunciation', 흔히 뉴스 앵커나 왕실에서 쓰는 억양을 구사하는 사람은 전체 인구의 2퍼센트밖에 되지 않는다.[5] 미국도 마찬가지다. 뉴욕, 텍사스, 캘리포니아, 미드웨스트 등 지역마다 억양이 다르다. 그런데도 누구 하나 "너는 진짜 미국 사람처럼 말하지 않네?"라고 말하지 않는다. 진짜 미국 사람이라는 말 자체가 모호하고 논쟁적인 개념이기 때문이다.

더 흥미로운 것은, 영어를 일상에서 사용하는 나라가 전 세계에 70개국이 넘는다는 사실이다. 그중에는 미국, 영국, 캐나다, 호주 같은 전통적인 영어권 국가도 있지만 인도, 싱가포르, 필리핀, 남아프리카공화국처럼 영어를 제2언어나 공용어로 사용하는 나라도 많다. 예를 들어, 인도에서는 지역마다 힌디어, 벵골어, 타밀어 등 다양한 언어를 쓴다. 이들이 서로 소통하려면 영어가 사실상 공통어가 된다. 그 덕분에 인도 사람들은 억양이 조금 다르더라도 자신 있게 영어를 구사한다. 싱가포르도 마찬가지다. 중국어, 말레이어, 타밀어 등 다양한 언어를 쓰는 사람들이 영어로 대화하며 살아간다. 싱가포르 특유의 억양이 묻어 있는 '싱글리시Singlish'는 오히려 그 나라 사람들의 정체성과 자부심을 보여준다. 내가 교환학생으로 갔던 홍콩도 영어에 마찬가지 태도를 보인다.

이처럼 영어는 전 세계 수억 명이 다양한 억양과 스타일로 사용하는 국제어다. 원어민처럼 발음해야 한다는 부담에서 벗어나자. 중요한 것은 내가 말하고자 하는 내용을 분명하게 전달할 수 있는가, 그리고 상대방의 말을 제대로 이해할 수 있는가이다. 억양이 다르다고 '틀린 영어'가 아니다. '전달되는 영어'가 더 중요하다.

발음보다 정확한 표현, 논리적인 전달, 자신감 있는 태도가 더 중요하다. 예를 들어, 반기문 전 유엔 사무총장은 한국식 억양을 그대로 유지했지만, 그의 영어는 명확하고 우아했다. MIT 경제학과의 에스더 더플로 교수 역시 프랑스식 억양이 뚜렷하지만, 말과 글에 늘 깊은 통찰이 담겨 있다. 실제로 그녀는 개발도상국의 빈곤 문제를 실증적으로 분석하고 해결책을 제시한 공로로 2019년 노벨 경제학상을 수상했으며, 미국경제학회AEA 회장을 지내기도 했다.

좀 더 가까운 예로, 내 대학원 동기이자 현재 하버드 경영대학원 교수인 나탈리아 디아스는 콜롬비아 출신 정치학자이다. 영어가 모국어는 아니지만, 디아스는 언제나 논리직이고 실득력 있게 생각을 전달한다. 대학원 1학년 때 첫 수업에서 디아스가 말하는 것을 들으며 정말 똑똑하다는 인상을 받았다. 대학원에 입학하기 전 디아스는 세계은행에서 일했다.

조지타운대 매코트 정책대학원에서 전산사회과학을 가르치

고 있는 내 친구이자 공저자인 티아고 벤추라는 브라질 억양이 뚜렷하지만, 연구와 강의 모두에서 탁월한 소통 능력을 보여준다. 벤추라는 조지타운대 교수로 자리 잡기 전에 X(당시 트위터)에서 실무 경험도 쌓았다.

실리콘밸리의 인도 출신 CEO들도 이런 점에서 좋은 사례다. 구글 CEO 순다르 피차이, 마이크로소프트 CEO 사티아 나델라, IBM의 전 CEO 아르빈드 크리슈나 등은 모두 영어가 모국어는 아니지만, 깊이 있는 내용과 자신감 있는 표현으로 전 세계 청중을 설득해왔다. 억양은 다르지만, 그들의 말에는 늘 명료함과 권위가 담겨 있다.

영어만 유창한 사람은 전 세계에 차고 넘친다. 하지만 깊이 생각하고, 분명하게 표현하며, 다른 사람의 공감을 끌어내고 설득할 줄 아는 사람은 많지 않다. 진짜 경쟁력은 바로 거기에 있다. 발음과 억양은 그저 개인의 배경을 보여주는 하나의 흔적일 뿐이다. 그것은 실력이나 전문성을 판단하는 기준이 아니다. 영어를 '어떻게' 말하느냐보다, '무엇을' 말하느냐가 훨씬 중요하다.

7

소통 능력이 떨어지면
전문성을 인정받을 수 없다

어학은 배경지식을 넓히는 데 핵심적 도구다. 그러나 그 지식을 세상에 효과적으로 전달하고 인정받기 위해서는 소통 능력이 필요하다.

어떤 직무든, 어떤 분야든 혼자만 잘해서는 인정받기 어렵다. 반드시 협업을 해야 한다. 그리고 그 협업 과정에서 가장 중요한 것이 소통이다. 이메일이나 보고서 등도 읽는 사람이 이해하기 쉽고 명료하게 쓰면, '이 사람과 함께 일하면 편하다'는 신뢰로 이어져, 하나의 경쟁력이 된다.

남들보다 더 많이 아는 것도 중요하지만, 내가 아는 것을 명확하게 표현하고 상대를 설득하는 능력도 그에 못지않게 중요하다. 소통 능력은 조직 생활에서 '알파와 오메가'다. 회의 자리에서 내 의견을 분명하게 전달하는 것, 상사나 동료를 설득해 일을 성사시키는 것, 프로젝트의 방향을 글과 말로 명확히 정리하는 것 등이 소통의 영역이다. 대학은 물론 사회에서도 이런 능력을 갖춘 사람은 신뢰를 얻는다. 그리고 이런 신뢰는 '일 잘하는 사람'이라는 평판을 만든다.

대학에서도 소통 능력이 중요하다. 내가 대학 다닐 때 신입생은 교양 영어와 교양 국어를 의무적으로 수강해야 했다. 그러나 대개는 한정된 강의 시간을 이유로 소논문 하나 쓰고 주석 다는 법을 익히는 정도에서 그쳤다. 하지만 그 정도로는 글쓰기의 고단함과 즐거움, 그 정수를 느끼지 못한다. 해당 강의의 목적이 글을 잘 쓰게 하는 것이라기보다 글쓰기가 무엇인지 맛보게 하는 데 있기 때문이다.

좋은 생각을 해야 좋은 글이 나온다

어떻게 하면 글을 잘 쓸 수 있을까? 내 경험에 따르면, 글을 잘 쓰기 위해 필요한 것은 역설적으로 글재주가 아니다. 신춘문예를 통해 작가로 등단할 것이 아니라면, 화려한 문장력은 중요하지 않다. 우리는 무엇인가 설명하고 설득하기 위해 글을 써야 하는 경우가 대부분이다. 이럴 때는 분명하고 친절하게 쓰는 것이 더 필요하다.

사고력을 키우는 생각 훈련법

생각을 훈련하는 좋은 방법 중 하나는 지적인 대화다. 고대 그리스 철학자 소크라테스는 플라톤을 비롯해 많은 사람을 문답법으로 가르쳤다. 문답법은 질문을 던지고, 대답하고, 다시 질문하는 과정을 통해 사고를 정제하고 깊이를 더하는 방식이다.

근대 지성인들도 마찬가지다. 18세기 미국의 정치가이자 과학자이며 건국의 아버지 중 한 명인 벤저민 프랭클린은 젊은 시절 친구들과 함께 '준토Junto'라는 자발적 모임을 만들었다. 매주 금요일 밤에 모여 각자 읽은 책이나 사회적 이슈를 토론하며, 자신의 의견을 표현하고 타인의 관점을 배우는 시간을 가졌다. 20세기 경제학자 존 메이너드 케인스와 철학자 버트런드 러셀도 케임브리지대 재학 중 '토론 클럽'에 가입해 깊이 있는 논쟁을 통해 사고력을 키웠다. 그들은 단순히 책을 읽는 데 그치지 않고, 생각을 말로 꺼내어 토론하고 검증받는 과정을 중시했다.

지적인 말은 지적인 생각에서 나온다. 생각을 지적으로 다듬을 수 있으면, 글쓰기가 훨씬 수월해진다. 읽기 → 생각하기 → 말하기 → 쓰기의 순환은 학습의 핵심 동력이다. 그 흐름의 출발점은 지적으로 대화할 수 있는 환경이다. 생각 훈련을 하려면 함께 대화할 '지적인 동료'가 필요하다. 뜻이 통하는 친구와 함께 정기적으로 모이는 독서 클럽이나 토론 모임을 만들어 책을 읽고 토론하는 것만으로도 사고의 깊이가 크게 달라진다. 말로 표현하는 과정에서 내가 이해한 것과 이해하지 못한 것이 무엇인지 분명히 드러나기 때문이다.

그리고 반드시 '쓰기'로 연결되어야 한다. 말은 흐르고 사라지지만, 글은 남고 돌이볼 수 있다. 내가 읽은 내용을 요약하고, 생각을 정리하고, 다시 내 언어로 표현하는 글쓰기야말로 진짜 학습의 완성이다.

잘 쓰려고 애쓰기보다, 내가 얼마나 이해했는지 점검하는 수단으로 글쓰기를 활용해보자. 머릿속에 막연하게 떠다니는 생각도 글로 옮겨야 비로소 형태를 갖추고, 논리의 흐름 속에 자리 잡는다. 글쓰기는 단지 결과물이 아니라 사고 훈련의 도구다. 잘 쓰기 위해서가 아니라 잘 이해하기 위해서 쓰는 연습과 훈련이 쌓일수록 사고의 깊이도 확장된다.

글을 잘 쓰기 위해 가장 중요한 것은 생각을 잘 정리하는 것이다. 말과 글은 다르다. 말은 즉흥적으로도 잘할 수 있지만, 글은 그렇지 않다. 글은 깊이 있는 사고와 구조적인 정리가 되어 있지 않으면 좋은 결과물이 나오기 어렵다. 따라서 글쓰기는 단순한 표현이 아니라, 사고력을 기르는 훈련이기도 하다.

이 점은 세계 최대 온라인 유통 회사 아마존의 회의 문화에서도 잘 드러난다. 아마존의 창업자 제프 베이조스는 발표 중심의 회의를 지양하고, A4 용지 여섯 장 분량의 보고서를 미리 작성해 올리도록 했다. 모든 회의 참석자는 이 보고서를 숙독한 뒤 본격적인 논의를 시작했다. 글을 통해 먼저 생각을 정리하고 토론을 시작하는 방식이다. 아마존은 말이 아니라 글을 통해 더 깊이 사고하게 만드는 문화를 실천한다. 글에는 쓰는 사람뿐 아니라 읽는 사람도 생각을 정리하게 만드는 힘이 있기 때문이다.

글쓰기 실력 향상을 위한 세 가지 원칙

1. 내 머리로 생각하기

다른 사람이 쓴 것과 똑같은 주장과 근거를 담은 글은 존재 의미가 없다. 하지만 권위주의적 성향이 강한 한국 문화에서 자란 사람은 스스로 생각하는 습관이 되어 있지 않은 경우가 많다. 정답을 맞히도록 강요하는 시스템에서는 주어진 틀을 벗어나 사고하기 어렵다. 많은 사람이 이에 대해 강한 불안과 공포를 느낀다. 인터넷에서 적당히 내용을 베껴 과제를 작성하는 대학생이 많은 것도, 자기주장을 제대로 하지 못하는 학생이 태반인 것도 이런 교육 환경 탓이다.

하지만 내 머리로 생각하기 전에는 글을 잘 쓰기 어렵다. 남의 생각을 가져다 쓰는 것에는 아무런 위험 부담이 없다. 그 생각에 미덕이 있든 오류가 있든, 그것은 내 책임이 아니기 때문이다. 안전하지만 그만큼 보상도 적고 성장도 없다. 수학 문제를 풀 때 정답을 보고 풀면 실력이 늘지 않는 것과 똑같다.

그러나 내 머리로 생각해서 글을 쓰면 위험 부담이 있다. 내 생각이 맞을 수도 있고 틀릴 수도 있기 때문이다. 여기서 고민이 시작된다. 틀릴 수 있다는 위험 부담을 줄이기 위해 더 많은 자료를 찾는다. 상대를 더 강하게 설득하기 위해 글의 묘사와 스타일을 개선한다. 그러면서 실력이 향상된다.

이는 체력을 강화하기 위해 운동하는 방식과 비슷하다. 운동은 신체에 내가 감당할 수준의 위험 부담을 정기적으로 주는 것이다. 그러면 지구력과 근력이 강화된다. 마찬가지로, 생각하는 힘을 강화하기 위해서는 정신에 적절한 부담을 줘야 한다.

남의 것을 가져다 쓰지 않고 나만의 답을 만드는 과정을 훈련하면 생각하는 힘이 더 강해진다. 위험 부담이 없으면 실력이 향상되지 않는다. 적당히 베껴서 과제를 내고, 배운 것 이상으로 고민하지 않고 시험을 보면 편하겠지만, 그렇게 하면 실력을 키울 수 없다.

2. 정직하게 쓰기

모르는 체하기보다 아는 체하기가 더 쉽다. 그래서 '교만하라'가 아니라 '겸손하라'고 조언하는 것이다. 글을 쓸 때도 마찬가지다. 아는 것을 모른다고 쓰기보다 모르는 것도 아는 체하기가 쉽다. 나 역시 이런 유혹을 많이 받아왔다.

그러나 이런 유혹에 빠져 잘 모르는 것도 아는 체하다 보면 미필적 고의로 사기꾼이 된다. 그리고 한번 사기꾼이 되어 신용이 떨어지면 내 생각을 사주는 사람이 줄어든다. 양치기 소년이 되는 것이다. 길게 보고 정직하게 써야 한다.

글을 쓸 때는 필요 없는 장신구를 빼고, 사실만 전달하는 것이 좋다. 형용사나 감탄사는 사실과 주장하는 글에서 그다지 의미가 없다. 또한 상관관계와 인과관계를 구분해야 한다.

X라는 사건이 있은 뒤에 Y가 발생했다고 해서, 반드시 X가 Y의 원인은 아니다. 또한 인과관계를 설명하는 데 원인이 하나라면 대부분 섣부른 일반화다. 그렇게 단순한 현실은 없다. 그리고 피곤하더라도 인용하는 내용을 꼼꼼하게 따져보고 확인해야 한다. 게으름은 변명이 되지 않는다.

자기주장은 결론을 내리기 전까지 언제든 수정할 수 있다. 선입견을 안고 문제에 접근하면 발전이 없다. 글은 자기가 내린 잠정적 결론을 확증하기 위해서 쓰는 것이 아니라 내 사고 과정을 스스로 검토하기 위해서 쓴다. 미국 법정 드라마를 보면 '의심의 혜택the benefit of the doubt'이라는 말이 자주 나온다. 새로운 근거나 접근법이 등장하면 자신이 내린 결론을 언제든 수정할 수 있어야 한다. 내가 옳은 것이 아니라 사실이나 논리가 옳은 것이다. 글은 나의 확신을 더하는 과정이 아니라, 내 사고를 냉철하게 검증하고 비판하기 위한 과정이다.

자신을 속이지 말자. 남에게 장기적으로 신용을 얻으려면 어설프게 똑똑한 것보다 분명하게 정직한 것이 낫다. 장사뿐 아니라 글도 신용을 잃으면 모든 것을 잃는다. 학교뿐 아니라 사회생활에서도 적용되는 중요한 교훈이다. 작은 것에 욕심을 내다가 큰 것을 잃지 말자.

3. 신사적으로 싸우기

고려대 영문학과 교수를 역임한, 평론가 김우창 선생은 "평소에 갈등을 해결하는 방식을 보면 그 사회 문명화의 척도를 가늠할 수 있다"는 말씀을 자주 하셨다. 말이나 글과 같은 합리적인 방식으로 문제를 해결할 수 있는지를 보면 그 나라의 수준을 알 수 있다.

글쓰기는 신사적으로 싸우기 위한 수단이다. 다원화된 사회에서 내가 쓴 글에 모두가 동의하는 것은 가능하지도, 바람직하지도 않다. 또한 상대방을 설득한다는 것은 거칠게 말하면 적으로부터 내 논리를 방어하고 상대를 공략한다는 의미다. 예전에는 총칼을 들고 싸웠지만, 이제는 말과 글로 싸운다.

글을 쓰기로 했다면, 즉 싸우려고 링 위에 올라왔다면 이 사실을 잊지 말자. 취미나 정신 수련이 아니라 남을 설득하기 위해 글을 쓴다면, 보이지 않는 전쟁을 수행하는 것이다. 학창 시절 보고서나 답안지를 작성하는 것은 실무에서 기획서와 제안서를 쓰는 것과 크게 다를 바 없다.

대부분의 독자는 나를 사랑해서, 나 없이는 못 사는 사람이 아니다. 나에게 눈길 한 번 주지 않았지만, 내가 마음을 사로잡아야 하는 대상이다. 게다가 만만치 않은 연적이 수두룩하다. 그런 상황에서 상대방의 마음을 어떻게 얻을 것인가? 연애편지, 논문, 칼럼, 책을 쓰는 것의 본질은 같다. 글을 쓴다면 상대방이 "예"라고 대답하도록 써야 한다.

실력이 기준을 만드는 것이 아니라, 기준이 실력을 만든다. 대충 노력할 거라면 애초에 하지 않는 것이 기회비용 차원에서 더 현명하다. 그러나 기왕에 글쓰기 훈련을 하기로 결정했다면, 단순히 좋은 글이 아니라 이길 수 있는 글을 써야 한다.

글쓰기 원칙 1: 간결하고 명쾌하게 써라

대학에 다니다 보면, 배운 척하느라 길고 복잡하게 글을 쓰거나 말하는 습관이 들 수 있다. 이것은 잘못된 습관이다. 물론 쉽지 않지만, 길고 복잡한 방식으로도 잘 말하고 쓸 수 있다. 그러나 글이 길고 복잡해지면 내가 무슨 말을 하는지 놓치기 일쑤이고, 가던 길에서 벗어나 딴 길로 새기 쉽다. 그런 오류를 피하고 핵심을 찌르는 사고를 보여주려면 '단순하고 명료하게' 써야 한다.

특히 인문사회 계열 출신은 쓸데없이 글을 어렵게 쓰는 경향이 있다. 대학 때 읽은 책이나 논문 중에서 한국어인지 의심스러운 글도 많았고, 잘못된 번역도 흔했다. 영어로는 단순 명료하게 기술된 책이 한국어로 번역되면서 복잡해진 것이다.

그러다 보니 대학 시절 잘못된 상식을 갖기 쉽다. 똑똑한 사람이 쓴 글이니 좋을 것이라고 착각한다. 그러나 어렵게 쓰는 사람들은 엄청난 대가이거나 자기가 무슨 말을 하는지 이해하지 못하는 경우를 발견하게 된다. 전자보다는 후자가 압도적으로 많다.

글쓰기 원칙 2: 급하게, 많이 쓰지 말고 제대로 써라

글을 쓰는 사람과 쓰지 않는 사람, 잘 쓰는 사람과 그렇지 못한 사람을 구분하는 가장 분명한 기준은 '실행'이다. 아무리 글쓰기의 기본기를 잘 알고 글 쓰는 과정을 숙지하더라도 쓰지 않으면 소용없다.

글쓰기는 매일 꾸준히 해야 향상되는 기술이다. 과제 마감 하루 전이 아니라 최소 한 달 전부터 초고 작성에 들어가야 한다. 천재가 아닌 이상 처음 작성한 글은 형편없다. 남에게 씹히고 자신이 씹어야 좋은 글이 된다. 여러 사람에게 피드백을 받고, 스스로 성찰과 퇴고 과정을 거쳐야 한다.

자기주장을 다른 사람에게 쉽게 전달할 수 없는 글은 제대로 된 글이 아니다. 매번 '숙성' 과정을 거치지 않은 글만 쓰면 실력이 늘지 않는다. 흔히 컴퓨터 프로그래밍을 공부할 때, 게시판이나 홈페이지라도 한번 만들어봐야 소프트웨어 언어를 다루는 것이 어떤지 안다고 말할 수 있다. 글쓰기도 마찬가지다. 많이 쓰는 것보다 제대로 쓰는 것이 중요하다.

적어도 한 번은 진이 빠질 정도로 써보는 경험을 해야 한다. 자기가 갖고 있는 것을 다 토해내는 수준의 글쓰기를 하고 나면 그 전과 후가 다르다. 생각하는 수준이나 방법은 물론 글의 힘과 질도 비교가 안 된다.

마감에 임박해서 쓰지 말고, 미리 쓰고 고쳐 쓰자. 마라톤 연습할 때 거리를 점차 늘리듯, 글쓰기도 한 장짜리 서평에서 소논문으로 조금씩 꾸준히 확장하는 훈련이 필요하다. 그러다 보면 어느새 42.195킬로미터를 완주할 것이다. 그때쯤이면 글쓰기가 매우 강력한 무기가 될 것이다.

실제로 많은 학생이 학부 과정에서 '기말 보고서' 위주의 교육을 받는다. 마감 직전에 써서 제출하는 데 익숙하다 보니, 대학원에 진학해 수없이 고쳐 써야 하는 실제 논문 쓰기 과정에서 많이 어려워한다.

글쓰기는 한 번에 끝나는 일이 아니다. 논문뿐 아니라 칼럼, 자기소개서, 보고서, 이메일, 심지어 발표 원고처럼 짧은 글도 마찬가지다. 처음부터 완벽하게 쓰는 것은 거의 불가능하다. 일단 써본 뒤 읽고, 고치고, 다시 쓴다. 수정과 보완, 새구성의 반복 과정을 거치면서 글이 점점 정교해지고 깊어진다.

많은 사람이 '글은 머릿속에서 완성된 생각을 옮기는 일'이라고 오해하지만, 실제로는 글을 쓰는 과정에서 생각이 정리되고 방향이 선명해진다. 초안이 어색하고 두서없게 느껴져도 괜찮다. 초안은 출발선일 뿐이다. 다른 사람의 피드백을 받고, 시간이 지나 다시 읽고 다듬는 과정을 견디는 힘이야말로 진짜 글쓰기 실력이다.

평상시 글쓰기 근육을 키우는 비법

글쓰기 실력은 하루아침에 달라지지 않는다. 그렇다고 절망할 필요는 없다. 글을 잘 쓰는 데 음악이나 미술처럼 타고난 재능이 필요한 것은 아니기 때문이다. 그리고 전문 작가가 되는 것이 목표가 아니라면, 일정한 훈련만으로도 누구나 그럴듯한 글을 쓸 수 있다.

글쓰기는 반복을 통해 기초 체력을 쌓아가는 일이다. 처음에는 어색하고 서툴 수 있지만, 시간을 들여 연습하면 반드시 나아진다.

다음 여섯 가지 방법을 알고 나면 글쓰기 실력을 안정적으로 향상하는 데 도움이 될 것이다.

1. 많이 읽어야 잘 쓸 수 있다

좋은 글을 쓰기 위해서는 먼저 좋은 글을 많이 읽어야 한다. 문장 구성, 어휘 선택, 논리 전개 방식은 독서를 통해 자연스럽게 학습된다. 글쓰기 수업이나 훈련을 받는 것 이상으로, 일상적인 읽기 습관이 중요한 이유다. 특정 주제의 글을 반복해서 읽거나, 신문 사설이나 칼럼을 읽고 나만의 요약이나 반론을 써보는 것도 효과적이다.

2. 짧은 글쓰기만으로는 근력이 붙지 않는다

소셜 미디어에서 짧은 글을 자주 쓰는 것만으로는 긴 글을 쓸 수 없다. 긴 글에는 집중력, 구조 설계, 논리 유지라는 별도의 능력이 필요하다. 매 학기 소논문이나 기획서를 한 편이라도 써보는 것이 좋다. 주제는 자유롭게 하되, 분량과 형식은 어느 정도 제한을 두고 써보자. 글쓰기에도 체력이 필요하다. 짧은 글에서 긴 글로, 점진적으로 부담을 늘려가야 한다.

3. 길게 쓴 다음 줄이거나 짧게 쓴 다음 확장하라

A4 용지 한 장 쓰는 것도 어렵게 느껴질 수 있다. 그럴 때는 먼저 세 장을 써보자. 그런 다음 중요하지 않은 문장을 덜어내면 더 나은 결과물을 만들 수 있다. 반대로, 긴 글을 써야 할 때는 먼저 한 장을 제대로 써본 뒤 논점을 확장하는 방식이 효과적이다. 무턱대고 길게 쓰기 시작하면 논리나 구조가 흐트러지기 쉽다.

4. 사고를 날카롭게 다듬어야 글도 선명해진다

내가 던진 질문에 제대로 답하고 있는지, 내가 주장한 내용에

타당한 근거를 제시하고 있는지 스스로 점검하자. 점검표를 만들어 검토하는 습관을 들이면 사고력과 글쓰기 모두 좋아진다. 가끔 친구나 동료와 특정 주제를 놓고 짧게 토론해보는 것도 도움이 된다. 만나는 사람마다 토론하다 보면 관계가 부담스러워질 수 있으니, 적절한 거리감이 필요하다.

5. 말로 풀어본 뒤 글로 옮기는 방법도 있다

글이 잘 써지지 않을 때는, 일단 말로 풀어보는 것이 좋은 출발점이 된다. 눈앞에 중학생이 앉아 있다고 상상하며 생각을 최대한 쉽게 설명하자. 이렇게 말로 풀어낸 내용을 스마트폰으로 녹음하고, 나중에 들으면서 옮기면 초안이 만들어진다. 말하기는 사고의 구조를 드러내는 데 도움이 되고, 그 흐름을 따라가다 보면 글의 방향이 잡힌다.

6. 사소한 문제도 질문하고 스스로 대답하는 습관을 들이자

일상에서 마주하는 사건, 뉴스, 수업 내용을 그냥 소비하지 말고 질문을 던져보자. 왜 이런 일이 벌어졌는지, 다른 해석은 가능하지 않은지, 어떤 점이 불편했는지 등 자신만의 논리를 구성하는 연습이 중요하다. 글쓰기는 사유의 결과물이다. 남이 정리한 이야기를 받아 적는 대신, 내 시선과 언어로 세상을 풀어보는 연습을 자주 해야 한다.

미국 박사과정 진학을 위한 학업 계획서 쓰는 법

글을 잘 쓰기 위해 가장 중요한 것은 '생각을 잘하는 것'이다. 하지만 글을 잘 쓴다는 것은 단순히 혼자 깊이 생각하는 것만을 의미하지 않는다. 글쓰기의 목적은 설득이다. 설득이란 내가 옳다고 믿는 생각을 다른 사람도 수긍하게 만드는 것이다. 따라서 글을 쓸 때는 내가 무슨 말을 하고 싶은지가 아니라, 상대방이 어떤 말을 듣고 싶어 하는지 먼저 고민하는 자세가 필요하다.

미국의 우수한 박사과정 프로그램은 등록금과 건강보험을 면제해줄 뿐만 아니라, 일정한 조건(연구 조교나 강의 조교 활동 등)을 충족하면 매달 생활비까지 지급한다. 즉 일명 풀펀딩을 통해 공부에만 전념할 수 있도록 제도적·경제적 뒷받침이 잘 갖춰져 있다. 나도 박사과정을 공부할 때 한국의 고등교육재단과 UC 버클리로부터 재정 지원을 받았다. 6년 넘게 학교에 다니면서 단 한 번도 내 주머니에서 등록금과 보험료를 낸 적이 없다. 6년 내내 생활비를 지원받았는데, 조건은 한 학기 강의 조교를 하는 것이었다. 그런 지원이 없었다면, 넉넉하지 않은 가정 형편에 박사 유학은 꿈도 꾸기 어려웠을 것이다. 하지만 이런 기회를 얻기 위해서는 수많은 경쟁자를 제치고 소수 정예로 뽑히는 치열한 입시 과정을 통과해야 한다.

다음은 미국 대학원에 지원할 때 제출해야 하는 목록이다.

- **학업 성취도**: 학부 성적, 영어 능력 시험 성적(토플 등), 대학원 수학 자격시험(GRE) 성적[6]

- **추천서**: 보동 교수, 최소한 박사 학위 소지자

- **대표 글쓰기 자료**writing sample: 연구 역량을 보여주는 논문이나 기말 보고서

- **학업 계획서**statement of purpose, SOP: 왜 이 분야를 연구하고 싶은지, 어떤 문제를 풀고 싶은지, 그리고 어떤 준비가 되어 있는지 보여준다.

- **자기소개서**personal statement, PS: PS는 학문적 관심보다 개인의 성장 과정, 사회적 환경 극복 경험, 커뮤니티에 기여한 경험 등 인간적

구분	학업 계획서(SOP)	자기소개서(PS)
핵심 질문	무엇을 연구하고 싶은가?	왜 이 길을 선택했는가?
초점	학문적 관심, 연구 주제, 진학 목적, 준비된 배경	성장 과정, 개인적 동기, 삶의 경험, 사회적 맥락
주요 내용	– 관심 있는 연구 분야 및 문제의식 – 연구 주제와 방법론 – 관련 학업·경력 경험 – 진학 후 계획	– 개인적 배경 및 정체성 – 극복 경험 또는 사회적 제약 – 커뮤니티 참여·기여 경험 – 대학원 진학에 이르는 서사
문체/톤	분석적이고 구조적인 글쓰기(논리적이고 간결한 전개)	서사 중심의 글쓰기(자연스럽고 진정성 있는 표현)
심사위원 관심사	우리 프로그램에서 어떤 연구를 할 준비가 되어 있는가?	어떤 삶의 맥락에서 이 진로를 택했는가?
제출 요구	대부분의 대학원이 필수로 요구	일부 대학원은 별도 요구, 또는 SOP 안에 통합 요청

인 서사에 중점을 둔다. 특히 사회적 배경이나 공공을 위한 활동 경험이 대학원 진학 동기와 연결된 내용일 경우 매우 중요한 역할을 한다. SOP와 달리 PS는 학교와 학과에 따라 필수는 아니다.

이 중에서 학부 성적이나 영어 시험 성적 등은 기본적인 학업 역량을 증명하는 데 쓰인다. 어느 정도 기준을 넘었는지 확인하기 위한 참고 자료일 뿐이다. 추천서나 대표 논문은 심사위원이 해당 지원자가 진짜 연구를 수행할 수 있을지 가늠하는 데 도움이 된다. 그러나 이 시점에서 크게 바꾸기는 쉽지 않다.

이 모든 서류를 이어주고 설명해주는 중심축이자, 지원자 스스로 자신의 문제의식과 연구 계획을 논리적으로 펼쳐낼 수 있는 유일한 글이 바로 학업 계획서다. 이 서류는 짧은 기간 안에 바꿀 수 있는 여지도 크다. 입학 심사 과정에서는 담당 교수들이 수백 명의 지원자를 일단 예비 후보군long list으로 분류한 뒤, 그중 일부만 최종 심사 대상short list으로 올린다. 여기에 뽑혀야만 실제 인터뷰나 교수 개별 검토가 이루어지며, 최종 합격 가능성이 생긴다. SOP는 이 관문 통과를 결정짓는 핵심 문서다.

따라서 SOP는 단순한 '자기소개서'가 아니라, 자신이 어떤 연구자로 성장할 것인지 논리적으로 설명하는 '제안서'다. 설득이 목적이므로, SOP는 심사위원에게 잘 읽혀야 한다. 나의 지적 사고력, 준비성을 보여줄 뿐 아니라 심사위원의 판단 기준을 고려해서 설계해야 한다. 그렇게 하지 못하면 최상위 대학원에서 박사과정을 공부하기 어렵다.

1. 입학사정위원회 심사위원은 당신의 미래 동료와 지도교수

SOP를 읽는 사람은 행정 직원이 아니다. 심사위원은 해당 학과의 교수다. 다시 말해, 당신이 진학을 희망하는 프로그램에서 앞으로 연구를 함께할지도 모르는 미래 동료이자 지도교수다.

이 교수들은 단순히 성적이나 경력만 보는 것이 아니라, 지원자가 어떤 문제의식을 느끼고 있는지, 그 문제를 학문적으로 풀어갈 능력과 계획이 있는지, 그리고 본인의 연구 및 학과의 방향성과 얼마나 맞아떨어지는지 살펴본다. 그러므로 SOP는 자신이 어떤 연구자로 성장할 것인지 설득력을 갖춘 제안서라고 할 수 있다.

2. SOP의 핵심: 상대방 입장에서 사고하기

SOP는 자기 생각을 정리하는 동시에 타인을 설득하는 글이다. 따라서 '내가 말하고 싶은 것'을 나열하지 말고, 교수가 어떤 기준으로 나를 평가할지 고려해서 설계해야 한다. 그러므로 전략적 글쓰기에는 똑똑한 두뇌를 넘어 '상대방의 눈으로 볼 줄 아는 능력'이 필요하다.

교수들은 다음과 같은 질문을 안고 SOP를 읽는다.

- 이 지원자는 어떤 문제에 관심이 있는가?
- 그 문제는 왜 학문적으로 의미가 있는가?
- 그 문제를 해결하기 위해 제안한 해결 방식이 구체적이고 실현 가능한가?
- 이 문제를 해결할 준비가 되어 있는가?
- 우리 프로그램에서 이 학생을 지도할 교수는 누구인가?

이 질문에 논리적이고 구체적이며 읽기 쉽게 답하는 것이 좋은 SOP다.

3. SOP의 구조와 구성 요소

좋은 SOP는 다음과 같은 흐름을 지닌다.

- **훅**hook: 이 문제에 관심을 가지게 된 계기
- **문헌 간극**gap: 기존 연구에서 해결되지 않은 부분
- **연구 설계**design: 이 문제를 풀어낼 아이디어
- **자격과 경험**qualifications: 이 연구를 수행할 수 있는 이유
- **프로그램과의 적합성**fit: 학교와 프로그램이 나에게 필요한 이유

각 요소를 하나의 문단으로 설명하자. 각 문단을 쓸 때 핵심 내용을 앞쪽에 배치하자. 교수들은 수백 개의 SOP를 짧은 시간 안에 읽는다. 당신이 누구인지, 어떤 문제를 풀고 싶은지, 왜 잘할 수 있는지, 그걸 왜 이 프로그램에서 하고 싶은지 빠르게 납득시켜야 최종 후보자 명단에 오를 수 있다.

4. 어렵게 쓰지 말고, 설득력 있게 쓰자

거듭 강조하지만, 전문가처럼 보이기 위해 일부러 어렵게 쓰는 실수를 저지르는 사람이 많다. 좋은 학업 계획서의 핵심은 복잡한 문장이 아니다. 명확한 논리와 친절한 설명이 중요하다. 지원서를 읽는 교수 중에는 당신의 세부 전공 분야에 정통하지 않은 사람도 있을 수 있다. 이들에게 지나치게 기술적인 언어는 오히려 설득력을 떨어뜨린다.

진짜 전문가는 복잡한 아이디어도 쉽게 설명할 수 있는 사람이다. 자신의 문제의식을 논리적으로 정리하고, 연구 계획을 구체적으로 설계하며, 해당 프로그램이 왜 필요한지 일목요연하게 드러난 글은 지원자의 준비성과 잠재력을 분명하게 보여준다.

5. 글도 잘 쓰고, 말도 잘해야 한다

실무에서는 말할 기회보다 글을 쓸 일이 훨씬 많다. 이메일, 보고서, 기획안, 정책 문서, 회의록 등 대부분의 의사소통이 글로 남는다. 전문성을 평가할 때도 결국 말보다 문서의 완성도가 더 중요하게 작용한다. 따라서 글쓰기 실력은 실무 역량의 기본이자 핵심이라고 할 수 있다.

그렇다고 말하기가 중요하지 않다는 뜻은 아니다. 회의, 브리핑, 발표 등과 같이 말로 설명해야 하는 자리도 많다. 아무리 좋은 내용이라도 간결하고 설득력 있게 전달하는 능력이 없으면, 사람들의 기억에 남기 어렵다. 글과 말은 분명히 다른 기술이며, 둘 다 훈련이 필요하다. 글을 잘 쓰는 사람이 말을 잘하는 것도 아니고, 말을 잘하는 사람이 논리적인 글을 쓰는 것도 아니다.

학교에서는 주로 리포트나 논문처럼 구조화된 문서를 중심으로 글쓰기 훈련을 받는다. 하지만 실무에서는 문서보다 슬라이드 형식의 발표 자료로 대화와 설명의 중심이 이동한다. 대부분의 아이디어는 슬라이드 형식으로 정리되고 공유되며, 실제 회의에서도 문서 대신 슬라이드 덱 slide deck이 사용된다. 이처럼 실무에서는 글처럼 보이지만 말처럼 읽히는 문서를 다루는 일이 많다. 따라서 글쓰기와 말하기가 동시에 작동하는 환경에 적응해야 한다.

학교에서 배운 글쓰기의 기본은 '서론-본론-결론' 형식이다. 논문도 큰 틀에서 보면 이 구조를 따른다. 독자는 문서를 읽는 동안 맥락을 따라가고, 필요하면 다시 돌아가서 읽을 수도 있기 때문에 이 구조가 효과적이다.

하지만 말은 다르다. 듣는 사람은 읽는 사람보다 인내심이 짧고, 집중력이 흐트러지기 쉽다. 말을 글처럼 구성하면 늘어지고 지루하게 들린다. 발표에서는 초반에 핵심을 잡지 못하면, 이후 내용이 거의 전달되지 않는다. 말할 때는 핵심만 뽑아 단계적으로 압축해서 전달하는 구조가 필요하다.

6. 발표의 기본 구조: 왜, 무엇을, 어떻게 말하는가

1) 왜 발표를 듣는가why: 첫 슬라이드에서 다음 슬라이드로 넘어가기 전에 이것을 납득시켜야 한다. 공감을 얻지 못하면 설득도 불가능하다. 하지만 여기서 너무 많은 시간을 끌면 안 된다. 도입부는 짧고 분명하게, 그리고 흥미를 자극할 수 있어야 한다. 초반 10분이 재미없는 영화는 두 시간 내내 재미없다.

2) 무엇을 말하는가what: 학술 분야에서는 연구 설계와 결과를, 실무에서는 상사나 고객에게 제안 내용을 설명해야 한다. 이것이 빠지면 발표하다가 중단한 느낌이 든다. 많은 얘기를 하려고 하지 말고, 중요한 한 가지만 전달하는 데 힘을 쏟자. 여기서는 장황하게 말하기보다 간결한 언어로 명쾌하게 끝내는 것이 좋다.

3) 어떻게 말하는가 how: 절대, 절대, 절대 어렵게 말하지 마라. 발표의 목적은 당신이 얼마나 똑똑한지 증명하는 것이 아니라 상대방을 이해시키는 것이다. 한꺼번에 모든 것을 말하려 하지 말고 단계별로 이야기를 풀어가라. 듣는 사람의 손을 잡고 한 걸음씩 내딛는다고 생각하라. 앞부분에서 이해시키기 어려우면 뒤로 갈수록 더더욱 진행 속도를 조절하는 데 신경 써야 한다.

말하기 실력도 훈련으로 완성된다

나는 어릴 적 구강 구조에 문제가 있어 여러 차례 수술을 받았다. 지금도 발음이 아주 정확하지는 않다. 그래서 말하기에 늘 자신이 없었다. 하지만 학부 시절 발표 수업부터 학회 발표, 연구 워크숍, 한국과 미국에서 직장 경험을 통해 말하기는 점점 내 연구와 커리어의 핵심 역량이 되었다.

박사과정 이후에는 미국 대학의 전임 교원(정규직 교수) 채용을 위한 마지막 단계, 즉 플라이아웃flyout도 여러 차례 경험했다. 플라이아웃은 학교 측이 최종 후보자를 초청해 1~2일 동안 공식 발표와 면접을 포함한 전방위적인 평가를 하는 일정이다. 이때 핵심이 되는 발표가 바로 질의응답을 포함한 연구 발표, 이른바 잡토크job talk다. 한마디로, 지난 몇 년간 진행한 대표 연구를 소개하면서, 내가 이 학과에 필요한 사람임을 설득하는 자리다. 단순한 연구 발표가 아니라 연구자로서 실력, 태도, 비전, 소통 능력까지 종합적으로 평가한다. 대부분의 교수는 잡토크만 보고 후보자에 대한 인상을 결정한다. 실제로 잡토크 이후 학과 구성원 전체 투표로 채용 여부가 결정된다. 잡토크 하나로 채용이 결정되는 것은 아니지만, 잡토크를 잘하지 못하면 아무리 조건이 좋아도 기회를 잃을 가능성이 높다.

나도 이 발표를 준비하는 데 많은 시간과 에너지를 쏟아부었다. 앞서 소개한 슬라이드 준비 요령을 사용했고, 철저히 연습했다. 주어진 시간이 제한된 만큼, 하나의 명확한 메시지를 중심에 두고, 그 메시지를 반복하며 시각적으로 설득력 있게 구성했다. 다양한 청중을 대상으로 세 차례 이상 준비한 잡토크를 연습하고, 예상 질문에 대비해 별도의 슬라이드까지 준비했다. 사실 이 별도의 슬라이드가 본문보다 더 길었다. 발표 당일은 기술적 돌발 상황에 대비해 슬라이드를 랩톱 컴퓨터, 클라우드, USB 등 여러 경로로 저장하고, 긴장을 늦추기 위한 개인적 루틴도 만들었다. 그 결과, 내가 지원한 학과에서 교수진 전원 만장일치로 최우선 순위 후보자top candidate로 선정되어 채용 제안을 받은 적도 있다.

이 모든 과정을 통해 내가 얻은 교훈은 명확하다. 말하기는 타고나는 것이 아니라, 철저한 준비와 반복 연습을 통해 누구나 훈련할 수 있는 기술이라는 사실이다. 슬라이드를 그대로 읽지 말고 청중에게 '보여주고' '들리게' 하기, 내가 하고 싶은 이야기가 아니라 청중이 듣고 싶어 하는 이야기를 중심에 두기, 발표 전 긴장을 '장애물'이 아니라 '디딤돌'로 여기기 등을 훈련하다 보면 말하기 실력이 향상되고 완성된다. 그리고 나만의 발표 스타일을 찾을 수 있다.

그러므로 강의 시간의 발표나 세미나, 워크숍, 학회에서의 짧은 발표 기회도 가볍게 여기지 말자. 말하기도 근육이다. 따라서 노력하면 더 잘할 수 있다. 시도하지 않으면 개선할 방법이 없다.

슬라이드 덱을 잘 만드는 방법

좋은 슬라이드를 만들기 위한 요령을 이야기하기 전에 분명히 해두고 싶은 것이 있다. 좋은 슬라이드의 가장 중요한 조건은 '좋은 내용'이다. 아무리 디자인이 세련되고 발표가 매끄러워도 보여줄 내용이 부족하면 그 발표는 오래 기억되지 않는다. 슬라이드는 본질적으로 내용을 더 잘 이해시키고 설득력 있게 전달하기 위한 도구일 뿐이다.

여기서는 이미 좋은 내용이 준비되어 있다는 전제를 바탕으로 한다. 그 내용을 어떻게 보여주면 더 잘 전달될지, 청중이 흐름을 놓치지 않고 따라오게 하려면 어떻게 해야 할지에 초점을 맞추었다.

1. 슬라이드는 읽는 것이 아니라 보여주는 것이다

발표자가 슬라이드를 읽기 시작하면 이미 망한 것이다. 청중은 발표자의 말이 아니라 화면에 집중하게 된다. 청중이 한번 집중력을 잃으면 회복하기가 매우 어렵다. 슬라이드는 발표자의 말과 메시지를 시각적으로 보완하는 역할을 해야 하며, 말과 글이 겹치지 않아야 한다. 문장은 말로, 슬라이드는 핵심만 간결하게 시각화하는 것이 원칙이다.

2. 슬라이드는 요약 도구다

슬라이드는 완성된 설명이 아니라 구조를 보여주는 요약 도구다. 말로 하려던 내용을 한 문장으로 줄이고, 그 문장을 다시 키워드로 줄이며, 가능하면 도식이나 그림으로 대체한다. 많이 담는 것이 아니라, 잘 보여주는 것이 슬라이드의 핵심이다. 읽지 말고 말하며, 말하지 말고 보여줘라.

3. 슬라이드는 세 줄을 넘기지 않는다

정보가 많을수록 청중의 집중력이 분산된다. 한 슬라이드에는 메시지 하나, 문장은 최대 세 줄 이내, 글자 수는 30단어를 넘기지 않는 것이 좋다. 슬라이드는 설명의 저장소가 아니라 메시지를 위한 무대다. 글자를 키워서 강의실 뒤에 앉은 교수님도 볼 수 있게 하라.

4. 슬라이드 덱에는 한 줄 메시지가 있어야 한다

슬라이드 덱에는 모든 슬라이드를 연결하는 핵심 문장이 있어야 한다. 이것이 발표 전체를 관통하는 메시지다. 청중은 다른 것은 몰라도 이 메시지 하나는 정말 이해해야 한다. 발표 흐름 속에서 이 메시지가 반복되고 강조될수록 청중이 메시지를 따라가기 쉬워지고, 발표는 더 선명해진다. 청중 가운데는 발표하는 동안 딴짓하면서 집중력을 잃는 사람이 많다. 모든 사람이 나처럼 계속 집중한다고 가정하지 마라. 이 가정은 지극히 비현실적이다.

5. 상세한 내용은 부록에 정리한다

복잡한 수치, 표, 배경 설명 등은 본문에 담기보다 슬라이드 본편 뒤 부록appendix에 정리하는 것이 좋다. 발표 중에는 흐름이 깨지지 않도록 핵심만 보여주고, 질문이 들어오거나 필요할 때 부록을 활용해서 설명하고 설득하는 것이 효과적이다. 부록은 준비된 사람이라는 인상을 주는 장치다.

6. 중요한 발표는 혼자 준비하지 않는다

발표 내용을 여러 집단에 시연하고 피드백을 받는 것이 좋다. 한 집단의 피드백을 반영해 슬라이드를 수정한 다음, 또 다른 집단에서 발표하고 다시 고치는 식으로 연습을 반복해야 한다. 내가 발표하는 주제에 익숙한 사람과 전혀 모르는 집단 모두에 잘 전달된다면, 슬라이드 설계가 제대로 된 것이다.

7. '할 수 있을 것 같다'가 아니라 '실패할 수 없다'는 확신이 들 때까지 연습한다

연습은 실제처럼 소리 내어, 시간을 재며, 발표 슬라이드를 넘기면서 진행해야 한다. 그래야 발표의 흐름이 몸에 익고, 돌발 상황에서도 흔들리지 않는다. 길을 잃어도 어떻게 돌아올지 알고 있기 때문이다.

말을 잘하는 사람이 발표를 잘하는 것이 아니다. 좋은 내용을 좋은 그릇에 담아서 잘 표현할 줄 아는 사람이 발표를 잘한다.

8

전문가가 되려면
비판적 사고력은 필수다

왜 비판적 사고가 필요한가

대학은 스스로 생각하는 법을 가르치는 곳이다. 어학과 소통 능력도 중요하지만, 이 두 가지는 대학에 다니지 않더라도 배울 수 있다. 대학에서 꼭 배워야 할 기술은 바로 비판적으로 사고할 줄 아는 능력이다. 학위를 받았다고 해서 고등교육을 받은 사람이라고 할 수는 없다. 비판적으로 사고할 줄 아는 사람이 진정한 고등교육을 받은 사람이다.

대학 교육을 가리키는 '고등교육'이라는 말은 단순히 더 높은 수준의 교육을 의미하지 않는다. 대학은 시험을 잘 보는 능력을 키우는 곳이 아니다. 그런 곳은 학원이다. 대학은 기존의 지식, 상식, 권위에 의문을 던지고 스스로 생각하는 힘을 기르는 곳이다.

대학은 서양 문명의 대표적 유산

현대 대학은 민주주의, 자본주의, 과학기술 문명, 인권과 함께 서양 문명의 대표적 유산으로 평가받는다. 따라서 이런 대학의 전통이 처음 시작된 유럽의 역사와, 그 전통을 계승하면서도 새로운 혁신을 이룬 미국의 대학 시스템을 함께 살펴보는 것은 오늘날의 대학을 이해하는 데 중요한 출발점이 된다.

중세의 수많은 제도와 조직이 역사 속으로 사라졌다. 그런 점에서 유럽 대학은 로마 교황청과 더불어 오늘날까지 살아남은 거의 유일한 중세 조직이다.[7] 그만큼 대학은 오랜 전통을 지키면서도, 시대의 흐름에 맞춰 지식과 사상의 전진 기지 역할을 해왔다. 현존하는 대학 중 가장 오래된 곳은 1088년에 설립된 이탈리아의 볼로냐대학교다. 볼로냐대학교는 법학 중심의 학문 공동체로 출발해 점차 자치적인 '학생 조합' 형태로 발전했다. 비슷한 시기에 설립된 파리대학교는 노트르담 대성당의 교회학교에서 성장했고, 옥스퍼드대학교와 케임브리지대학교는 수도원과 교회학교를 바탕으로 형성되었다. 이들은 교회와 국가의 실무자를 양성하고, 고전 지식을 보존·전승하며, 법률과 행정 전문가를 길러내기 위한 목적으로 만들어졌다.

이후 르네상스와 종교 개혁, 인쇄 혁명이라는 격변 속에서 대학은 지식의 흐름과 맞물려 고전 문헌과 언어에 관한 관심이 높아지고, 책이 널리 퍼지며, 교수의 강의에만 의존하던 방식에서 벗어났다. 그러나 17세기 무렵까지 대학은 종교적 교리와 권위 아래에서 고전을 답습하는 형식의 교육에서 벗어나지 못했다.

이 정체를 깬 것이 계몽주의Enlightenment다. 계몽주의는 인간의 이성과 과학적 사고를 강조하고, 중세 가톨릭교회를 중심으로 한 권위를 비판하면서 사회 개혁을 추구했다. 계몽주의는 '이성을 통해 세상을 이해하자'는 흐름으로, 자연과학, 실증주의, 교회와 국가의 분리, 종교적 관용을 강조했다.

계몽주의 시대를 이끈 수많은 사상가와 과학자가 대학과 지식 공동체에서 활동하며, 오늘날 우리가 대학에 기대하는 지적 자율성과 학문적 창의성의 토대를 닦았다. 특히 아이작 뉴턴(1642~1727)은 케임브리지대학교에서 자연철학을 가르치며 고전 역학의 기초를 세우고, 만유인력과 미적분학의 개념을 정립했다. 데이비드 흄(1711~1776)과 애덤 스미스(1723~1790)는 각각 에든버러대학교와 글래스고대학교에서 활동하며 경험주의 철학과 정치경제학의 기초를 마련했고, 그들의 사상은 이후 영미 대학 교육에 큰 영향을 미쳤다. 동시대 독일에서는 이마누엘 칸트(1724~1804)가 쾨니히스베르크대학교에서 철학을 강의하며 계몽주의 사상의 이론적 기반을 구축했고, 알렉산더 폰 훔볼트(1769~1859)는 베를린대학교의 창립에 기여하며 현대 연구 중심 대학의 모델을 제시했다.

이들의 활동은 단지 개인의 성취에 그치지 않고, 대학이 지식

생산의 중심이자 사회 개혁의 거점으로 나아가는 데 결정적 역할을 했다. 이들은 대학의 울타리를 넘어 새로운 지식 공동체에도 참여했다. 특히 1660년에 설립된 왕립학회Royal Society는 뉴턴을 비롯한 과학자들이 중심이 된 세계 최초의 과학 아카데미로, 오늘날에도 여전히 런던에 본부를 두고 과학자 회원을 선출하며 지식과 정책을 연결하는 활동을 이어가고 있다.

이처럼 18세기 계몽주의 시대의 대학과 지식 공동체는 이성, 실증, 학문적 자유를 바탕으로 기존의 권위에 도전하고, 오늘날 대학이 지향하는 학술적 전통의 뿌리가 되었다.

유럽 대학에서 시작된 이러한 전통은 미국 대학에도 깊은 영향을 미쳤다. 하지만 미국 대학은 그 전통을 그대로 답습하지 않고, 산업혁명을 꽃피운 나라답게 산업기술과 농업, 공학 중심의 실용 교육 시스템을 강조했다. 20세기에는 세계대전과 동서 냉전, 정부의 연구개발 투자에 힘입어 대학이 연구기관으로 빠르게 성장했다.

미국 대학의 가장 큰 특징은 다양성이다. 교육철학, 입학 제도, 학비 수준, 연구 중심 여부 등 거의 모든 면에서 대학 간 차이가 매우 크다. 특히 주립대학과 사립대학은 구조적으로 차이가 뚜렷하다.

미국의 '공립대학'은 대부분 각 주에서 운영하는 '주립대학'이라는 점을 주지할 필요가 있다. 미국의 국립대학은 주로 웨스트

포인트와 같은 사관학교처럼 특수한 목적을 지닌 교육기관이어서, 일반적인 고등교육은 주 단위에서 제공되는 경우가 많다.

이는 미국이 연방제 국가라는 점과 밀접한 관련이 있다. 연방에 새로 편입되는 주는 공공 교육에 대한 계획을 세우는 것이 일반적이었고, 이후 대부분의 주에서 주립대학을 설립했다. 특히 1862년 제정된 '모릴법Morill Act'에 따라 연방정부가 각 주에 토지를 제공하고, 이를 통해 고등교육기관을 세우도록 장려한 결과, 미국 전역에 주립대학 체계가 자리 잡았다.

미국은 각 주의 자치권이 강할 뿐만 아니라, 일부 주는 인구나 경제 규모 면에서 한국의 지방과 비교할 수 없을 정도로 거대하다. 예를 들어, 캘리포니아주의 경제 규모는 2023년 기준으로 약 4조 달러에 이르는데, 이는 한국의 GDP를 넘어선다. 하나의 주가 이미 세계 4~5위권에 해당하는 경제력을 지닌 셈이다.

그만큼 각 주가 운영하는 공공 교육기관의 위상과 자율성도 크다. 그래서 캘리포니아대를 대표하는 UC 버클리는 세계 1위를 다투는 공립대학 중 하나이며, 같은 계열의 UCLA, UC 샌디에이고 등도 국제적 명성이 높다. 이 외에도 미시간대(앤아버), 위스콘신대(매디슨), 버지니아대, 노스캐롤라이나대(채플힐), 일리노이대(어배너-샘페인), 텍사스대(오스틴), 워싱턴대(시애틀), 오하이오대(콜럼버스) 등 각 주의 대표 대학들은 학문성과 공공성을 두루 갖춘 명문으로 인정받는다.

주립대학의 큰 장점 중 하나는 해당 주 거주자에게 상대적으로 저렴한 학비를 제공한다는 점이다. 이는 단순한 복지가 아니라, 해당 지역의 유능한 청년 인재를 길러내기 위한 전략적 투자라고 볼 수 있다. 주립대학은 등록금 수입뿐 아니라 주정부의 예산 지원을 받기 때문에, 해당 지역 학생에게 경제적 부담을 낮추면서도 양질의 고등교육을 제공하는 공공성을 동시에 추구한다. 캘리포니아에 거주하는 학생이 UC 버클리에 진학할 경우, 비거주 학생보다 등록금이 절반 이하로 낮아진다. 이는 대학이 단순한 교육기관이 아니라 지역의 미래를 설계하는 공동체의 핵심 인프라라는 사실을 잘 보여준다.

또한 주립대학은 학부 교육보다 대학원 과정에서 더 강력한 경쟁력을 갖추고 있다. 실제로 많은 주립대학이 학부 과정보다 대학원 과정에서 더 높은 평가를 받는 경우가 많으며, 다양한 분야에서 사립 명문대학 못지않은 연구 역량과 교수진을 보유하고 있다. 내 UC 버클리 박사과정 지도교수 네 분 중 세 분이 원래 하버드대에 있다가 오셨다. 그중 한 분은 최근에 다시 하버드대로 자리를 옮겼고, 미국 정치학회APSA 회장을 역임했다. 박사과정 선후배, 동기 중에는 하버드대, 예일대, 프린스턴대에 붙고도 UC 버클리에 오는 학생들이 있었다.

이처럼 미국의 주립대학은 지역 사회에 뿌리를 둔 공공성과 세계 수준의 학문 경쟁력을 동시에 갖춘 독특한 모델이다. 고등교육 기회를 평등하게 보장하는 동시에, 학문적 깊이와 연구 성과에서도 국제적 명성을 이어가고 있다는 점에서, 주립대학은 미국 고등교육 시스템의 중요한 핵심축이다.

사립대학은 등록금과 기부금, 그리고 기금endowment 수익을 주요 재원으로 하여 운영되며, 독립적인 이사회가 학교의 방향과 운영을 결정한다. 여기서 말하는 '기금'은 단순한 예산이 아니라, 장기간 운용되는 대학의 자산을 말한다. 기금은 투자 수익을 통해 장학금, 교수진 채용, 연구 지원, 캠퍼스 확장 등 다양한 분야에 쓰인다. 이사회의 주요 업무 중 하나도 이 기금을 전략적으로, 신중하게 관리하는 것이다. 미국에서 가장 부자 대학인 하버드대의 기금 규모는 2024년 기준 약 532억 달러(한화 약 78조 원)에 달한다.

미국의 사립대학들은 역사와 성격에 따라 여러 유형으로 나눌 수 있다. 먼저 하버드대, 예일대, 프린스턴대, 컬럼비아대, 펜실베이니아대, 브라운대, 다트머스대, 코넬대로 구성된 아이비리그는 미국 동부의 대표적인 명문 사립대학이다. 코넬대를 제외한 니머지 대학은 원래 칭교도나 종교 공동체에서 목회사와 시도자를 양성하기 위해 설립되었지만, 시간이 흐르면서 점차 미국 사회의 정치, 경제, 학문을 이끄는 엘리트 교육기관으로 자리 잡았다.

애머스트, 윌리엄스, 스워스모어 같은 리버럴 아츠 칼리지는 소규모 학부 중심 대학이다. 일반 교양(리버럴 아츠가 일반 교양이란 뜻이다) 중심의 커리큘럼, 교수와의 긴밀한 관계, 토론과 프로젝트 중심 수업이 특징이다. MIT, 캘리포니아공과대Caltech, 카네기멜론대 등은 이공계 특성화 대학으로, 공학·컴퓨터·생명과학·인공지능 분야에서 탁월한 성과를 내고 있다. 또 스탠퍼드대, 시카고대, 노스웨스턴대, 듀크대, 존스홉킨스대는 아이비리그에 속하지 않지만, 그에 못지않은 명성과 학문적 깊이를 자랑한다. 존스홉킨스대는 미국 최초 연구 중심 대학이라는 점에서 상징적 의미를 지닌다. 캘리포니아에 있는 스탠퍼드대는 실리콘밸리의 산실이다.

이처럼 미국 대학은 '하나의 모델'로 설명할 수 없는 다양성을 보여준다. 하지만 그 다양성 속에서도 학문적 자율성, 창의성, 사회적 책임이 공통적으로 강조된다. 미국 대학의 구조적 다양성은 단지 선택지를 넓히는 데 그치지 않는다. 오히려 각자 여건에 맞는 교육 기회를 제공함으로써, 더 많은 사람이 자신의 잠재력을 실현할 수 있도록 돕는다.[8]

오늘날의 대학은 중세와 근대 유럽 대학의 자율성, 공동체성, 학문적 자유정신, 현대 미국 대학의 실용성과 혁신성을 동시에 계승하고 공유한다. 큰 틀에서는 한국의 대학도 이 흐름을 따라간다. 전통과 변화, 자유와 책임, 이상과 현실의 긴장 속에서, 대학은 여전히 새로운 질문을 던지고 답을 찾아가는 지식의 실험실이다.

대학의 어제와 오늘을 내일로 잇는 힘은 과거를 비판적으로 돌아보고 미래를 개척하는 창의적 사고다. 예일대 총장을 지낸 리처드 C. 레빈은 이렇게 말했다. "끊임없이 질문하고, 문제를 깊이 있게 사고하며, 그 결과를 분석하는 능력, 즉 이러한 비판적 사고력은 오늘날 어느 때보다 절실하다. 대학은 바로 이런 능력을 기르는 곳이다."[9]

대학은 능력주의에 기반해 엘리트를 양성하는 곳

예전에 엘리트는 대부분 태어난 집안이나 계급에 따라 결정되었다. 왕족, 귀족, 지주처럼 특별한 자격 없이도 사회의 중심에 서는 것이 당연했다. 하지만 현대 사회에서 엘리트는 더 이상 세습되는 신분이 아니라, 자기 능력으로 인정받는 사람을 의미한다. 바로 이런 '능력주의meritocracy'가 현대 대학 교육의 근간이다.

능력주의에 기반한 엘리드는 태어난 배경이 아니라 개인의 노력과 지적 역량으로 자질을 입증한 사람이다. 대학은 시험을 통해 그런 인재를 선발하려 하지만, 시험은 어디까지나 하나의 기준일 뿐이다. 진짜 중요한 것은 점수가 아니라, 그 점수로 측정하고자 하는 사고력과 잠재력이다. 대학에 들어와서는 복잡한 사회 문제를 스스로 분석하고, 데이터와 증거를 바탕으로 책임 있는 판단을 내릴 수 있는 능력을 키워야 한다. 이런 능력을 갖춘 사람, 즉 전문가로서 리더를 육성하고, 그런 리더를 사회의 엘리트로 성장하도록 돕는 것이 현대 고등교육의 목적이다.

따라서 제대로 된 대학은 학생이 사회적 지위를 얻는 데만 몰두하지 않도록 가르쳐야 한다. 지위는 그 자체가 목적이 아니라 더 큰 가치를 실현하기 위한 수단이다. 문제를 해결할 능력 없이 리더의 자리에 오른 사람은 구호만 외친다. 공동체에 대한 책임 없이 얻은 지위는 쉽게 권위주의(시쳇말로 '갑질', 최악의 경우 '독재')로 흐른다.

진정한 대학 교육은 정답을 외우는 데 그치지 않는다. 정답 너머의 질문을 던지고, 그 질문에 대해 스스로 사고하고 답을 찾아가는 훈련이다. 특히 입시 위주의 교육을 받아온 한국 학생들에게는, 대학에서 '스스로 생각하는 공부'를 시작할 진정한 기회가 열리는 셈이다.

고등학교까지 교육이 기초적 수학능력을 다지는 데 집중되었다면, 대학에서는 기존 전제를 의심하고, 기존 지식을 뛰어넘어 새로운 해석과 의미를 만드는 창의력을 키우는 것이 목표다. 그래서 대학에서는 답이 중요하지 않다. 어차피 기존 지식을 달달 외워 사회에 나가도, 그것을 전혀 써먹을 일이 없는 분야에서 일할 수 있다. 그 지식이 구식이 될 수도 있다. 따라서 답보다는 그 답이 나오기까지 어떤 전제가 있었고, 어떤 사고 과정이 있었는지 이해하는 능력이 훨씬 중요하다. 사회에서 경쟁력은 빛나는 명문대 졸업장이 아니라 두뇌의 생산성이다. 같은 문제를 남과 다르게 정의하고 잘 해결하면 더 인정받는다. 대학을 졸업했는데도 여전히 남이 시키는 대로만 하거나, 낯선 업무에 자동으로 거부감부터 느낀다면, 대학에서 배워야 할 가장 핵심적인 능력, 비판적 사고력을 놓친 것이다.

내 생각을 가질 수 있는가, 그 생각을 논리적으로 펼칠 수 있는가가 학점이나 스펙보다 더 중요하다. 대학은 그런 전문성을 기반으로 사회를 이끄는 리더를 준비시키는 곳이기 때문이다.

비판적 사고가 일상을 바꾼다

비판적 사고력은 자신의 경쟁력을 높이기 위해서도, 풍요로운 삶을 살기 위해서도 필요한 기술이다. 졸업 후 사회인의 삶은 매우 단조롭고 무겁다. 거의 똑같은 일상이 고장 난 비디오처럼 반복해서 재생된다. 아침에 일어나 진부직으로 출근하고 종일 쉴 새 없이 일하다가 파김치 상태로 퇴근한다. 그리고 잠시 눈 붙이고 일어나면 날이 어느새 밝아 있다. 결혼하고 아이가 생기면 삶의 여유는 더 줄어든다.

작가 데이비드 포스터 월리스는 2005년 케니언 칼리지 졸업식 연설에서, 대학 교육을 통해 길러진 비판적 사고가 단조로운 삶을 새롭게 바라보는 능력을 준다고 말했다. 예컨대 쇼핑몰에서 카트를 밀며 계산대 앞에 줄 서는 시간조차, 지루한 기다림이 아니라 자신의 삶을 돌아보는 성찰의 순간이 될 수 있다. 겉보기에는 똑같은 일상이지만, 비판적으로 사고하는 사람은 남들이 지나치는 것 속에서 새로운 의미를 발견할 수 있다. 비판적 사고는 우리가 익숙하다고 여겼던 것을 낯설게 바라보고, 당연하게 생각했던 전제를 다시 질문하게 만든다. 과거에는 남의 생각을 그대로 받아들이며 살았지만 이제는 스스로 생각하고, 그 생각을 통해 세상을 다르게 구성할 능력을 키우는 데 힘쓴다. 물고기는 물속을 헤엄치며 산다. 그 '물이 무엇인지' 고민하는 물고기가 비판적 사고를 할 줄 아는 물고기다.[10]

그렇게 생각을 스스로 선택하는 마법 같은 체험을 하고 나면, 그 전과 후의 삶이 같을 수 없다. 스스로 생각하고 배우는 기쁨을 깨달으면 이전에 당연히 받아들이던 결론들의 전제를 의심하고, 그 전제에서 결론이 도출되는 과정을 따져본다. 그러고 나서 기존 지식을 수정하거나 새로운 지식을 생산한다.

비판적 사고는 답이 없는 현실에서 답을 찾는 것이다

비판적으로 사고하는 것도 일종의 중독이다. 온라인 게임에 왜 빠져드는지 생각해보자. 나만의 세계이기 때문이다. 비판적 사고력으로 여는 세상은 그보다 훨씬 크고 무궁무진하다. 바쁜 와중에도 독서를 쉬지 않는 사람이나, 다른 분야 전문가들과 대화하기를 즐기는 사람은 이미 그 세계가 주는 즐거움을 알고 있다. 그 세계는 상상력만이 한계인 마법 같은 세상이다.

그런 체험을 위해 따로 강의를 들어야 하는 것은 아니다. 자기 생각을 말할 용기와 그 생각을 발전시키려는 의지만 있다면, 어느 분야에서든 비판적 사고를 배울 수 있다. 대부분의 대학 강의는 기존 지식의 수용을 넘어 비판하고 창조하는 능력을 중시한다.

문과 계열에 주어지는 혜택이 여기에 있다. 문과 계열 대학생 중에는 자신의 전공이 현실과 무슨 상관이 있는지 고민하는 사람이 많다. 그러나 아주 현실적인 지식은 사회에 나오면 오히려 쓸모가 없다. 그사이 현실은 이미 바뀌기 때문이다. 반면에 답이 없는 현실 속에서 답을 찾아갈 수 있는 사고력을 키웠다면, 복잡한 세상을 살아갈 훌륭한 지적 무기를 갖춘 셈이다.

영국의 근대 철학자 존 스튜어트 밀이 『자유론』에서 강조한 것처럼, 인간의 본성은 기계보다 나무에 가깝다. 나무가 스스로 가지를 뻗고, 잎을 틔우고, 꽃을 피우고, 열매를 맺듯이, 인간도 실험하고, 도전하고, 비판하고, 창조하는 과정을 통해 성장한다. 기계처럼 외부의 명령에 따라 움직이기만 해서는 인간의 잠재력을 온전히 실현할 수 없다. 그렇게 성장하는 데는 한계가 있다.

이미 세상에 있는 지식을 비판 없이 복제하는 일에는 굳이 인간이 필요 없다. 이제는 생성형 인공지능이 정보를 빠르게 요약하고, 분석하고, 새로운 제안까지 하는 시대다.

도덕적 논증력 vs 데이터 분석력

대학에서 배울 수 있는 비판적 사고에는 크게 도덕적 논증moral reasoning과 데이터 분석data analysis이 있다. 도덕적 논증은 어떤 가치가 왜 옳은지 따져보는 것을 말한다. 이를테면 시장의 논리를 어디까지, 어떻게 확장하는 것이 윤리적으로 옳은가와 같은 질문을 던지고 답한다. 반면에 데이터 분석은 어떤 경제정책이 고용이나 인플레이션 등에 이로운지 따져보는 등 좀 더 실증적으로 가설을 검증하고 의사를 결정하는 데 도움을 준다.

현실 사회에서는 내가 옳다고 생각하는 것이 왜 옳은지(도덕적 논증), 맞다고 생각하는 것이 왜 맞는지(데이터 분석) 설명할 능력이 모두 필요하다. 대학 시절 이 중 하나만 편식하면 영양 불균형이 될 수 있다. 예를 들어, 아무리 문학을 좋아한다 해도 정량적이고 과학적 사고력을 키울 수 있는 과목을 적어도 한두 개 수강하면 나중에 큰 도움이 된다. 실무에서는 의사결정할 때 데이터를 분석하는 경우가 많다. 게다가 요즘 같은 데이터 홍수 시대에 데이터를 분석하고 이해하는 능력을 갖추면 매우 유용하다.

데이터를 통해 학습하는 기술, 즉 통계는 이제 전공을 막론하고 상식이 되었다.

반대로 과학적 분석력만으로 현실을 바라보면 피와 살이 있고 모순된 생각과 감정으로 가득 찬 인간을 이해하는 데 한계가 있다. 데이터 분석을 아무리 잘해도 인간을 이해하지 못하면 상대를 설득하지 못한다. 그래서 인문적 감수성이 필요하다.

도덕적 논증력과 데이터 분석력은 누구나 한쪽으로 치우치기 쉽다. 대체로 인문사회 계열 학생은 도덕적 논증에, 이공 계열 학생은 데이터 분석에 더 익숙하다. 하지만 지금 당장 흥미 없다고, 또는 필요성을 느끼지 않는다고 다른 한쪽을 완전히 놓아버리면 안 된다. 세상을 깊이 있게 이해하고, 현실적인 문제를 해결할 역량을 기르기 위해서는 두 가지 능력이 모두 필요하다. 머리로는 중요성을 알지만 어디서, 어떻게 시작해야 할지 모르는 사람이 많다. 이럴 때는 개인적으로 대학 학부 과정 중 교양 또는 다른 학과 수업을 듣는 것으로 시작하기를 추천한다.

자신부터 비판하라

도덕적 논증력과 데이터 분석력보다 더 핵심적인 능력은 바로 자신을 비판할 줄 아는 것, 나 자신의 가정을 검토할 줄 아는 것이다. 남은 신랄하게 비판하면서 자신은 돌아보지 않고, 남에게 높은 윤리적 기준을 적용하면서 자신은 그렇게 살지 않는 '지적으로 게으른' 자세는 그 누구보다 자신에게 좋지 않다.

비판의 화살을 남뿐 아니라 자신에게도 돌려야 한다. 지식의 폭은 많이 아는 데서, 지식의 깊이는 제대로 아는 데서 만들어진다. 하지만 지식의 무게는 자기를 돌아보는 데서 비롯된다. 자신의 무지를 알수록 더 겸손해지고, 그만큼 세상에 대해 더 많이 묻고 배운다. 태양이 지구를 중심으로 돌지 않는다는 것을 알았을 때, 이 태양계가 우주의 중심이 아니라는 것을 알았을 때, 우리는 이기적 자아를 버려야 했지만, 동시에 더 큰 우주를 볼 수 있었다.

비판의 화살을 자신에게 돌리면 내가 아는 것이 우주의 티끌밖에 안 된다는 것을 깨닫는다. 그러면 오히려 더 자유로워진다. 죽을 때까지 노력해도 이 세상의 지식을 다 알 도리가 없다. 그래야 할 이유도 없다. 우리가 이 넓은 우주에서 먼지에 불과하다는 사실이 불안감만 주는 것은 아니다. 우주에 대한 경이로움도 느끼게 한다. 그와 마찬가지로 자신의 무지를 알면 끝없는 지식의 세계가 보이고, 그 세계에 대한 놀라움이 생긴다.

당연하게 보던 것들에 물음표가 붙을 때, 세상은 더 커지고 더 흥미로워진다. 물리학자 리처드 파인먼은 사람들에게 과학이 필요한 것은 그것이 유용하기 때문만이 아니라고 강조했다. 과학은 아름답다. 과학은 사람들이 세상을 더 넓고 깊고 아름답게 상상할 수 있도록 도와준다. 과학적 사고에 기초한 비판적 사고도 마찬가지다. 인문학이든 사회과학이든 이 학문들이 인간과 사회에 대해 겸허하게 배우고 성찰할 통로로 활용된다면, 우리의 삶은 더 풍요롭고 아름답게 변할 것이다. 그동안 잘못 알던 답들이 사라질 때, 더 많은 물음표와 끊이지 않는 배움의 기회가 생긴다.

물론 몇 권의 책을 읽고 섣불리 자신과 세상에 대해 단정 짓는 지적 허영심에 빠지라는 얘기가 아니다. 그것은 지성의 본질을 모르는 태도다. 지성의 토대는 반성과 성찰이다. 서구 학문의 근간이 된 플라톤의 『변명』에서 소크라테스가 죽기 전 배심원 앞에서 남긴, "검증되지 않는 삶은 살 가치가 없다"라는 말을 숙고하기 바란다. 내 인생을 끊임없이 검증하려는 태도로 사는 지성적인 삶이란 아는 체하는 것이 아니라 성찰하는 것이다. 내가 무엇을 옳다고 주장하기 전에 왜 그렇게 생각하는지, 상대방의 주장이 틀렸다고 말하기 전에 어떤 부분이 문제인지, 왜 부족한지, 어떻게 개선해야 하는지 고민하고 또 고민하는 삶을 뜻한다. 자기 그릇에 물을 채우기에 앞서, 그 그릇에 구멍이 없는지 살펴보는 지혜를 갖추는 것, 바로 그런 자기 성찰 위에 비판적 사고를 쌓아 올려야 한다.

비판적 사고력을 키우는 독서법 1: 생각의 깊이를 만든다

비판적 사고력은 대학에서 반드시 길러야 할 핵심 역량이다. 초반에는 강의와 토론을 통해 사고의 기초를 배울 수 있지만, 시간이 지나면 결국 스스로 사고하는 법을 익혀야 한다. 요리를 잘하려면 좋은 음식을 많이 먹어봐야 하듯, 비판적으로 사고하려면 먼저 그렇게 생각한 사람들의 글을 깊이 있게 읽어봐야 한다. 그중 가장 효과적인 방법이 독서다. 책은 다른 사람의 사고 구조를 고스란히 따라가며, 내 생각을 만들고 확장하는 연습장이 되어준다. 많은 학생이 독서의 중요성을 알지만, 그 가치를 실제로 '느껴본' 사람은 많지 않다.

요즘은 서울대나 하버드대처럼 명문대에서 추천한 도서 목록이 온라인에 널려 있다. 책을 많이 읽으면 똑똑해질 것 같고, 사회를 보는 시야도 넓어질 것 같다. 하지만 1백 권을 읽었다고 1백 배 깊이 있는 사람이 되는 것은 아니다. 나는 서울대 추천도서 1백 권을 읽었다는 사람 중에서도 중요한 맥락을 제대로 읽지 못하는 경우를 여러 번 목격했다. 왜 그럴까? 많은 책을 '훑었을' 뿐 제대로 '곱씹지' 않았기 때문이다. 책을 보기만 하고 먹지 않은 것이다.

마이클 샌델의 『정의란 무엇인가』는 출간되자마자 한국 사회에서 선풍적인 인기를 끌었다. 200만 권이 넘게 팔렸고, 동화도 나왔다. 하버드대 인기 강의를 책으로 옮긴 이 책은 '정의란 무엇인가'라는 질문 하나로 정치철학의 주요 개념들을 소개한다. 책을 산 사람은 많지만 실제로 이 책을 끝까지 읽고, 그 내용을 곱씹으며 자기 생각을 정리해본 사람은 그리 많지 않다. 책은 많이 팔렸지만, 책이 말하고자 한 철학적 질문은 정작 사회 속에서 깊이 읽히지 않은 것이다.

유발 하라리의 『사피엔스』, 토마 피케티의 『21세기 자본』과 같이 지적 유행처럼 소비되는 책이 많지만, 그 내용을 끝까지 읽고 자기 삶의 질문과 연결 지은 사람은 소수에 불과하다. 소비는 쉽지만, 성찰은 어렵기 때문이다.

중요한 것은 독서의 '양'이 아니라 '질'이다. 남에게 과시하기 위해 지식을 쌓는 사람에게는 명문대 추천 도서 1백 권 읽는 것, 혹은 집에 소장 도서가 1만 권이라며 뽐내는 것이 중요할지도 모른다. 그러나 내가 무엇을 알고 있는지 진지하게 고민하고 제대로 알고 싶은 사람에게는 이런 숫자가 아무 의미 없다. 독서란 책장을 넘기는 행위가 아니라, 그 책이 던지는 질문 앞에서 자신을 다시 생각하는 과정이기 때문이다.

'창조적 파괴'라는 개념으로 유명한 경제학자 조지프 슘페터는 고전부터 최신 논문까지 방대한 독서를 바탕으로 자신의 사상을 정립했다. 슘페터는 광범위한 자료를 분석하며 자본주의의 동학을 설명하고, 그 토대 위에서 혁신과 기업가 정신의 중요성을 설파했다. '창조적 파괴'라는 말은 그의 폭넓은 독서와 통찰의 산물이다.

반면, 거시경제학의 창시자로 불리는 존 메이너드 케인스는 방대한 독서량보다 탁월한 직관과 문제 해결 능력으로 유명했다. 그는 필요할 때마다 핵심 문헌을 빠르게 습득하고, 기존 이론을 비판적으로 요약하며 새로운 프레임을 제시하는 데 능했다. 『고용, 이자 및 화폐의 일반 이론』을 통해 대공황기의 경제 위기를 설명하고 실천적 대안을 제시한 케인스의 역량은 철저한 독서라기보다 핵심을 간파하는 힘에서 나왔다.

두 사람은 단순한 학습 스타일의 차이를 넘어, 독서라는 행위의 목적이 무엇이어야 하는지 잘 보여준다. 어떤 사람은 깊이 있고 넓은 독서로 지적 체계를 다지고, 또 어떤 사람은 선별적이고 집중적인 읽기를 통해 자기만의 논리를 정교화한다. 중요한 것은 얼마나 많이 읽느냐가 아니라, 그 읽기가 어떤 사유와 연결되느냐이다.

책을 1백 권 읽든 1천 권 읽든, 그 독서가 나의 무지를 깨닫게 해주지 못하고unlearn, 새로운 관점과 질문을 받아들일 여지를 넓혀주지 못한다면relearn, 지적으로 성장한 것이 아니라 단지 더 똑똑한 체하게 된 것에 불과하다. 오히려 읽지 않은 것보다 더 나쁠 수 있다. 진정한 지식인은 '많이 아는 사람'이 아니라, '제대로 아는 사람'이다. 그리고 '제대로 안다'는 것은 자신이 아는 것과 모르는 것의 경계를 분명히 인식하고, 모른다는 사실을 인정하는 용기를 내포한다.

내 박사 학위 지도교수인 폴 피어슨은 우리 시대에 매우 많이 인용된 정치학자 중 한 명이다. 비교정치와 미국 정치 두 분야에서 뚜렷한 업적을 남겼으며, 대중적 명성도 높다. 그의 저서 중에는 『뉴욕 타임스』 베스트셀러로 선정된 책도 있다. 말 그대로 석학이다. 그런데 그런 폴과 연구에 대해 토론할 때 자주 들었던 말 중 하나가 바로 "그 문제에 대해 나는 잘 모른다"였다. 폴은 자신이 아는 것뿐만 아니라 모르는 것도 분명히 인식하고 인정한다. 그래서 나는 폴을, 지도교수를 넘어 선배이자 동료 학자로서 깊이 존경한다. 내게 제대로 아는 것이 무엇인지 본보기를 보여주었기 때문이다. 독서는 단순히 정보를 축적하는 행위가 아니다. 독서는 내가 모르는 것이 얼마나 많은지 깨닫고, 일부라도 제대로 알게 하는 경험이어야 한다.

한 권의 책이라도 저자와 대화를 나누듯 읽는 것이 좋다. 질문이 있어야 한다. 책과 씨름해야 한다. 저자는 왜 이런 문제의식을 느꼈고, 그 주장을 통해 무엇을 해결하려 했는가? 저자의 해석에는 어떤 맥락과 한계가 있는가? 이런 질문을 끊임없이 던지면서 읽으면 책이 내 생각을 움직이기 시작한다.

'질'을 갖춘 독서를 위해서는 분명 어느 정도의 '양'이 필요하다. 다양한 저자, 다양한 분야의 책을 접하면서 시야를 넓히는 과정은 필수적이다. 그러나 양이 질을 '대신'할 수 있다는 뜻은 아니다. 오히려 양은 질을 위한 재료에 불과하다. 라틴어 속담에 이런 말이 있다. "많이 읽는 것은 좋지만, 많은 책을 읽는 것은 좋지 않다Multum legere non multa." 중요한 것은 얼마나 많은 책을 읽느냐가 아니라, 그 책들 속에서 얼마나 깊이 생각하느냐이다.

그렇다면 어떻게 실천해야 할까? 나는 괜찮은 책이라고 생각되면 보통 세 번을 읽는다.

- **첫 번째 읽기:** 방해 없이 집중해서 읽으며 전체 구조와 저자의 문제의식을 파악한다. 이때는 글쓴이의 생각을 있는 그대로 받아들인다. 저자 입장에서 문제를 어떻게 정의하고 어떤 방식으로 접근하는지 전체 구조를 파악하려고 한다.

- **두 번째 읽기:** 밑줄을 긋고 메모하며 핵심 내용을 정리한다. 중요한 문장에 밑줄을 긋고, 인상 깊은 문단에는 별표를 치거나 여백에 간단한 메모를 남긴다. 때로는 따로 노트를 만들어 관련된 질문이나 의문점을 기록하기도 한다.

- **세 번째 읽기:** 앞서 정리한 메모를 토대로 빠르게 다시 읽으며 이 책에서 무엇을 배우고, 무엇을 배우지 못했는지 정리한다. 이미 알고 있는 내용을 재확인하면서, 처음에 놓쳤던 의미나 연결점을 찾아내는 데 집중한다. 그리고 가능하면 짧은 서평을 쓴다. 글로 옮기지 않으면 내가 이해했다고 착각하는 부분들을 알아차리기 어렵다.

영어 속담에 "쉽게 얻은 것은 쉽게 사라진다Easy come, easy go"라는 말이 있다. 고민 없이 읽은 책은 오래 남지 않는다. 저자의 생각을 단순히 흉내 내는 것이 아니라, 저자의 사유 과정을 따라가며 그 안에서 나만의 질문을 뽑아내야 비로소 독서가 '나의 공부'가 된다. 책을 읽는 데 시간이 오래 걸리더라도, 그렇게 읽은 한 권이 대충 훑어본 열 권보다 훨씬 깊은 울림을 남긴다.

비판적 사고력을 키우는 독서법 2: 과거를 통해 미래를 본다

전기 자동차도, 자율주행 자동차도 바퀴를 사용한다. 기름으로 움직이는 자동차는 언젠가 전기차로 대체될 수 있지만, 바퀴 자체가 사라질 일은 거의 없다. 기술이 아무리 혁신적으로 진화해도 어떤 구조나 원리는 여전히 지속된다. 고대 이집트에서 발명된 의자와 오늘날의 스마트폰 중 가까운 미래에 더 먼저 사라질 가능성이 큰 것은 단연 후자다.

신간과 베스트셀러 위주의 책 읽기는 편향된 독서가 되기 쉽다. 새로운 정보나 유행하는 관점을 따라가는 것도 중요하지만, 그것만으로는 충분하지 않다. 어떤 기술이나 아이디어가 오랜 시간 살아남는 데는 그만한 이유가 있다.

과거는 미래의 거울이다. 변화하는 것에만 집중하다 보면, 오히려 변하지 않는 본질을 놓치기 쉽다. 사물의 본질을 이해하려면, 현재뿐 아니라 과거의 궤적까지 함께 봐야 한다. 신기술의 미래를 알려면, 그 기술이 어떤 배경에서 나왔고 어떤 원리를 반복해왔는지 이해해야 한다. 현재의 트렌드를 읽고 싶다면, 그 변화 속에 어떤 과거가 지속되고 있는지 살펴봐야 한다.

기술주의자들은 종종 미래에 지나치게 경도되고, 인문주의자들은 과거에만 머물러 현실과 멀어질 수 있다. 경제학적으로 보면, 기술주의자들은 미래를 팔아 돈을 벌고, 인문주의자들은 과거를 팔아 돈을 번다. 어느 한쪽만 강조하면 사고의 균형이 무너진다. 새는 두 개의 날개가 필요하다.

미래만 보고 사는 사람은 현실에 발을 디디지 못하고, 과거에 갇힌 사람은 변화를 두려워한다. 균형은 언제나 고정된 상태가 아니라 역동적으로 조정되는 과정에서 형성된다. 어떤 시기에는 과거를 깊이 파고들 필요가 있고, 어떤 때는 미래를 향해 과감히 내디뎌야 한다. 중요한 것은 이 두 방향 사이를 유연하게 오가며 사고의 관점을 넓히는 훈련이다.

사고의 유연함은 독서의 방향에서도 드러난다. 과거를 통해 오늘날 어떤 변화가 일어났는지 알아보는 동시에, 과거로부터 지금까지 남아 있는 것은 왜 그런지 살펴봐야 한다. 통찰이란 정답을 맞히는 능력이 아니라, 더 넓고 더 깊은 시야에서 문제를 정의하는 힘이다.

디지털digital이라는 말은 '손가락의'라는 뜻에서 비롯되었다.

태블릿tablet은 고대에 점토판으로 사용되던 필기도구였다. 오늘날 태블릿 PC는 그 형태를 디지털 시대에 다시 구현한 것이다. 최신 기술이 오히려 과거를 복원하는 일처럼 보이는 지금, 우리는 '과거로 가는 미래'를 살고 있는지도 모른다.

미래가 궁금하다면 과거를 봐야 한다. 서점에 가서 책이 너무 많아 어떤 것부터 읽어야 할지 모르겠다면, 고전부터 시작하자. 수십 년, 수백 년 살아남은 책은 앞으로도 유용할 것이라는 사실을 스스로 증명해왔다. 그런 책들은 단지 과거를 알려주는 것이 아니라, 과거를 통해 미래를 보는 눈을 길러준다.

비판적 사고는 이공계생에게도 필수다

비판적 사고는 문과생에게만 필요한 능력이 아니다. 오히려 과학, 공학, 의학, 생명과학, 데이터과학, 인공지능 등 이공계 전공자에게 더 절실하다.

실험 결과가 왜 예상과 다른지, 알고리즘의 성능이 특정 상황에서 왜 떨어지는지, 수집한 데이터가 무엇을 말해주고 무엇을 말해주지 못하는지 판단하지 못하면, 결국 다른 사람이 짜놓은 코드와 논리를 그대로 반복하는 데 그친다. 그것은 점점 사람이라기보다 기계에 가까워지는 일이다. 인공지능 시대에 기계에 가까운 사람의 직무는 이제 인공지능으로 대체된다.

우리는 과학기술 중심의 세상에 살고 있다. 그런데 이런 세상에서 기술을 진짜 유용하게 활용하려면 기술을 잘 아는 것만으로는 부족하다. 사람도 알아야 하고, 사회도 알아야 한다. 어떤 기술을 개발할지 고민하는 것도 중요하지만, 왜 특정 기술을 개발해야 하는지, 이 기술이 어떤 문제를 해결할 수 있는지, 특정 개인이나 집단에 어떤 영향을 미칠지도 함께 고민해야 한다.

인공지능을 예로 들어보자. 챗GPT가 등장한 이후, 인공지능은 누구나 쓸 수 있는 기술이 되었다. 단순히 질문에 답하는 것을 넘어 글을 대신 써주고 요약하고 번역하며, 심지어 간단한 프로그램도 짜준다. 예전에는 전문가만 할 수 있던 일들을 이제는 문장 몇 줄만 입력하면 누구나 할 수 있다.

예컨대 회사에서 "지난달 매출이 얼마나 늘었는지 정리해주세요"라는 요청이 들어올 경우, 예전에는 분석 담당자가 데이터베이스에서 자료를 직접 뽑고 계산하고 정리했다. 이런 반복적인 작업을 테크 업계에서는 농담처럼 'SQL 몽키'라고 불렀다. SQL은 데이터를 다루는 언어이고, 몽키는 단순 반복 작업만 한다는 뜻이다.

그런데 지금은 이런 일도 챗GPT 같은 인공지능이 훨씬 더 빠르고 정확하게 처리한다. 이제는 기술을 '쓸 줄 안다'는 것만으로는 경쟁력이 되지 않는다. 어떤 문제를 해결할지 스스로 정의하고, 어떤 방식으로 접근할지 판단하며, 그 결과를 다른 사람에게 잘 설명하고 설득할 수 있는 능력이 중요하다.

이공계 학생이 사회에서 더 큰 영향력을 발휘하고 싶다면, 기술만 잘 활용해서는 부족하다. 결국 중요한 결정은 언제나 '사람'이 내린다. 정부든 기업이든 병원이든, 기술을 실제로 도입하고 예산을 쓰는 사람들은 대부분 기술 비전문가다. 그러므로 이공계생은 '이 기술이 왜 필요한지', '이 방법이 왜 더 나은지' 사람의 언어로 설명하고 설득할 줄 알아야 한다. 기술은 혼자 존재하는 것이 아니라 항상 사람과 사회 속에서 쓰이기 때문이다.

나는 미국에서 박사과정을 마치고, 미국의 공공 영역 데이터과학자로 일한 경험이 있다. 대학원에서는 데이터과학이란 '데이터로 세상을 이해하고, 더 나은 결정을 내릴 수 있도록 돕는 일'이라고 배웠다. 그런데 현장에서 일하며 데이터를 통해 세상을 이해하는 것만으로는 영향력을 발휘할 수 없음을 깨달았다. 아무리 정확하고 멋진 분석도 의사결정자를 설득하지 못하면 아무 소용이 없다.

이것은 일하던 회사에서 내게 업무를 가르쳐준 사수 케리 로든이 해준 말이기도 하다. 케리는 영국의 케임브리시내에서 컴퓨터과학 박사 학위를 받고, 구글에서 14년간 일한 업계 베테랑이다. 데이터과학은 '데이터로 사람을 설득해서 더 나은 의사 결정을 이끄는 것'이라는 케리의 태도는 나에게 큰 영향을 주었다.

기술은 앞으로도 계속 더 많은 사회적 과정을 자동화할 것이다. 하지만 질문을 던지고, 문제의 본질을 파악하고, 그 결과를 사람들과 공유하고 함께 고민하는 일은 여전히 사람만이 할 수 있다.

미래 시대에 필요한 이공계 인재는 단순히 기술을 구현하는 사람이 아니라, 그 기술의 방향을 함께 고민하고 책임질 수 있는 사람이다. 그 출발점은 바로 비판적으로 사고하는 힘이다.

비판적 사고력 신장을 위한 3단계 훈련법

1단계_ 모방하라

비판적으로 사물을 분석하는 사람을 보면 멋있다는 생각이 든다. '나도 저렇게 생각하고 싶다.' 이렇게 시작하는 것도 나쁘지 않다.

가수들도 연습할 때 좋아하는 가수의 노래를 수십 번 반복해서 듣고, 숨 쉬는 타이밍까지 흉내 내며 따라 부른다. 그러다 보면 어느 순간 자기만의 창법이 생긴다. 비판적 사고도 마찬가지다. 처음에는 좋아하는 학자, 존경하는 작가나 교수의 글을 똑같이 따라 해보라. 글을 따라 쓰고, 발표를 흉내 내고, 생각하는 방식 자체를 모방한다. 처음에는 무의식적으로 베끼기 시작하지만, 시간이 지나면 문제를 대하는 방식 자체가 조금씩 달라진다. 어느 순간 어떤 주제 앞에서 '그 사람이라면 이렇게 생각했겠지!' 하는 흐름이 머릿속에 자연스럽게 떠오른다. 그다음 단계는 바로 '내 머리'로 생각하는 것이다.

2단계_ 의심하라

모방에서 한 단계 더 나아가 스스로 생각하려면 의심할 줄 알아야 한다. 여기서 비판적 사고가 탄생한다. 모든 주장의 전제를 의심하고 확인하라. 예를 들어, 신문에서 '생성형 인공지능이 노동 시장을 뒤흔든다'라는 머리기사를 보았다면 그럴 수도 있겠다며 흘려넘기지 말고, 이렇게 질문을 던져보자.

- '뒤흔든다'는 말은 구체적으로 어떤 직종에 어떤 영향을 준다는 의미일까?
- 인공지능 기술이 보급되는 속도는 실제로 얼마나 빠를까?
- 모든 산업이 동일한 영향을 받을까, 아니면 특정 산업에 국한될까?

- 지금의 생성형 인공지능은 인간을 '대체'할까, 아니면 여전히 '보조'에 가까울까?
- 이런 주장을 하는 사람은 누구이며, 그들은 인공지능과 어떤 이해관계가 있을까?
- 생성형 인공지능이 일으키는 노동 시장의 변화는 과거의 어떤 변화와 비교할 수 있을까, 아니면 전혀 새로운 양상일까?

이렇게 의심하고 해체하면, 머리기사가 수많은 가정 위에 있음을 알 수 있다.

3단계_ 정리하고 반복하라

생각의 폭이 넓어졌다면, 이제 정리할 차례다. 정리하지 않으면, 아무리 좋은 재료가 있어도 맛없는 요리가 된다. '모방'과 '의심'을 거쳤다면, 주어진 주제에 대해 나만의 생각을 글로 정리할 수 있어야 한다. "그래서 너는 무슨 말을 하고 싶은 거야 So what?"라는 질문에 한 문장으로 대답할 수 있어야 한다. 이렇게 핵심 주장을 명확히 한 다음, "왜 안 되는 거야 Why not?"라는 반론을 예상하고 주장을 계속 다듬어야 한다. 그리고 이 과정을 반복해야 한다. 생각도 근육처럼 단련된다. 글을 쓰고, 발표하고, 친구들과 토론하라. 그러다 보면 머릿속에 맴돌던 생각들이 말로 나오고 글로 정리되며 진짜 '내 것'이 된다.

9

성장형 마인드셋을
선택하라

앞에서 소개한 학습법을 지키더라도 공부하다 보면 벽에 부딪힐 때가 있다. 아무리 책을 봐도 이해되지 않고 시간만 간다. 그때 동기들이 나보다 앞서가는 것처럼 보이면 더 불안하고 초조해진다. 자신이 바보라는 생각이 들고 자책하게 된다. 이것이 심해지면 공부를 열심히 하는 것이 무의미하다고 여겨 공부를 아예 안 하는 길을 택하기도 한다.

하지만 그것은 오해다. 어디에서 어떻게 하느냐의 차이는 있지만, 배우는 과정에서는 모두 벽에 부딪힌다. 그것도 수없이 반복한다. 즉 벽에 부딪히는 것은 내가 머리가 나빠서가 아니라 배우는 과정에 있기 때문이다. 살아 있는 한 고민이 없을 수 없는 것처럼, 배우는 과정에서 벽에 부딪히지 않을 수는 없다.

노력 정도와 지적 성취는 비례하지 않는다. 노력해도 지적 성취는 지지부진할 수 있다. 하지만 포기하지 않고 도전하면 어느 순간 지적 능력이 놀라울 정도로 향상된다. 포기하지 않으면 그만큼 보상을 받는다.

배우는 과정은 종종 계단 함수step function와 같다. 꾸준히 노력해도 오랫동안 변화가 없어 보이는 '평평한 구간'이 계속된다. 이 시기는 누구에게나 답답하고 불안하다. 하지만 머릿속에서는 보이지 않게 정리가 이루어지고 있다. 그러다가 어느 순간, 마치 계단을 한 칸 올라가듯 갑자기 이해가 트이고, 사고의 깊이와 속도가 한 단계 도약한다. 그 향상 폭은 작지 않다. 이런 식으로 배움은 점진적이라기보다 도약적으로 일어나는 경우가 많다.

하지만 한 번 벽을 넘었다고 해서 끝이 아니다. 또 다른 벽이 기다리고 있다. 이전과 똑같은 방식으로 해보지만, 생각만큼 잘 되지 않는다. 바로 여기서 갈림길이 생긴다.

어떤 사람(A그룹)은 이렇게 생각한다. '여기가 내 한계인가 봐.' 그러면서 자신이 부족하다고 여기고 포기하며 멈춰 선다. 반면 또 다른 사람(B그룹)은 이렇게 생각한다. '이번에는 다른 방법이 필요하겠네. 뭔가 새롭게 배워야 할 때인가 봐.' 이런 사람은 오히려 그 벽 덕분에 새로운 방식으로 문제를 바라보고, 한 단계 성장한다. 같은 벽을 마주하더라도 어떻게 받아들이고 대응하느냐에 따라 완전히 다른 미래가 펼쳐진다.

사실 우리는 인생을 살아가는 내내 이런 벽들을 만난다. 고등학교에서 통하던 공부 방식이 대학에서는 더 이상 통하지 않고, 대학에서 익힌 학습 전략을 사회에 나가면 다시 바꿔야 한다. 한국에서 익힌 일하는 방식이 미국에서는 어색하고, 직장에서 효과적이던 소통법이 가정에서는 오히려 반감을 살 수 있다. 삶의 단계가 바뀌고, 장소가 달라지고, 환경이 변화할 때마다 우리는 새로운 언어를 익히듯, 새로운 '학습 방식'을 익혀야 한다. 따라서 벽을 실패의 신호가 아니라, 다음 단계를 위한 학습 신호로 받아들여야 한다.

고정형 마인드셋 vs 성장형 마인드셋

스탠퍼드대 심리학과 캐럴 드웩 교수의 표현을 빌리면, A그룹은 '고정형 마인드셋fixed mindset'을 갖고 있는 사람이다. 그들은 자기 능력이 '고정'되어 있다고 판단한다. 그래서 벽에 부딪히면 기존 방법을 바꾸기보다 자기 재능과 운명을 탓한다. 그러나 그렇게 믿는 한 상황은 믿음대로 된다. 정말 그 벽을 넘을 수 없다.[11]

B그룹은 '성장형 마인드셋growth mindset'을 갖고 있는 사람이다. B그룹은 능력이란 '변화'할 수 있다고 믿는다. 이미 충분히 노력한 것은 사실이지만, 방법에 문제가 없었는지 검토한다. 그

렇게 믿으면 상황이 믿음대로 되어, 정말 그 벽을 넘을 수 있다.

나도 1학년 1학기 때 처음으로 벽을 마주했다. 매우 철저하게 준비한 교양 과목 시험에서 뜻밖에도 B학점을 받았다. 그때 내 앞에는 두 가지 선택지가 있었다. 하나는 '나는 원래 이 정도 수준의 사람인가 보다'라고 여기며, 더 이상 공부에 큰 기대를 걸지 않는 것이었다. 다른 하나는 '내 능력은 노력과 방법에 따라 달라질 수 있다'라는 믿음을 가지고, 지금까지 해온 방법을 의식적으로 바꾸는 것이었다.

만약 내가 전자를 택했다면, 그날 이후 공부에 대한 의욕을 잃고 도전 자체를 멈추었을지도 모른다. 미국 유학이라는 내 인생의 다음 장도 열리지 않았을 것이다. 다행히 나는 후자를 택했다. 능력은 고정된 것이 아니라, 바뀔 수 있다고 믿었기 때문이다.

먼저 문제의 원인을 찾아보기로 했다. 시험에서 B학점을 준 교수님께 직접 이메일을 보내 상담을 요청했고, 그 과정에서 내가 학습 내용을 이해하고 구조화하는 데 문제가 있었음을 깨달았다. 이후에는 전략적으로 수강 신청을 바꾸었다. 고학년생들과 경쟁해야 하기에, 나처럼 배경지식이 부족한 학생에게 유리한 전략을 짰다. 강의 주제와 관련된 과목들을 한 학기에 묶어 수강하면서 서로 내용을 연결하고 반복 학습할 수 있도록 구성했다. 그 결과, 다음 학기에는 두 과목에서 A학점을 받고, 나머지 과목에서도 모두 A^+ 학점을 받았다.

고정형 마인드셋 vs 성장형 마인드셋

구분	고정형 마인드셋	성장형 마인드셋
능력에 대한 믿음	재능은 타고나며 고정되어 있다고 믿는다.	능력은 노력과 전략으로 변화할 수 있다고 믿는다.
실패에 대한 반응	실패는 능력 부족의 증거라 여기고 좌절한다.	실패는 성장과 학습의 기회라 여긴다.
도전에 대한 태도	도전을 피하고, 실수할까 봐 두려워한다.	도전을 환영하고, 새로운 것을 시도한다.
노력에 대한 관점	노력은 부족함의 증거라고 생각하며 부끄러워한다.	노력은 성장의 필수 조건이라고 믿는다.
피드백 수용	비판을 방어하거나 무시한다.	피드백을 성장의 기회로 받아들인다.
타인의 성공에 대한 태도	질투하거나 위협으로 느낀다.	타인의 성공에서 영감과 동기를 얻는다.
학습 전략	같은 방식을 반복하거나 포기한다.	방법을 바꾸고 전략적으로 접근한다.
결과	잠재력을 충분히 발휘하지 못한다.	더 많은 것을 성취하고 만족감을 얻는다.

'산 넘어 산'을 극복하는 방법

문제를 간신히 해결하고 나면, 또 다른 문제가 기다린다. 대학생 때 나도 그랬다. 학점이 좀 괜찮아지니까 이번에는 영어가 발목을 잡았고, 영어가 좀 풀리나 싶자 발표력이 문제였다. 발표를 조금씩 해보며 자신감이 생기는 듯하자, 글쓰기라는 또 다른 과제가 나를 기다리고 있었다.

사실 대학 생활은 말 그대로 '산 넘어 산'이다. 처음에는 수강 신청하는 것도 버겁지만, 그 뒤에 더 큰 고개들이 계속 나타난다. 입학하자마자 취업 걱정을 시작하면, 눈앞의 과제조차 제대로 해내기 어렵다.

그럴 때는 방법을 바꿔야 한다. 전체 산을 한꺼번에 넘으려 하지 말고 쪼개서 생각하자. 오늘의 걱정은 오늘 분량만으로도 충분하다. '이번 학기 성적 올리기' 같은 큰 목표도 '매주 강의 복습하기', '다음 시험 전까지 요약정리 끝내기'처럼 작게 나누면 훨씬 해볼 만하다. 하루, 일주일, 한 달 단위로 문제를 쪼개면 막막했던 일이 눈앞의 과제로 바뀐다.

계획만 세우다가 하루를 다 보내는 사람들이 있다. 정말 잘될까, 괜히 시간 낭비하는 것 아닐까 고민하다가 결국 아무것도 시작하지 못한다. 공부든, 취업 준비든, 사업이든 마찬가지다. 앞으로 5년, 10년 뒤를 미리 걱정하지 마라. 아직 닥치지 않은 미래에 주눅 들기보다 눈앞의 과제를 하나씩 해결하는 것이 더 중요하다. 울퉁불퉁한 산 전체를 한 번에 넘을 수는 없다. 하지만 작은 언덕부터 넘기 시작하면, 어느새 높은 봉우리를 지나 자신도 모르게 산을 넘어설 것이다.

대학 생활은 RPG와 비슷하다. RPG Role-Playing Game 는 사용자

가 직접 주인공 캐릭터가 되어 모험을 떠나고, 미션을 수행하며 경험치를 쌓아 점점 더 강해지는 게임이다. 레벨이 올라갈수록 더 어려운 적이 등장하지만, 동시에 새로운 기술도 배우고 더 강력한 무기도 손에 넣는다.

처음에는 내 능력치도 모르고, 어떤 무기가 나한테 잘 맞는지도 모른다. 게임 초반에는 버튼 누르는 것도 서툴고, 괜히 적한테 먼저 달려들다가 죽기도 한다. 현실도 비슷하다. 수업, 과제, 인간관계, 진로 선택 모두 처음에는 버벅대고 자주 실패한다.

그렇지만 계속 부딪히고 시도하다 보면 요령이 생긴다. 경험치가 쌓이면 다음 단계에서 무엇을 준비해야 할지도 보인다. 한 단계 올라갈 때마다 좀 더 강해진 자신을 느낀다. 그렇게 계속하다 보면 어느새 마지막 단계에 다다른다.

현실과 게임의 공통점은 이것이다. 적이 없으면 내가 얼마나 강한지 모른다. 적이 있어야 더 강해진다. 레벨 1에서 한 번 죽었다고 게임이 끝나는 것이 아니다. 그건 다시 시도할 기회다.

그러니 겁먹지 마라. 한꺼번에 다 하려 하지 말고 쪼개고, 시도하고, 또 시도하자. 작은 언덕을 넘고, 봉우리를 넘고, 산 하나를 넘으면 그다음 산도 넘을 수 있다. 그것이 바로 실력이 쌓이는 방식이고 레벨업이다.

벽을 넘으면 다리가 된다

누구나 살다 보면 벽을 만난다. 갑자기 방향을 잃고, 더는 나아갈 수 없을 것 같은 기분이 들기도 한다. 잘못 온 것은 아닐까? 여기가 끝이 아닐까? 불안해서 주저앉고 싶은 순간 그 벽 앞에 멈춰 서는 사람이 있는가 하면, 벽을 넘어 다음 길을 여는 사람도 있다.

나이키의 창업자인 필 나이트는 처음에 자신의 브랜드를 믿어 주는 투자자를 한 명도 찾지 못해 좌절했다. 어쩔 수 없이 부모님의 차고에서 운동화를 포장해 팔기 시작했다. 사업은 번번이 위기를 맞았고, 은행 대출이 끊기면 회사도 끝나는 상황이 반복되었다. 하지만 그는 포기하지 않았다. 문제를 하나씩 이겨낸 끝에 결국 나이키는 전 세계인이 신는 브랜드가 되었다.

마이클 조던은 고등학교 농구 팀에서 탈락했다. 그날 밤 혼자 울었지만, 그다음 날 새벽이 되자 체육관으로 향했다. 좌절은 그를 멈추게 하지 않고, 오히려 더 강하게 만들었다. 마이클 조던은 시카고 불스를 여섯 번이나 NBA 챔피언으로 이끌었고, 이 여섯 번의 결승 시리즈에서 모두 MVP를 수상했다.

스티브 잡스는 대학 등록금이 없어 중퇴했고, 친구 집 소파에서 지내며 불확실한 미래에 불안해했다. 하지만 그는 그 시기를 오히려 자유롭게 배우는 기회로 삼았다. 그때 서예 수업에서 얻은 감각은 훗날 애플 제품의 디자인에 녹아들었다. 자신이 창업한 애플에서 쫓겨나는 굴욕도 겪었지만, 잡스는 그 경험을 더 단단한 도전의 발판으로 삼았고, 넥스트와 픽사를 창업했다. 그리고 다시 애플로 돌아와, 자신이 겪은 모든 실패를 자산으로 만들었다. 암 투병 중에도 그는 여전히 배움을 멈추지 않았다. 그가 특별한 이유는 실패해도 멈추지 않고, 삶의 목적을 '성공'이 아니라 '성장'으로 삼았기 때문이다.

이들의 공통점은 천재성도, 배경도 아니다. 넘어야 할 순간에 멈추지 않았다는 것, 즉 벽 앞에서 주저앉지 않았다는 점이다. 그들은 벽에 부딪히는 일을 실패가 아니라 성장의 신호로 받아들였다. 문제는 벽이 아니라 넘을 수 있다는 믿음이었다. 경기를 위해 링 위에 서면, 얻어맞는 것은 당연하다. 도전하는 삶에서 실패는 당연하고, 거쳐야 할 절차다.

지금 당신 앞에 있는 벽이 끝처럼 느껴질지도 모른다. 하지만 그 벽을 넘으면, 그 벽은 다리가 된다. 철학자 니체는 말했다. "나를 죽이지 못한 고통은 나를 더 강하게 만든다." 처음에는 벽이 막다른 길처럼 보이지만, 그 벽을 넘어서면 내 인생의 다음 커리이 단계로 나아가는 다리가 된다. 당신이 넘은 벽은 당신만의 길이 된다. 그리고 누군가 그 위를 따라 걷게 될지도 모른다.

목표를 이루는 마음의 힘, 그릿을 키워라

어린아이 시절을 생각해보자. 걷기, 말하기 등 지금은 너무 당연한 능력들도 저절로 만들어진 것이 아니다. 우리는 두 발로 걷기 위해 기어다니기부터 했고, 두 다리로 서기 위해 무수히 넘어졌다. 옹알이를 거쳐 쉬운 발음, 단순한 단어부터 하나씩 말하게 되었고, 어느 순간 복잡한 문장을 자연스럽게 구사하게 되었다.

어린아이는 걷다가 넘어져도 "걷는 데 재능이 없으니 걷지 말아야겠어"라고 하지 않는다. 단어를 몇 개 혼동했다고 해서 "나는 언어에 재능이 없으니 말하지 말아야겠어"라고 할 리도 없다. 그런데 어른은 '학습 능력' 면에서 볼 때 오히려 아이만 못하다.

우리는 너무 멀리 내다보고 결과에만 집착한다. 흔한 말로 걷기도 전에 뛰려고 한다. 처음 접하는 전공은 어려울 수밖에 없고, 우리말이 아닌 외국어는 이상할 수밖에 없다. 고등학교 때까지 해보지 않던 비판적 사고도 한 번에 되지 않는다. 그런 난제에 당장 답이 보인다는 것은 말도 안 된다.

생각을 바꿔야 한다. 마음먹기에 따라 다른 선택을 할 수 있다. 어린아이처럼 기어다니다가 않고, 일어서기에 성공하면 기뻐할 수 있다. 아직 어설프지만 그래도 사용할 단어의 개수가 늘었다는 것에 행복해할 수 있다. 당장 눈앞에 보이는 결과에 연연하기보다 변화 과정에 초점을 맞춰야 한다. 그러다 보면 스트레스를 덜 받으면서도 더 쉽게 벽을 넘는 요령을 익힐 수 있다. 그리고 벽을 넘는 과정이 힘들기만 하지 않다는 것도 배운다. 즐거움과 재미가 있기에 또다시 벽을 넘으려 도전한다. 그러면 펜실베이니아대 앤절라 더크워스 교수가 말한, 스스로 장기적인 목표를 세우고 포기하지 않고 도전하는 능력, 즉 '그릿grit'이 자라난다.[12]

이 말에 의심이 간다면 당장 운동을 시작해보자. 달리기를 하면 곧 숨이 가쁘지만, 어느 지점을 지나면 편안해진다. 그리고 이런 과정이 반복되면 폐활량과 근력이 강화된다. 무거운 물건을 들 때도 마찬가지다. 처음에는 근육이 팽팽해지면서 아프지만 시간이 지나면 아무렇지 않다. 이런 훈련을 통해 몸이 만들어진다. 우리의 뇌나 마음도 크게 다르지 않다. 처음부터 엄청난 벽을 한 번에 넘을 수는 없지만, 그 벽을 여러 개로 쪼개 하나씩 넘다 보면 어느새 커다랗게 보이던 벽을 넘을 수 있다.

'위기危機'라는 한자에는 위험과 기회라는 의미가 모두 담겨 있다. 공부하다가 벽에 부딪혔을 때나 위기를 만났을 때 어떻게 대처하느냐에 따라, 그 경험은 '위험'이 되기도 하고 '기회'가 되기도 한다. 살다 보면 벽에 부딪히는 것은 당연하다. 벽과 마주쳤을 때 어떻게 반응하느냐가 커다란 차이를 만든다.

제3부

진로 탐색

"
스펙을 쌓지 말고
커리어를 키워라
"

"경험의 양이 아니라 질이 기회를 만든다"

커리어에 정답은 없다. 나에게 맞는 길을 찾고 개척해 스스로 기회를 발견해야 한다. 스펙과 커리어는 다르다. 중요한 것은 얼마나 많은 활동을 하느냐가 아니라, 그 경험을 통해 무엇을 배우고, 얼마나 성장하며, 어떻게 다음 기회로 이어가느냐이다. 경험의 양이 아니라 질이 기회를 만든다.

제3부에서는 스펙이 아닌 진짜 커리어를 설계하는 방법을 '이니셔티브'라는 개념을 통해 살펴본다. 나아가, 다양한 사람을 만나 적절한 조언을 얻는 방법에 대해서도 알아본다.

10

커리어는 개성을
경쟁력으로 만드는 것이다

피상적인 스펙 쌓기를 멈춰라

극심한 취직난으로 학생들의 절박감이 더 커지고 있다. 기계의 성능을 가리키는 '스펙'이라는 말이 사람에게 쓰인 지 오래다. 그 스펙의 종류도 갈수록 많아지고, 기준도 높아지고 있다. 대학이 낭만과 해방의 공간이라는 말은 정말 옛날애기가 되었다.

스펙과 커리어는 같지 않다. 스펙 쌓기에만 몰두하다가 정말 움켜잡아야 할 기회를 놓치는 경우도 많다. 사회에서 커리어를 쌓기 위해서는 두 가지를 분명히 이해해야 한다. 하나는 '나를 이해하는 것'이고, 다른 하나는 '사회를 이해하는 것'이다.

커리어를 쌓는다는 것은 이 둘을 끊임없이 학습하고 연결하는 과정을 뜻한다. 그래서 내 커리어를 잘 찾고 만들어가려면, 내가 정말 좋아하고 잘할 수 있는 일이 무엇인지(공급), 사회가 지금 그리고 앞으로 필요로 하는 것이 무엇인지(수요) 스스로 답을 찾아야 한다.

이 목표를 이루려면, 저학년 때는 전자에 집중해 자신을 알고 받아들이며 문제 해결력을 키워가는 데 초점을 맞추는 것이 좋다. 그러다가 고학년이 되면 이 사회에 대한 냉철한 이해가 필요하다. 그리고 졸업에 앞서 자신의 길을 정하고, 그 길에 집중력을 발휘해야 한다. 아무리 능력이 있다고 할지라도 비슷한 능력을 지닌 사람들이 비슷한 자리를 노리기 때문에 결국 좀 더 집중력 있는 사람이 이긴다.

자기 성찰과 자신이 속한 사회에 대한 이해 없이 쌓은 스펙은 결국 피상적일 수밖에 없다. 그런 상태로 간신히 직장에 들어가더라도, 결국 다른 길을 기웃거리기 십상이다. 내가 무엇을 좋아하는지, 무엇을 잘할 수 있는지, 이 사회 어떤 분야에서 내 적성과 능력을 가장 잘 발휘할 수 있는지 충분히 고민하지 않았기 때문이다.

숙제를 제때 하지 않으면, 결국 더 큰 대가를 치른다. 직장 생활을 하다가 문득 '내가 왜 이 일을 하고 있지?'라는 생각이 들기 시작하면, 그때는 포기할 것도 감수할 것도 많아진다. 그런 마음가짐으로 취업을 준비하면, 기업 인사 팀 눈에 차별성 없는 스펙을 가진 수많은 지원자 중 한 명으로 보이기 쉽다. 직장에 들어간 뒤에는 실무에서 자신만의 경쟁력을 키우지 못한 채 금세 한계를 느낀다.

사회는 계속 변하고, 직장에서 요구하는 기술과 지식도 달라진다. 따라서 학교에서뿐 아니라 일터에서도 계속해서 배워야 한다. 하지만 자기 동기가 분명하지 않으면, 그 배움은 오래가지 못한다. 왜 배우는지, 무엇을 위해 일하는지 스스로 설명할 수 있어야 배움도 일도 분명한 의미를 지닌다.

개성이 커리어가 된다

학교 공부는 책으로도 배울 수 있다. 하지만 나와 타인, 조직, 세상에 대해서는 직접 사회에 나가지 않으면 배울 수 없다. 연애와 결혼에 대해 아무리 많은 책을 읽고 지식을 쌓아도, 실제로 결혼해서 살아보지 않으면 가장으로서의 책임과 부부로서의 애환을 이해할 수 없는 것과 같다. 학생에서 사회인으로, 청소년에서 어른으로 성장하기 위해서는 책뿐 아니라 사람과 삶을 통해서도 배울 줄 아는 능력이 필요하다.

그렇다면 그런 내공은 어떻게 쌓을까? 흔히 말하듯, 일찍부터 다양한 사람을 만나고 경험을 쌓는 것도 방법이지만, 그보다 더 중요한 것은 '나 자신이 되는 것'이다. 자기라는 필터 없이 정보만 많아지면, 잡음에 따라 방황만 심해진다.

나 역시 대학교에 입학해서 처음에는 다른 신입생처럼 행동하고 싶었다. 튀고 싶지 않았고, 동기들과 잘 지내고 싶었다. 학업에도 열중하려 했다. 결국 고등학교 때처럼 살아보려 했다.

우리 삶에도 관성의 법칙이 통한다. 나에게 맞는 전략과 목표를 세워 내 삶을 살기까지 시간이 걸렸다. 그럴 만한 이유도 있었다. 나는 '인기 없는' 청소년이었다. 중고등학교 시절 인기 조건은 단순했다. 운동 잘하고, 잘 놀고, 공부 잘하는 것. 그런데 나는 첫 번째 조건부터 탈락이었다. 중3 때 키는 170센티미터가 넘었지만, 몸무게는 60킬로그램도 되지 않았다. 소위 멸치였다. 책 읽기와 글쓰기를 좋아해 '노잼' 취급을 받기 딱 좋은 성격이었다. 은근히 따돌림을 당한 적도 있었다. 중2 때 담임 선생님께서 어느 날 불쑥 물으셨다. "혹시 친한 친구가 있니?" 그제야 나도 모르게 왕따였다는 것을 깨달았다. 그만큼 눈치도 없었다. 그런 청소년기를 거쳐 대학에 들어왔기에 남의 눈에 띄며 살아간다는 것이 두려웠다.

그러나 시간이 지나면서 대학은 전혀 다른 공간이라는 것을 깨달았다. 대학에서는 어떤 미친 짓을 해도 같이 해줄 사람이 세 명은 있다. 대학에는 전국 각지에서 온, 배경이 다양한 사람이 모여 있다. 따라서 다양성은 숨겨야 할 결함이 아니라 존중받아야 할 특성이다. 학과나 동아리 분위기가 맞지 않으면 새로 만들면 된다. 나도 직접 동아리를 만들어본 적이 있다. 그리고 비영리 단체 설립에 참여한 적도 있다. 고질병 같았던 내 개성이 대학에서는 문제가 되지 않았다. 청소년 시절의 인기 조건 같은 것은 더 이상 유효하지 않았다.

그때야 깨달았다. 중고등학교가 매우 인공적이고 좁은 사회였다는 것을. 내가 겪은 중고등학교는 사회를 흉내 냈지만, 어른들의 방치 속에서 비인격적 경쟁과 폭력이 허용되는 곳이었다. 그러나 대학은 아직 어설프지만 자유와 책임을 고민하고 시도할 수 있는 공간이었다.

중고등학교 때 인간관계가 힘들었으니 대학에서도 그럴 거라고 단정 짓지 말자. 반대로, 예전에 잘했으니 앞으로도 잘할 거라고 장담하지 말자. 나처럼 움츠러들었던 청소년기를 보냈더라도 주저할 필요 없다. 개성은 약점이 아니라 강점이고, 재능이며, 커리어가 될 수 있다.

고등과학원 수학부 석학인 프린스턴대 허준이 교수를 떠올려보자. 그는 중고등학교 시절, 자신이 수학을 잘하지 못한다고 느꼈다. 그는 이런 시절 구구단 외우는 것도 비기워했더면서, "빨리 푸는 사람들 앞에서 자주 주눅이 들었다"라고 고백했다. 그래서 그는 수학 대신 물리학, 철학, 음악 등을 공부하며 돌아가는 길을 걸었다. 하지만 그 느림과 깊은 사유는 독창적인 수학적 접근을 가능하게 했다. 그 결과, 2022년 한국인 최초로 수학계의 노벨상이라고 불리는 필즈상을 수상했다.

누구나 자신이 마음에 들지 않을 때가 있다. 타인의 시선이나 비교 속에서 나를 바꾸고 싶을 때도 있다. 하지만 사실 자신을 완전히 바꾸는 것은 거의 불가능하다. 다시 태어나지 않는 한, 결국 나로 살아야 한다.

따라서 방법은 나를 바꾸는 것이 아니라, 나에게 맞는 방향으로 환경을 바꾸는 것이다. 나를 어떤 기준에 끼워 넣기보다, 내가 숨 쉬고 살아갈 공간을 스스로 찾고 만드는 것이 훨씬 낫다. 그것이 더 현실적이다.

누구는 치열한 지적 토론이 이루어지는 강의실에서, 누구는 화려한 음악과 조명이 펼쳐지는 무대 위에서, 또 누구는 다른 사람을 이끌고 관리하는 것에서, 혹은 조용한 곳에 혼자 앉아 글을 쓰거나 코딩하는 것에서 자기만의 길을 찾는다.

어디든 괜찮다. 내가 있어야 할 곳에서 나의 속도로, 나만의 방향으로 걸어가는 것이 바로 커리어다. '커리어career'라는 말의 어원은 라틴어 carraria, 즉 '마차가 달리는 길'이다. 남들이 만들어 놓은 트랙을 빨리 통과하는 것이 아니라, 나라는 마차가 가장 잘 달릴 수 있는 길을 스스로 찾고 개척하는 것이 진짜 커리어다. 그런 커리어를 꾸준히 쌓아간 사람이 한 분야에서 인정받고 신뢰받는 전문가가 된다.

커리어는 집중과 몰입 경험이 중요하다

당장은 아무런 재능이 없는 것처럼 느껴질 수 있다. 그것은 당신이 오랫동안 개성을 억누르고, 남과 비교해왔기 때문이다. 누구처럼 얼굴 천재도 아니고, 국가대표 선수 같은 운동신경이 없더라도, 분명 남들보다 더 잘할 수 있는 무엇인가가 있다. 누구에게나 잠재력은 존재한다. 못하는 일을 억지로 하면서 스트레스받기보다 내가 좋아하고 잘할 수 있는 일에 에너지를 집중하는 편이 훨씬 현명하다.

그러려면 먼저 내가 특별하다고, 나에게도 재능이 있다고 믿어야 한다. 물론 믿는다고 당장 바뀌는 것은 없다. 시도하는 과정에서 실수도 하고 실패도 할 것이다. 하지만 그 모든 것이 진짜 나를 찾아가는 과정이다. 믿기만 해서는 부족하다. 행동하지 않는 믿음은 죽은 믿음이다.

내 재능을 발견하는 것은 다음 두 가지 질문에 대한 대답을 찾는 것이다. "내가 가장 좋아하는 것은 무엇인가?", "내가 가장 잘할 수 있는 것은 무엇인가?" 좋아하지 않으면 꾸준히 노력하기 어렵고, 잘하지 않으면 계속 좋아하기 어렵다. 이 질문에 대한 답은 책상 앞에서 명상한다고 떠오르지 않는다. 직접 몸으로 부딪치며 경험해야 한다. 대학 시절 단 한 번이라도 뭔가에 미쳐본 사람과 그렇지 않은 사람은 집중력과 몰입도에서 큰 차이를 보인다.

몰입 기회는 생각보다 다양한 방식으로 찾아온다. 그중 하나가 교환학생 프로그램이다. 나는 어학연수는 가성비가 떨어져 권하지 않으나, 교환학생은 기회가 생긴다면 꼭 가보라고 권한다. 단순히 어학 실력 향상뿐 아니라, 자기 전공을 넘어 갇힌 시각을 넓힐 수 있는 기회이기 때문이다. 인생에서 가장 순수하고 열정적인 시기에 내가 태어난 나라를 떠나 낯선 사회를 경험하고 자기 자신에게 몰두할 기회는 흔치 않다.

물론 경제적 이유로 교환학생 프로그램을 꿈조차 꾸지 못하거나, 막상 기회가 생겨도 비용 부담 때문에 포기하는 학생이 많은 것도 사실이다. 교환학생의 매우 큰 장점 중 하나는 자기 학교 등록금만 내면 해외 대학에서 수업을 들을 수 있다는 점이다. 미국처럼 등록금이 매우 비싼 학교에 가더라도, 추가 등록금을 낼 필요가 없다. 물론 현지에서의 생활비는 여전히 큰 부담이 될 수 있다.

다행히 요즘은 학교와 정부를 비롯해 미래에셋박현주재단, 아셈듀오장학재단 같은 민간 재단 등에서 교환학생 장학금이나 체재비 보조금을 제공하고 있다.[13] 그런데 이런 정보를 아는 사람이 많지 않은 것 같다. 학교 홈페이지의 공지 사항만 보지 말고, 한국장학재단KOSAF, 학교 국제처 해외 교류 담당자, 이미 교환학생을 다녀온 선배들에게 직접 물어보고 적극적으로 찾아보는 태도가 필요하다.

교환학생 기회를 얻어 생경한 환경에 있다 보면 자신에 대해,

특히 '내가 무엇을 좋아하고 왜 좋아하는지' 깊이 생각하게 된다. 나 역시 홍콩과 대만에서 교환학생으로 지내며 스스로 돌아볼 시간을 가졌다.

나아가, 그때 함께 교환학생으로 갔던 친구들, 그리고 현지에서 만난 다양한 국적의 사람들은 오랜 시간이 지난 뒤에도 가까운 인연으로 남아 있다. 예를 들어, 싱가포르 국립대 정치학과 가오 지에 교수는 내가 홍콩에 있을 때 들었던 수업의 대학원 조교였다. 어쩌다 보니 이 조교와 친해져, 개인적으로 저녁 식사를 함께하면서 서로의 성장 배경과 당시 사회적 문제에 대해 나눈 대화가 지금도 머릿속에 선명하게 떠오른다. 학계 동료가 된 가오 교수와는 여전히 연락하고 지내며, 국제 학회에서도 종종 만난다. 역시 홍콩에서 친하게 지낸 리우 칭만이라는 싱가포르 친구는 내가 학부생 때 대만에 있다가 싱가포르에 놀러 갔을 때 따로 만나기도 했고, 미국에서 박사과정을 마치고 싱가포르 국립대에서 특강할 때 내 강의를 들으러 오기도 했다.

물론 꼭 교환학생으로 가야 이런 몰입 경험을 할 수 있는 것은 아니다. 교환학생은 몰입 경험을 하기 위한 하나의 수단일 뿐이다. 대학 시절에 단 한 번이라도 자신에게 제대로 몰입하는 경험을 갖자는 것이다. 대학 시절 자신에게 그런 선물을 주면 인생을 살아가는 데 커다란 쟈양분이 될 것이다.

한 번 미치면 계속 미치고, 더 잘 미치게 된다. 그리고 무엇인가에 미쳐본 사람은 일평생 자기만의 세계를 갖고 '내 인생'을 살아갈 수 있다.

앨리스 워터스는 미국뿐 아니라 음식과 문화에 관심 있는 전세계 사람들에게 널리 알려진 레스토랑 '셰 파니스Chez Panisse'를 열고, 미국에서 '지역 재료, 제철 요리farm-to-table'라는 요리 철학이 유행하는 데 큰 역할을 했다. 셰 파니스는 캘리포니아 북부의 샌프란시스코에서 다리를 건너면 바로 있는 대학 도시, 버클리에 있다.

지금은 '캘리포니아 퀴진'이라는 말 자체가 미국의 중요한 음식 문화로 자리 잡았다. 그러나 시작은 소박했다. 앨리스 워터스는 UC 버클리 학부 시절, 프랑스에서 1년간 교환학생으로 지냈다. 그곳에서 마주한 일상은 전혀 새로운 세계였다. 빵 하나, 과일 하나에도 정성을 들이는 삶. 음식을 통해 사람과 자연, 계절이 연결된다는 감각. 워터스는 귀국 후에도 프랑스에서의 몰입 경험을 잊지 못했다. 그리고 자신이 경험한 '좋은 음식을 만드는 철학'을 바탕으로 셰 파니스를 열었다. 그저 친구들과 함께 소박한 유럽식 식탁을 나누고 싶다는 바람에서였다. 하지만 그 경험은 곧 한 도시의 식문화는 물론 한 세대의 식생활을 바꾼 커리어로 이어졌다. 시작은 거창하지 않았지만, 한 번 제대로 몰입했던 그 시절의 경험이 그녀만의 세계관과 커리어를 만드는 밑거름이 되었다.

교환학생이 고려해야 할 것

교환학생이 누릴 수 있는 가장 큰 혜택은 '집중'과 '몰입'이다. 한국에 있으면 아르바이트, 대외 활동, 취업 준비, 인간관계 등 수많은 일에 치이기 쉽다. 하지만 교환학생으로 가면 상대적으로 시간을 자유롭게 사용할 수 있고, 오롯이 '나'에게 집중할 환경이 주어진다. 이 귀중한 시기를 흘려보내지 말고, 공부든 관계든 취미든 여행이든 하나에 깊이 빠져보자. 어느 나라, 어느 학교로 가든 교환학생 경험은 평생 잊지 못할 자산이 될 것이다.

나는 한국에서 태어나고 자라 대학을 다니던, 이른바 토종 한국인이었다. 두 차례 교환학생으로 해외에서 상당한 시간을 보내고 경험을 쌓지 않았다면, 나중에 미국으로 박사 유학을 가겠다는 생각을 하지 못했을 것이다. 나에게 교환학생은 새로운 환경에서 공부하고, 다른 국가의 학생들과 토론하고, 교분을 쌓으며, 이전에 생각조차 해보지 않았던 가능성이 열리는 경험이었다. 시야가 넓어지고, 인생의 궤도를 바꾼 결정적 전환점이었다.

물론 그렇게 몰입하려면 주변 한국 학생들의 분위기에 휩쓸리지 않는 것도 중요하다. 자신에게 집중하는 능력과 그 상태를 유지하는 힘이 필요하다. 하지만 생각보다 쉽지 않다. 혼자서 해외 생활을 하다 보면 외로움, 문화 차이, 언어 장벽 같은 것들이 한꺼번에 몰려올 수 있기 때문이다.

따라서 한국 학생들과 기본적인 도움은 주고받되, '현지인'이나 '다른 나라에서 온 친구들'에게 관계의 우선순위를 두자. 한국 친구들은 한국에 돌아와도 충분히 사귈 수 있다. 교환학생 때는 새로운 세상과의 접점을 최대한 넓히는 데 에너지를 쓰자.

또 한 가지 잊지 말아야 할 것은 '학점'이다. 요즘은 미국 대학원을 비롯해 해외 대학 중에서 교환학생 당시 성적표를 별도로 요구하는 경우가 많다. 당장은 유학 생각이 없더라도, 나중에 기회가 생겼을 때 교환 학기 성적이 좋지 않으면 발목을 잡을 수도 있다. 물론 교환학생은 학점을 잘 따려고 가는 것이 아니지만, 공부를 완전히 놓아버리는 것도 좋지 않다. 여행만 하다가 돌아오는 것도 문제지만, 반대로 공부만 하다가 돌아오는 것도 아쉽다. 문화 체험과 공부의 균형이 중요하다.

교환학생 기간을 효과적으로 보내려면 몸과 마음의 균형도 중요하다. 몸이 아프면 아무것도 할 수 없다. 교환학생 기간은 상대적으로 여유가 있으니, 운동 루틴도 하나쯤 만들어 꾸준히 건강을 챙기도록 하자.

서울대 정치외교학부 김영민 교수는 고등교육재단의 해외 장학생 후보자들에게 이런 조언을 해주었다. 10년도 전에 들었던 팁이지만, 나는 지금도 기억하며 여전히 실천하고 있다.

"유학 생활을 할 때는 체중계를 꼭 챙기세요. 다이어트할 때처럼 매일 몸무게를 체크하세요. 체중이 급격히 늘거나 줄면 건강에 이상이 생긴 신호일 수 있으니 주의해야 합니다."

간단하지만 실천하기 좋은 이 팁은, 해외 생활의 리듬을 지키는 데 큰 도움이 되었다.

제대로 미치면 통한다

시간과 열정으로 인해 대학생 때는 누구나 한 번쯤 뭔가에 미친다. 그것이 술이나 연애일 수도 있고, 게임일 수도 있다. 그런데 어차피 한 번쯤 미칠 거라면, 특정 관심 분야에 깊이 들어가는 것이 훨씬 나은 선택이다. 물론 술자리나 연애도 삶의 중요한 경험이지만, 그런 것은 대학생이 아니어도 언제든 할 수 있다.

대학 시절에는 시간과 에너지를 온전히 자신에게 집중할 수 있다. 사회에 나가기 전, 책임이 비교적 가볍고 실패가 용인되며 생각만으로도 삶을 바꿀 수 있는 마지막 시기다. 그때 한 번쯤 자기만의 무언가에 미쳐보는 경험이 중요하다. 배낭여행을 가도 좋고 사업을 해도 좋다. 오케스트라에 가입해도 좋고 마라톤에 도전해도 좋다. 그러한 몰입 경험이 평생의 자산이 될 뿐 아니라 도전하는 태도를 형성하기 때문이다.

대학에서 언어학을 전공하고 사업을 하다가 구글 코리아를 거쳐 구글 재팬에서 일하는 친구가 있다. 그는 대학 시절 가장 잘한 경험으로 미쳐봤던 것을 꼽는다. 녹특한 경험에서 우러나온 자기만의 관점이 자신이 사회에 나갔을 때 큰 자산이 되었기 때문이다. 그 역시 그런 결론에 도달하기까지 긴 방황의 시간을 거쳤다. 병역을 마치고 복학한 뒤에는 앞으로 무엇을 해야 할지 고민하다가 그야말로 '멘(탈)붕(괴)'에 빠지기도 했다. 답을 찾으려고 할수록 더 보이지 않고 불안과 초조감만 심해졌다. 그러다가 어느 순간 고민해봤자 소용없다는 것을 깨닫고, 배우면서 즐기는 기쁨에 집중하기 시작했다. 공부에 빠지자 별 관련 없어 보이는 지식이 서로 연결되고, 세상이 돌아가는 데는 공통 원리가 있다는 것을 가늠할 수 있었다. 그때 경험이 이제 실무에서도 써먹을 수 있는 무기가 되었다.

대학 때 영화와 일본에 미쳤던 선배는 그 경험을 바탕으로 국가장학금을 받고 일본에서 대학원을 마쳤다. 이후 그는 한국에서 컨설팅과 대기업 등을 거치며 커리어를 쌓았다. 현재는 네이버 프랑스 법인장으로 있다. 그 역시 하나의 관심사에서 자기만의 역량을 구축했다. 이런 사례는 사실 의외로 흔하다. 덕질이 경쟁력이 된 것이다.

학과 공부 때문에 학기 중에는 어렵다면, 방학과 휴학을 노려보라. 나도 1, 2학년 방학 기간에는 영어와 독서 외에 매번 무엇인가에 몰두해서 시간을 보냈다. 굳이 거창한 일을 할 것도 없다. 아무 생각 없이 독서에 빠져보는 것도 좋고 여행을 가도 괜찮다. 친구들과 밴드를 만들어 공연하는 것도 멋진 일이다. 나중에 다른 길을 가더라도, 그때의 경험은 두고두고 피와 살이 된다.

대학 시절, 나는 연극 극본을 쓰고 문학평론을 하며 문학도처럼 산 적이 있다. 한때 문학에 완전히 심취하기도 했고, 그 길을 진지하게 고민한 적도 있다. 결국 지금은 사회과학자이자 데이터과학자가 되었고 문학도의 야심을 접었지만, 글 쓰는 것을 좋아했던 그 시절의 경험은 내게 큰 자산이 되었다. 그 시간이 없었다면, 바쁜 시간을 쪼개 이런 책을 쓸 수 없었을 것이다. 몰입경험은 나를 버리지 않는다. 형태가 달라질 뿐, 나에게 돌아온다.

또 다른 좋은 예로 커피 맛에 진심인 것으로 유명한 '블루보틀Blue Bottle'의 창업자 제임스 프리먼을 들 수 있다. 그는 원래 요리사도 사업가도 아닌 프리랜서 클라리넷 연주자였다. 음악을 전공한 그는 수입도 불안정했고, 경영이나 마케팅에 대한 전문 지식도 없었다. 하지만 커피에 미친 사람이었다. 연주 여행을 갈 때마다 직접 볶은 원두를 챙기고, 작은 프렌치프레스와 필터, 정밀 저울까지 들고 다니며 비행기 탑승 전에도 꼭 자신이 직접 내린 커피를 마셨다. 그에게 커피는 단순한 취미가 아니라 삶의 리듬이자 감각 그리고 태도였다.

프리먼은 사업 경험은커녕 요식업에 종사한 적도 없었지만, 자신이 좋아하는 것에 대한 몰입과 경험만으로 미국 캘리포니아주 오클랜드에 작은 커피 전문점 '블루보틀'을 열었다. 이후 입소문이 나면서 이 가게는 날로 성장했다. 캘리포니아를 넘어 뉴욕과 일본, 한국 등지에 진출하며 전 세계 커피 문화를 바꾼 대표 브랜드가 되었다. 프리먼은 "사람들이 마시는 모든 한 잔이 완벽하다고 느낄 수 있도록 만들고 싶었다"라고 말한다. 그의 커리어는 철저히 몰입의 산물이었고, 무엇인가에 미쳐본 사람만이 만들 수 있는 세계였다.

　미국과 전 세계에서 유럽식 원두커피를 대중화시킨 스타벅스도 비슷한 이야기를 갖고 있다. 창업자 하워드 슐츠는 처음부터 '커피맨'이 아니라, 가정용품 회사의 외판원이었다. 그러다가 원두커피의 깊은 맛을 경험한 뒤, 커피의 세계에 완전히 매료되었다. 결국 그는 창업에 나섰고, 스타벅스는 전 세계에서 가장 상징적인 커피 브랜드가 되었다. 제대로 미쳐본 사람은 결국 그 세계에 통달하게 된다. 그 분야에 대해 자신감이 생기고, 남들이 보지 못하는 것을 보기 시작한다.

　일본 애니메이션 감독 미야자키 하야오에게서도 비슷한 예를 볼 수 있다. 그는 어릴 적부터 비행기와 하늘을 사랑했다. 아버지가 전투기 부품 공장에서 일한 것도 영향을 주었지만, 그는 무엇보다 하늘을 나는 상상 자체에 몰입하는 아이였다. 그런 관심은 단순한 어릴 적 취미에 머물지 않았다. 「붉은 돼지」, 「천공의 성 라퓨타」, 「하울의 움직이는 성」 등 초기 대표작 상당수는 비행기와 하늘을 주요한 상상력의 원천으로 삼고 있다. 하늘을 나는 장면은 그에게 단순한 연출이 아니라, 평생 간직해온 감정과 철학의 핵심이자 세계관의 출발점이었다. 제대로 미쳐본 사람은 결국 자신만의 세계를 만든다는 말이 이보다 더 잘 들어맞을 수는 없을 것이다.

방학을 잘 활용하는 방법

방학은 생각보다 짧다. 그래서 이것저것 하기보다, 방학마다 하나의 목표에 집중해서 '하나씩 성취하는' 전략이 더 현명하다. 하나씩만 해도 4년이면 여덟 가지다. 방학을 이렇게 알차게 보내면, 졸업할 때쯤 자신도 놀랄 만큼 성장해 있을 것이다.

1학년 여름방학에는 독서와 여행에 집중하는 것도 좋은 출발이다. 고등학교 내내 교실에 갇혀 지냈고, 1학기 역시 수업과 과제에 쫓겨 제대로 쉬지 못했을 것이다. 방학에는 마음껏 낯선 공간을 탐험하고 낯선 책을 만나보자. 고전 열 권을 정해서 읽는다든가, 지역 서점이나 도서관을 순례하는 계획도 좋다. 소도시로 떠나 2~3일 혼자 지내보는 것도 추천할 만하다.

또 여유가 있다면 운동 하나를 정해 꾸준히 해보자. 달리기, 필라테스, 복싱, 수영, 헬스 등 어떤 것이든 좋다. 체력을 챙기면 고학년이 되었을 때 진짜 도움이 된다. 운동을 시작하면 자연스럽게 영양과 수면, 생활 루틴에도 관심이 생기기 마련이다. 공부도 체력이 받쳐줘야 지속할 수 있다.

2학년 겨울방학에는 어학 집중 학습을 고려해볼 만하나. 제2외국어에 도전해도 좋다. 예를 들어, 여름에는 토익이나 토플 점수를 집중적으로 올리고, 겨울에는 온라인 언어 교환 프로그램을 시도해볼 수도 있다. 단기간 집중 투자로 성과를 내기에 좋은 시기다.

3학년 방학부터는 현장 경험에 집중하는 것이 좋다. 기업 인턴십, NGO 활동, 연구 조교, 스타트업 체험 등 어떤 형태든 실제로 '일을 해보는' 경험이 필요하다. 처음에는 어설프고 낯설 수 있지만, 그 일을 통해 내가 어떤 환경에 잘 적응하는지, 어떤 분야에 흥미를 느끼는지 더 잘 알 수 있다.

물론 모두가 이런 이상적인 방학 계획을 실천할 여건이 되는 것은 아니다. 방학 동안 아르바이트 두세 개를 병행하며 다음 학기 등록금이나 생활비를 마련해야 하는 학생도 적지 않다. 나 역시 지방에서 서울로 올라와 대학에 다녔고, 가정 형편이 어려웠던 만큼 이런 상황에 깊이 공감한다. 그렇다고 해서 방학을 전혀 누릴 수 없는 것은 아니다. 시간과 돈의 제약이 있더라도, 적은 비용으로 시도할 만한 활동은 충분히 있다. 예를 들어, 도서관을 활용한 독서는 돈이 거의 들지 않으면서도 꾸준히 내공을 쌓을 수 있다.

나는 신입생 때 군대 가듯 머리를 짧게 자르고 아침저녁으로 도서관에 출퇴근하는 생활을 했다. 서울에서 혼자 살았기에, 방학 중에도 도서관과 집을 오가며 지냈다. 물론 엄청난 양의 책을 읽은 것은 아니다. 일주일에 한 권을 붙잡고 있을 때도 있고, 읽는 분야도 시기에 따라 달랐다. 주로 과학과 문학에 관한 책을 읽었기에, 지금 생각하면 당장 실용적으로 도움이 되는 책은 많지 않았다.

그러나 중요한 것은 양이 아니라 방향이었다. 책을 읽고 과거와 현재의 지성들과 대화하는 시간을 꾸준히 쌓는 동안 생각하는 힘이 자라기 시작했다. 공부하는 습관도 조금씩 몸에 배었다. 어떤 주제든 집중해서 글을 읽고, 의미를 해석하고, 흐름을 종합할 수 있는 능력이 생겼다. 그런 경험은 단순히 강의 성적을 높이는 데 그치지 않았다. 누구와 어떤 주제로 이야기하든 주의를 기울이면 충분히 대화할 수 있다는 자신감으로 이어졌다. 작은 실천이 쌓이면, 결국 자신도 예상하지 못했던 힘이 만들어진다.

같은 맥락에서 유튜브에 공개된 연구소 세미나, 교수들의 공개 특강, 대학 좌담회 영상도 방학 중에 지적 자극을 꾸준히 이어가는 데 큰 도움이 되었다. 이런 콘텐츠는 집에서 혼자 보더라도 내공을 키우는, 충분히 의미 있는 배움이 된다.

운동도 마찬가지다. 점차 능력을 키우는 과정이라는 점에서 (몸으로 하는) 운동은 (머리로 하는) 공부와 닮았다. 꼭 헬스장에 등록하지 않아도 된다. 집 근처 공원에서 가볍게 달리거나, 맨몸 근력 운동을 정기적으로 해보자. 운동 효과를 보려면 비싼 시설보다 '꾸준히 하는 습관'이 훨씬 더 중요하다.

조금 더 적극적으로 접근한다면, 집과 동네 밖으로 나가보자. 일단 학교에서 강의실 밖의 배움과 도전 기회를 찾아보는 것도 좋다. 예를 들어, 학교의 학과 혹은 연구소에서 주최하는 초청 강연이나 세미나에 참여해보자. 강연이 끝난 뒤 연사에게 직접 질문하거나, 인상 깊었던 내용을 간단한 감사 인사와 함께 이메일로 팔로업하는 것만으로도 연결의 첫걸음이 될 수 있다. 그렇게 한두 번 인사를 나눈 사람과 나중에 다시 인연이 닿는 경우가 생각보다 많다.

또한 학교 선배나 조교, 교수님에게 인턴십이나 조교 활동, 연구 프로젝트 참여 기회에 대해 '가볍게' 물어보는 것도 적극적인 전략이다. 경력개발센터, 사회봉사센터, 연구소 홈페이지, 학과 공지사항 게시판 등을 주기적으로 확인하는 습관만으로도 생각보다 많은 기회를 발견할 수 있다.

이렇게 가까운 곳에서부터 손을 뻗는 연습이 쌓이면, 방학은 단순히 '쉬는 시간'이 아니라 다음 학기를 위한 '출발선'이 될 수 있다.

결국 중요한 것은 내게 주어진 '자원'이 아니라 내가 만드는 '태도'다. 여유 있는 사람이 기회를 더 잘 누리는 것이 아니라, 어떤 상황에서도 스스로 '작은 실천'을 이어갈 수 있는 사람이 결국 더 많이 배운다. 기회는 크기보다 밀도에서 만들어진다.

방학을 능동적으로 설계하는 차원에서, 미국 대학생들의 방학 활용 방식은 참고할 만하다. 미국 대학생들은 여름방학을 단순한 휴식이 아닌, 커리어 방향을 설정하고 실험하는 시기로 여긴다. 대부분 2학년 여름부터 본격적으로 인턴십을 준비하고, 3학년 여름에는 취업이나 대학원 진학과 직결되는 중요한 경험을 쌓는다. 그리고 4학년 1학기 초부터 이력서와 자기소개서를 준비하고, 교수나 선배에게 조언을 구하며, 비공식 네트워킹을 통해 기회를 만든다. 이 과정에서 경력도 쌓고, 자기 자신에 대해서도 알아간다.

이런 전략은 국내 대학생도 충분히 적용할 수 있다. 기업이나 기관의 공식 인턴십만 노리는 방식에서 벗어나, 관심 있는 분야의 교수님이나 연구소, 비영리 기관 등에 직접 연락해 비공식 기회를 만드는 것도 좋은 선택지다. 특히 전공과 관련된 분야일 경우, 소속 대학이나 학과에서 운영하는 학부연구생 제도를 활용하거나, 연구 프로젝트에 조교로 참여하는 기회를 찾아본다. 이때는 인턴십에 대한 단순한 정보 수집 능력이 아니라 태도와 마음가짐의 전환이 필요하다. '자리가 있으면 지원한다'는 수동적인 접근에서 벗어나, '자리가 없으면 내가 만든다'는 태도로 임한다.

관심 있는 주제와 분야에 맞는 능력이나 경험이 조금이라도 있다면, 그 내용을 간단히 정리해 1~2장 분량의 제안서나 포트폴리오로 만들어본다. 그러고 나서 그 제안에 관심을 가질 만한 교수, 연구자, 실무자에게 직접 연락한다.

연락처를 찾는 것은 어렵지 않다. 대부분의 대학, 연구실, 기관 홈페이지에는 담당자나 교수의 이메일이 공개되어 있다. 문제는 그 이메일을 받는 사람이 수많은 메일을 받는다는 사실이다.

그런 상황에서 내가 보낸 메일 한 통이 눈에 띄어 열어보게 만들고 읽는 이의 마음에 닿으려면, '배우고 싶습니다'라는 표현만으로는 부족하다. '당신의 일이 중요하다고 생각하며, 그 일에 제가 이렇게 기여할 수 있습니다'라는 메시지가 담겨야 한다.

그래서 메일을 쓰기 전에 스스로 물어봐야 한다. 이 기관은 지금 어떤 목표를 갖고 있을까? 어떤 도움이 필요한 상황일까? 나는 그 틈새에서 어떤 가치를 제공할 수 있을까? 이런 질문에 대한 답을 찾아내고, 그것을 설득력 있게 정리해서 제안서에 담아야 기회를 얻을 수 있다.

많은 경우, 기회는 누가 열어주기보다 누가 먼저 움직이느냐에 따라 결정된다. 더 나아가, 상대 입장에서 얼마나 진심으로 고민했느냐에 따라 기회의 질이 달라진다. 정해진 자리를 기다리는 사람이 아니라, 자리를 만드는 사람이 더 많은 기회를 얻는다. 그리고 스스로 만든 기회는 더 깊이 배우고 오래 남는 경험이 된다. 없는 길을 개척한 사람은 같은 일을 또 해낼 수 있다.

4학년 여름방학은 상대적으로 여유가 적다. 취업 준비나 대학원 진학 등 뚜렷한 현실적 목표가 있기 때문이다. 이 시기에는 자기소개서, 포트폴리오, 면접 준비, 대학원 논문 샘플 작성 등을 중심으로, 지금까지 해온 활동들을 정리하고 연결하는 시간을 갖는 것이 좋다. 이때 인턴 경험이나 프로젝트 기록이 구체적으로 남아 있다면 큰 도움이 된다. 이 시점에는 각 활동을 단절된 목록이 아니라 하나의 이야기로 연결할 수 있는지 스스로 점검해보자.

결국 방학의 성패는 주어진 시간의 길이가 아니라, 구체적인 목표 설정과 실천의 밀도에 의해 결정된다. 모든 것을 다 하려 애쓰기보다, 방학마다 '하나의 문장으로 요약할 수 있는' 경험을 쌓아가는 것이 핵심이다. 그런 경험이 쌓이고 연결되면, 대학 4년의 의미가 달라질 것이다.

11

—

다양한 사람을 만나면
다양한 기회가 온다

—

타인은 나를 비추는 거울

남과 비교하지 말라는 것은 남과 똑같이 살 필요가 없다는 의미이지, 다른 사람으로부터 배우지 말라는 뜻이 아니다. 사회학, 정치학 등에 많은 업적을 남긴 사회과학자 시모어 마틴 립셋은, "한 나라밖에 모르는 사람은 어떤 나라도 알지 못하는 것과 같다A person who knows only one country knows no countries"라고 말했다. 이 논리를 빌려 말하자면, 나밖에 알지 못하는 사람은 사실 그 어떤 사람도 알지 못한다. 타인은 나를 비추는 거울이다. 다른 사람들과의 관계 속에서 자신이 누군지 더 뚜렷이 알게 된다.

어릴 적에 나는 에르되시 팔 같은 수학자나 리처드 파인먼 같은 과학자의 삶을 동경했다. 그러나 이공계를 택하지 않았다. 대전의 연구단지 근처에서 유년 시절을 보내며, 타고난 수학적·과학적 재능을 지닌 사람들의 특징을 가까이서 관찰할 수 있었기 때문이다.

한때 친구들을 따라 고시에 도전하고 싶은 마음이 들기도 했다. 하지만 결국 깊이 발을 들이지는 않았다. 정해진 시간 안에 주어진 답을 완벽하게 외우고 써낼 수 있는 놀라운 재능을 가진 이들을 보면서, 내 길이 아님을 자연스레 알게 되었다.

흥미만으로 특정 커리어에 많은 투자를 하는 것은 섣부른 일이다. 취미로는 훌륭할 수 있으나 평생의 업으로 삼으려면 다른 질문이 필요하다. "이 분야를 정말 하고 싶은 이유가 내 안에 있는가?" 그리고 "이 분야에서 내가 남보다 잘할 가능성이 있는가?" 나는 그렇게 스스로 질문을 던지며, 커리어의 항로를 조금씩 수정해왔다.

인간관계가 좁으면 사는 세계도 좁다

타인을 거울삼아 커리어를 향상하려면, 비교할 수 있는 집단이 다양하고 풍부해야 한다. 바둑에 활로活路라는 개념이 있다. 바둑돌이 숨 쉴 수 있는 공간, 즉 돌을 놓을 수 있는 생존의 길을 말한다. 이 활로가 좁아지면, 승세가 기울어 결국 돌이 잡히고 만다. 커리어도 마찬가지다. 스스로 선택할 수 있는 길, 다시 말해 활로가 넓을수록 다양한 기회를 탐색할 수 있다. 반대로 내가 택할 수 있는 길이 좁아져 결국 하나의 길이 되면, 그것은 사실상 선택이 아니다.

커리어에서 이 활로를 넓히는 좋은 방법 중 하나는 경험의 폭, 특히 가까운 사람의 폭을 넓히는 것이다. 사람이 곧 활로다. 주변에 다양한 사람이 있으면 자연스럽게 생각의 틀도 넓어지고, 선택할 수 있는 방향도 다양해진다. 커리어의 폭은 인맥의 폭에서 비롯된다.

그런 점에서, 대학 4년을 똑같은 환경에서 보내지 않는 것이 좋다. 대학 생활 동안 나는 교환학생 경험을 두 번 했다. 둘 모두 처음 가보는 나라에서 낯선 사람들과 부대끼며 살았다. 그전까지 나는 '한국인으로서의 나'에 대해 깊이 생각해본 적이 없었다. 한국 사람으로서 어떻게 살아야 할지, 이 사회에 어떻게 기여해야 할지 고민하지 않았다. 그런데 다른 나라에 가서 살아보니, 오히려 나 자신과 내가 속한 공동체에 대해 새로운 자각이 생겼다. 낯선 환경에서 나를 되돌아보며 사회적 정체성을 인식한 것이다.

이후에도 비슷한 일이 있었다. 인문사회 계열 전공자로서 테크 산업에 발을 들이며, 엔지니어들을 비롯해 다양한 업계에서 일하는 사람들을 만났다. 그제야 이공 계열과 인문사회 계열 사이의 사고방식, 일하는 방식의 차이를 체감할 수 있었다. 그런 경험이 없었다면, 인문사회 계열 전공자로서 정체성도 선명하지 않았을 것이고, 이공 계열 사람들과 어떻게 협력하며 사회적 가치를 만들어갈지 진지하게 고민하지 못했을 것이다.

또한 박사 유학을 가기 전 한국의 스타트업에서, 그리고 박사 과정을 끝마친 뒤 미국의 시빅 테크 단체에서 실무를 직접 경험하지 않았다면, 학계와 현장의 차이를 체감하기 어려웠을 것이다. 어느 쪽이 나에게 더 잘 맞는지, 어떤 방식으로 사회에 기여할지 막연한 상태에 머물렀을지도 모른다. 결국 나 자신을 마주하게 해준 것은 언제나 다른 세계에서의 경험이었다.

4년 동안 대학을 다니면서 항상 같은 사람만 만나면 발전 기회가 좁을 수밖에 없다. 비슷한 고민을 하는 사람끼리 어울리다 보면, 함께 길을 찾기보다 같이 헤맬 가능성이 높다.

학년이 올라가면서 처음 맺은 인간관계가 점차 해체되는 것에 불안해하는 사람이 많다. 하지만 인간관계의 변화는 지극히 자연스러운 일이며, 지나치게 아쉬워할 필요도 없다. 입학 초기에는 대부분 고등학생의 습관이 남아 있다. 고등학교저럼 학과 내 학생회가 인위적으로 편성한 '반'을 중심으로 익숙한 방식의 관계를 다시 만들려는 경향이 있다. 하지만 대학은 고등학교보다 훨씬 다양한 관심사와 배경을 지닌 사람들이 모인 곳이다. 그런 다양한 학생이 같은 틀 안에 오래, 자발적으로 머무를 가능성은 낮다. 취업 준비나 개인 사정으로 조용히 자신의 길을 가는 사람도 있고, 동아리나 종교단체 등 새로운 공동체에서 더 잘 맞는 사람을 찾는 경우도 있다. 이 모든 변화는 성장의 일부이며, 당연한 흐름이다.

졸업한 선배들에게 물어보면 쉽게 알 수 있다. 졸업 후에도 과 동기 중 열 명 이상과 꾸준히 연락을 주고받는 사람은 거의 없다. 입학 초기에 함께 수업을 듣고 모임에 다니며 '평생 친구'라 느꼈던 관계들도, 시간이 지나면 자연스럽게 멀어진다.

초중고 시절에는 같은 반, 같은 학교에서 오랜 시간 함께 보내는 친구가 많다. 어떤 친구들은 10년 넘게 붙어 다니기도 한다. 하지만 대학 이후의 삶은 전혀 다르다. 인생은 점점 '항상 같이 다니는 사람'보다 '잠시 함께 걷는 사람'이 많아지는 방향으로 흘러간다. 대학에서도, 사회에 나가서도 수많은 사람과 만나고 헤어진다. 따라서 어차피 오래가지 않을 관계를 억지로 유지하려 애쓸 필요는 없다. 또한 모든 사람과 친해지려고 노력할 이유도 없다.

오히려 나와 잘 맞는 사람을 찾아, 짧더라도 진정성 있는 관계를 맺는 것이 더 중요하다. 깊이 있는 대화가 가능한 사람, 서로를 존중하고 신뢰할 수 있는 사람과의 연결을 하나둘 만들어가는 것이 훨씬 더 가치 있다. 그 정도면 충분하다. 그리고 그 몇 사람과 앞으로 인생에서 더 멀리, 더 오래 함께할 가능성이 크다.

관계의 다양성을 추구하라

인간관계에도 기회비용이 있고, 사람을 사귀는 데도 물리적 한계가 있다. 졸업할 즈음 모든 관계가 무너지는 것도 이상적이지 않지만, 그렇다고 그대로 유지되는 것도 바람직하지 않다. 영국의 인류학자 로빈 던바가 연구한 바에 따르면, 한 사람이 제대로 신경 쓸 수 있는 사람의 숫자는 150명 정도다.[14] 카카오톡 친구가 700명 이상이고, 페이스북 친구가 1천 명을 넘는다고 해도 그들과 모두 연락하고 지내는 것은 아니다. 그중 일부하고만 소식을 나눈다.

어느 순간을 넘어서면 사람을 사귀는 데 기회비용이 발생한다. 친한 친구 150명을 다 나와 비슷한 사람으로 채우면, 다른 세계에 있는 정보와 기회를 나에게 전달해줄 사람이 줄어든다. 사회학자 마크 그라노버터가 말한, 다른 세상과 나를 이어줄 약한 연결 고리weak tie를 놓치는 것이다. 대학에서 학습 포트폴리오를 짤 때 지나치게 한쪽 분야 수업만 듣는 것도 좋지 않다. 지적 호기심을 키울 기회를 제한하기 때문이다. 비슷한 맥락에서, 성향이 비슷한 사람들하고만 어울리면, 복잡한 현실 세계를 다양하게 바라보지 못하게 된다.

아는 사람이 여러 분야에서 공부하거나 일할수록 나에게 주어지는 기회가 더 많아지는 것은 분명한 사실이다. 그렇다고 의식적으로 친한 친구 150명을 다양성의 원칙에 따라 연락처에 채워

넣을 필요는 없다. 미국에서 인종적·문화적 다양성이 가장 왕성한 캘리포니아주에 전 세계 첨단산업의 중심인 실리콘밸리와 대중문화의 중심인 할리우드가 있는 것은 우연이 아니다. 전 세계에서 몰려든 각양각색의 사람들이 기발한 아이디어를 꽃피우고, 새로운 기술과 산업을 일궈내기 때문이다. 다양성은 기회를 만들어낸다.

개인의 삶도 예외가 아니다. 친구들이 모두 나와 같은 분야에 관심을 갖고 비슷한 생각만 나눈다면, 시간이 지날수록 내가 바라보는 세계는 점점 좁아질 수밖에 없다. 이것은 내 경험에서도 확인된 사실이다.

나는 한국에서 대학을 졸업한 지 10년이 넘었다. 친구 중에는 스타트업 창업자도 있고, 벤처 투자자, 공무원, 언론인도 있다. 한국뿐 아니라 미국, 유럽 등 다양한 지역에서 각 분야 전문가로 활동하는 이들도 있다. 이런 다양한 인연이 내 삶에 존재하는 이유는, 내가 의식적으로 사람을 넓게 사귀고 더 넓은 세계에 마음을 열었기 때문이다.

전공과 학교의 울타리를 벗어나라

1, 2학년 교양 과목 수업을 들을 때 다른 학과 학생에게도 관심을 표현하고 친하게 지내는 것이 좋다. 사람들은 습관적으로

비슷한 자리에 앉기 때문에 자주 얼굴을 마주치다 보면 자연스럽게 인사를 나누게 된다. 그러다가 같이 밥이라도 먹으면 금방 친해진다.

그렇게 전공이 다른 사람을 만날 기회가 생기면 적극적으로 배우는 자세를 갖도록 하자. 전공이 다르고 상대방이 배우는 내용을 전혀 알 수 없더라도, 사고하는 방법은 비슷하다. 귀를 기울이다 보면 재미를 느끼게 되고 배우는 것이 많아진다.

학교 밖 모임 등에서 현업에 종사하는 사람들을 만날 때도 마찬가지다. 그들은 대학생들에게 관심이 많다. 대학 시절에 대한 아쉬움이 남아 있기 때문이다. 그들은 기회가 되면 무엇이든 알려주고 싶어 한다. 또한 묻기만 하면 현재 하는 일이라든지 회사 내부 상황, 업계 동향에 대해서도 기꺼이 알려주려 한다. 이런 사람들을 '나와 동떨어진 세계의 사람'이라고 여기면 학교에서 배울 수 없는 지식을 놓친다. 반대로, 조금만 더 적극적으로 상대방에게 예의를 갖춰 관심을 표현하면 훨씬 큰 세계가 열린다.

작은 적극성이 사회에 나가면 큰 차이를 만들어낸다. 같은 역사학과 혹은 경영학과 학생끼리 진로에 대해 고민하면 답이 나오지 않는다. 다들 비슷한 스펙에 같은 고민을 하는데, 어디에서 답을 찾을 수 있겠는가? 오히려 배경이 다르고 목표가 다른 사람에게서 더 많은 것을 배우고, 생각하지 못한 진로를 발견할 수도 있다.

대학이라는 넓은 공간이 제공하는 중요한 혜택 중 하나는 이처럼 다양한 사람을 만날 기회다. 많은 사람을 만나고, 그들의 관심을 받고, 그들과 관계를 맺을 수 있다는 점에서 대학생은 특권층에 속한다. 따라서 인간관계를 자기 학교나 학과에 국한시키는 것은 특권을 스스로 포기하는 것과 같고, 당첨된 복권을 휴지통에 버리는 것과 다를 바 없다.

사람이 기회를 만든다. 그러나 그 기회는 가만히 있으면 오지 않는다. 1학년 때 같은 학교, 같은 학과 동기들을 중심으로 인위적으로 만들었던 친구 관계는 2학년이 되면 자연스럽게 재편된다. 그 관계를 억지로 재생할 필요는 없다. 먼저 다가서면 더 많은 사람이 그곳에 있다. 억지로 애쓰지 않아도 내가 상대방을 존중하고 배려하는 마음만 있으면 관계가 자연스럽게 확장된다. 좋은 사람을 다른 사람에게 소개해주고 싶은 것은 인지상정이다.

다른 학문 계열 친구를 사귀어라

인문사회 계열 학생이라면, 학교에 다닐 때 이공계 친구를 사귀는 것이 좋다. 대학 내에서도 이공계 학생은 전체의 절반가량 되지만, 졸업 후 기술 혁신이 이끄는 사회에 나가면 이들이 '주류'가 된다.

한국의 주요 산업을 떠올려보자. 반도체, 자동차 같은 수출품 대부분이 이공계의 손끝에서 만들어진다. 직접 생산 부서에서 일하지 않더라도, 산업의 흐름을 이해하려면 이공계적인 지식과 사고방식을 어느 정도 익혀야 한다.

이것은 한국에만 국한되지 않는다. 전 세계 경제를 이끄는 실리콘밸리도 기술 중심으로 돌아간다. 이제 대부분의 산업이 기술 위주 산업이다. 따라서 인문사회 전공자가 기술과 과학을 외면하면, 세상의 절반이 아니라 그 이상을 이해하지 못하는 셈이다.

민간뿐 아니라 공공 영역도 예외가 아니다. 내가 데이터과학자로 일했던 코드 포 아메리카에서는 미국 정부와 협력해 복지 서비스를 더 쉽게 만드는 기술을 개발했다. 직원이 200명 정도 되었는데, 내가 속한 프로덕트 팀의 절반 이상이 엔지니어였다. 정책을 바꾸는 일도 이제 기술 없이는 불가능한 시대다.

반대로, 이공 계열 학생들도 인문사회 계열 친구들과 교류하며 배울 필요가 있다. 기술은 그 자체로 목적이 아니라, 사람과 사회를 위한 수단이다. 기술이 어떻게 사용될지, 누구에게 이익이 될지, 어떤 규범과 윤리 아래 작동해야 할지 이해하려면 인문사회적 감각이 필요하다.

그런 문제에 관심이 없다고 하더라도, 내가 가진 기술을 상품과 서비스로 잘 팔고 싶다면 결국 사람을 이해해야 한다. 그 사람의 필요와 불편을 알아야 한다. 내 기술의 가치를 알아보고 돈을 지급하는 것은 투자자든 고객이든 상사든 거래처든, 결국 사람이기 때문이다.

학부 전공은 단지 출발점일 뿐이다. 전공이 꼭 미래의 커리어는 아니다. 심지어 5~7년 걸려 박사 학위를 받은 사람도 마찬가지다. 정치학 박사 학위를 받았다고 꼭 정치학 교수를 하는 것은 아니다. 진로는 언제든 바뀔 수 있고, 전공의 경계를 넘나드는 일은 생각보다 흔하다. 이공계에서 출발해 인문사회 분야로 관심이 확장되는 경우도 많고, 그 반대의 길을 걷는 이들도 있다.

예를 들어, UC 데이비스에서 커뮤니케이션학을 가르치는 김수중 교수는 서울대에서 전자전기공학과 컴퓨터공학을 복수 전공한 뒤, 동 대학원에서 사회학 석사과정을 마치고, 펜실베이니아대에서 커뮤니케이션 박사 학위를 받았다. 내 대학원 동기인 레이철 번하드 교수도 마찬가지다. 옥스퍼드대에서 정치학을 가르치는 그녀는 다트머스대에서 천문학을 전공하다가 이후 정치학과 고전학으로 방향을 바꿨고, 지금은 미국 정치와 정치심리학을 연구하는 정치학자로 활동한다.

반대의 경우도 있다. 내가 UC 버클리에서 정치학 박사과정을 밟을 때 함께 공부했던 친구 중 한 명은 박사 학위 취득 후, 엔비디아가 지금처럼 유명해지기 전부터 엔비디아의 엔지니어로 일했다. 그는 이후 인공지능 분야로 진로를 완전히 전환해 지금은 인공지능 엔지니어로 활약한다. 또 다른 지인은 스탠퍼드대에서 정치학 박사 학위를 받았지만, 졸업 후 학계가 아닌 테크 산업으로 방향을 틀었다. 그는 메타, 레딧, 핀터레스트를 거쳐, 현재 오픈AI에서 데이터과학자로 일한다.

내 삶의 다음 장이 어떻게 펼쳐질지 알기는 정말 어렵다. 나 역시 그랬다. 박사 학위 이후 어쩌다 보니 한국과 미국의 학계는 물론, 미국의 데이터과학 산업까지 경험하게 되었다. 당연히 이런 커리어 경로를 미리 계획한 적은 없었다.

예측 불가능한 시대에 한 가지 분명한 사실은 불확실한 세상에서 현명하게 살아가려면 세상을 넓게 바라보아야 한다는 점이다. 위기를 기회로, 방황을 커리어로 바꾸고 싶다면 먼저 '전공'과 '학과'라는 좁은 울타리부터 벗어나자. 그 너머에 더 다양한 사람, 더 많은 기회가 기다리고 있다. 낯선 사람들을 만나고, 다른 생각과 관점을 접할수록 오히려 내가 누구인지, 어디로 가야 할지 더 분명히 알 수 있다. 아직 모르는 기회를 마주할 수도 있고, 그 기회를 어떻게 붙잡아야 할지 배울 수도 있다.

12

다른 사람에게
조언을 구하는 방법

출퇴근 시간의 신도림역은 한마디로 아수라장이다. 좁은 공간에 사람들이 밀어닥치면 인력에 의해 공중 부양하는 경험을 하기도 한다.

대학 생활도 이와 비슷하다. 입학과 동시에 갑자기 주변 사람들이 늘어나고 그들의 조언도 폭풍처럼 증가한다. 이때 중심을 잘 잡지 못하면 방향이 엇나간다. 열심히 살면 살수록, 오히려 못 살게 되는 모순적인 상황도 발생한다. 나중에 그 엇나간 궤도를 수정하려면 처음 길을 제대로 잡을 때보다 훨씬 더 많이 고생해야 한다. 이 장에서는 다른 사람의 조언을 잘 골라 듣는 법에 대해 설명하려고 한다.

비슷한 고민을 가진 사람의 조언은 피하라

누구의 말을 어떻게 들어야 할까? 먼저 1, 2년 선배는 크게 도움이 되지 않는다. 수강 신청, 학교생활 등에 관한 기초적인 정보를 얻는 데는 도움이 될지 모르지만, 그 이상은 어렵다. 그들도 모르기는 마찬가지다. 비슷한 또래와 고민해봤자 달라지는 것이 별로 없다. 친구들의 조언이 위로나 힘이 될 수는 있지만, 어느 길로 어떻게 가야 할지 방향을 잡는 데는 큰 도움이 되지 않는다.

사람들은 복제품을 만들려는 성향이 있다. 유학생 친구 곁에 있으면 유학을, 고시생 친구 옆에 있으면 고시를 준비하고 싶어진다. 그 길이 자기가 정말 원하고 잘할 수 있는 분야라면 괜찮지만, 그렇지 않다면 허송세월하는 것이다. 세상에 할 만한 일은 많지만, 그것이 다 내 일은 아니다.

현장에서 일하는 선배의 조언을 들어라

조언을 듣기에 적절한 상대는 해당 분야에 경험이 있고, 나에 대해 냉철하게 말해줄 수 있는 사람이다. 예를 들어, 대학 생활 전반에 대해 조언을 구하고자 한다면, 대학을 졸업한 지 조금 지난 사람이 가장 적절하다. 한 과정을 끝내고 나면 이전 과정이 좀 더 뚜렷하게 보이고, 잘한 일과 못한 일이 구별되기 때문이다. 그리고 내가 가고자 하는 분야에서 2~3년 일한 사람은 진로에 대해 가장 현실적이고 직접적인 조언을 해줄 선배다. 물론 인생 전반에 대해서는 좀 더 연차가 높고 연륜이 있는 선배의 경험을 귀담아듣는 것이 좋다. 중학생은 자기가 세상을 제일 잘 아는 것처럼 행동하지만, 그것은 오히려 무엇을 모르기 때문이다. 우리는 살수록 경험을 무시할 수 없다는 것을 깨닫는다. 물론 선배의 말이 다 맞는 것도 아니고, 나에게 그대로 적용되는 것도 아니다. 하지만 간접 경험을 통해서도 많은 것을 배울 수 있다.

편한 상대에게 쉬운 조언만 구하고자 한다면, 제대로 된 조언을 듣기 어렵다. 3, 4학년 선배도 까마득해 보이니, 졸업한 선배는 마치 살아 있는 화석처럼 느껴진다. 그보다 한 걸음 더 나아가, 현장에서 잔뼈가 굵은 중견급 선배는 만나기도 쉽지 않지만 대하기도 어렵다. 그러나 이런 사람들에게 한두 마디라도 적절한 조언을 듣는다면, 진로를 설계하는 데 큰 도움이 된다.

또한 멘토를 한 명만 두는 것보다 여러 명 두고, 그들에게 다양한 문제에 대해 조언을 듣는 것이 중요하다. 멘토를 일종의 비공식 자문단 혹은 나 자신이라는 '스타트업의 이사회'라고 생각하자. 다양한 배경과 경험을 가진 사람들로부터 조언을 들으면 진로를 더 넓고 깊게 설계할 수 있다. 예를 들어, 어떤 멘토는 연구의 방향성에 대해 날카로운 통찰을 줄 수 있고, 또 다른 멘토는 산업계에서 커리어를 어떻게 설계해야 할지 실무적인 조언을 해줄 수 있다. 또는 삶의 균형, 번아웃 방지, 인간관계와 관련된 조언을 해줄 멘토도 필요하다. 멘토마다 강점과 역할이 다르다. 이처럼 복수의 멘토를 두면 하나의 조언이나 시각에 갇히지 않고, 유연하고 균형 잡힌 판단을 내리는 데 도움이 된다.

어떤 관계에서든 의존성은 위험하다. 멘토 관계에서도 마찬가지다. 배우자처럼 깊은 관계를 제외하면, 대부분의 인간관계는 분산된 구조가 바람직하다. 한 명의 멘토에게만 의지하거나 지나치게 기대면, 자칫 그 멘토의 시각에 갇혀 다양한 관점과 가능성을 놓칠 수 있다. 여러 명의 멘토와 함께 자신의 방향을 탐색하면 더 많은 조언을 넘어, 자기 성장에 필요한 관점의 다양성을 확보하게 된다. 내가 놓치고 있는 것, 미처 생각하지 못한 경로, 예상치 못한 가능성이 종종 전혀 다른 분야에 있는 사람의 한마디에서 시작되기도 한다.

도움을 구하는 것도 능력이다

도움을 줄 수 있는 사람에게 조언을 구하는 것도 하나의 능력이다. 조력자 입장에서 보면, '누군가에게 도움을 주었다'는 사실 자체가 이미 일종의 심리적 투자다. 한 번 도움을 준 사람은 자연스럽게 그 상대에게 관심과 호의를 갖는다. 심리학에서는 이를 '프랭클린 효과Franklin Effect'라고 부른다. 이는 미국 건국의 아버지 중 한 명인 벤저민 프랭클린이 정적政敵에게 도움을 요청해 오히려 우호적인 관계로 발전시켰다는 일화에서 유래한 개념이다. 사람은 누군가에게 작은 도움을 줄 때 오히려 그 사람을 더 긍정적으로 본다.

따라서 연장자나 선배, 교수님과 관계를 맺고 싶다면, 작고 구체적인 조언을 구하자. 그리고 그 조언을 실제로 어떻게 받아들였고, 어떻게 적용했는지 짧게라도 피드백을 공유하자. 그 한 번의 상호작용이 관계의 발단, 상호 신뢰의 계기가 된다. 이런 과정은 당면한 문제를 해결하는 데서 그치지 않는다. 사람을 얻고 관계를 다지는 데도 매우 강력한 방법이다.

그렇다면 구체적으로 도움을 구할 때는 무엇을 신경 써야 할까? 의외로 많은 대학생이 간과하는 중요한 에티켓이 있다. 현대는 디지털 사회여서 대부분의 만남이 이메일을 통해 이루어진다. 하지만 실무 경험이 부족한 대학생은 이메일을 작성할 때 요령이 별로 없다. 그러나 이메일 에티켓은 결코 사소하지 않다.

작은 정성과 세심함은 상대방에게 감동을 주지만, 무성의하고 무신경한 태도는 상대방에게 짜증을 유발한다. 너무 긴 이메일은 회신을 받지 못할 확률이 높다. 상대방이 답변할 이유가 없다면, 답변하지 않을 가능성이 크다. 따라서 이메일을 보낼 때는 요점만 간결하게 정리하고, 상대방이 답변할 이유를 명확히 전달하는 것이 중요하다.

최고급 호텔과 레스토랑이 비싼 값을 받는 이유는 서비스가 다르기 때문이다. 고객을 만족시키는 것을 넘어, 기대 이상의 배려를 제공하는 것이 핵심이다. 상대방의 관점에서 상황을 보고 배려하는 사람은 그 이상으로 돌려받는다. 이와 같은 배려는 정보를 얻고자 할 때도 중요하다. 예를 들어, 내가 가고자 하는 대학원이나 회사에 대한 정보를 알고 싶다면, 그곳 재학생이나 재직자에게 직접 연락하거나 아는 사람을 통해 소개받을 방법을 찾는다.

이렇게 자신이 원하는 정보를 얻기 위해 특정 사람과 대화하는 것을 미국에서는 '인포메이션 인터뷰informational interview'라고 부른다. 이 인터뷰는 단순히 구직을 위한 면접이 아니라, 자신이 관심 있는 분야나 직업에 대해 실질적인 조언을 구하고, 현장의 생생한 맥락을 이해하는 자리다. 인포메이션 인터뷰는 정보를 수집하는 과정일 뿐만 아니라, 네트워크를 확장하고 예상치 못한 기회를 만나는 통로가 되기도 한다.

나 역시 이런 인포메이션 인터뷰를 여러 번 해왔고, 반대로 다른 사람에게 이런 기회를 제공한 적도 많다. 실제로 이러한 인터뷰가 커리어로 연결된 경험도 적지 않다. 나는 UC 버클리를 졸업하기 1년 전부터 존스홉킨스대의 SNF 아고라 연구소에서 박사 전 연구원으로 일했다. 이후 KDI 국제정책대학원 교수로 부임하기 전까지 이곳에서 박사후연구원으로 근무하기도 했다. 내가 미국의 시빅 테크 단체인 코드 포 아메리카에서 일하다 학계로 돌아올 때 징검다리 역할을 해주었던 이곳에 거의 5년 가까이 몸담았다.

놀라운 것은, 내가 이곳에 단 한 번도 정식으로 지원한 적이 없다는 점이다. UC 버클리를 졸업하기 전, SNF 아고라 연구소의 초대 디렉터인 존스홉킨스대 정치학과 한하리 교수와 이메일을 주고받았다. 이때 우연한 계기로 인포메이션 인터뷰를 보았는데, 한하리 교수가 내 전문성과 기술을 기억하고 있다가, 내가 적임인 프로젝트에 담당 연구원으로 초청했다. 신규 채용이 아닌 경력직 채용에서는 이렇게 인포메이션 인터뷰를 통해 채용이 이루어지는 경우가 의외로 많다.

이런 작은 기회를 놓치지 않고 상대방의 호감을 얻어 실제적인 도움으로 이어지게 하려면, 이메일 한 통을 보낼 때도 한 번 더 생각하는 태도가 중요하다. 작은 배려가 큰 인상을 남기고, 그 인상이 결국 커리어에 중요한 영향을 줄 수 있다.

사람이 다른 사람을 기억할 때 가장 오래 남는 것은, 그 사람의 구체적인 이력이나 말보다 '나에게 어떤 느낌을 줬는가?' 하는 감정의 흔적이다. 이메일 한 줄의 표현에서 드러나는 배려, 존중, 진심이 바로 그런 인상을 만든다. 그 인상은 기억에 오래 남고, 어떤 경우에는 그 인상 하나만으로 기회가 열리기도 한다.

인포메이션 인터뷰 질문법

인포메이션 인터뷰는 단순한 정보 수집이 아니다. 상대방의 시간과 경험에 대해 존중을 표현하는 자리이기도 하다. 따라서 인터뷰 전에 상대방이 쓴 글, 발표한 자료, 과거 이력 등을 간단히 찾아보고, 그 내용을 바탕으로 질문을 준비한다. 아래 예를 참고하자.

1. 대화를 여는 질문: 사전 정보를 바탕으로 관심을 표현하기

"○○에서 일하시는 걸 보니, 이전에도 비슷한 분야를 꾸준히 걸어오신 것 같더라고요. 혹시 이 분야에 처음 관심을 가진 특별한 계기가 있었나요?"

2. 직무와 조직에 관한 질문: 경험과 조직 문화 중심으로

"이 조직에서 일하며 가장 보람을 느꼈던 순간이 언제였는지 궁금합니다."

"혹시 이 일을 처음 시작할 때 예상치 못한 어려움이 있었는지 궁금합니다."

3. 커리어 경로와 성장에 관한 질문: 여정 중심, 결정과 전환에 집중

"○○○ 님 커리어를 보면 다양한 분야를 경험하신 것 같아요. 그 과정에서 진로를 어떻게 설계하셨는지 궁금합니다."

"지금 하고 계신 일을 선택하신 결정적 계기나 전환점이 있었나요?"

"이 분야에서 오랫동안 일하려면 어떤 능력이나 태도가 특히 중요하다고 생각하시나요?"

결국 의사소통 방식이 관계를 좌우하고, 그 관계가 쌓여 기회의 폭이 결정된다. 그러니 사소해 보이는 이메일 한 통, 메시지 한 줄도 가볍게 생각하지 말자. 성실한 의사소통은 당신의 전문성과 인격을 동시에 보여주는 첫 번째 기회다.

사회에서 만나는 세 부류의 사람

사람을 많이 만나는 것이 무조건 좋은 것은 아니다. 사람과의 인연을 크게 세 가지 유형으로 나눌 수 있다. 잠깐 스쳐 지나갈 사람, 만나면 해가 되는 사람, 만남 자체가 축복인 사람이다.

먼저, 스쳐 지나가는 인연은 말 그대로 잠깐 지나갈 사람이다. 굳이 붙잡지 않아도 되고, 잡지 못했다고 아쉬워할 필요도 없다. 이런 사람은 그저 그 순간에 최선을 다하고 자연스럽게 흘려보내면 된다.

만나면 해가 되는 사람도 있다. 겉보기에는 성공한 것처럼 보이지만, 실제로는 실력 없이 아랫사람이나 인맥에 기대어 자리를 지키는 경우가 많다. 이런 사람은 자신의 이익을 위해 다른 사람을 거리낌 없이 이용하고, 특히 순진하고 성실한 사람을 '쉬운 먹잇감'으로 여긴다. 이런 유형과는 가능한 한 거리를 두는 것이 좋다. 살다 보면 이런 사람을 완전히 피할 수는 없다. 하지만 가까이하지 않는 것만으로도 많은 문제를 예방할 수 있다. 학교에서나 직장에서나 상사에 대한 잡담은 이처럼 '얽히면 손해 보는 사람'에 대한 정보가 많은 부분을 차지한다. 피해야 할 사람을 일찍 파악하고, 굳이 얽히지 않는 것이 하나의 생존 전략이다.

마지막으로, 만남 자체가 축복인 사람도 있다. 이런 사람은 일과 인간관계의 기준이 분명하고, 내가 힘들 때 기꺼이 손을 내민다. 나 역시 그의 성공을 진심으로 응원할 수 있다면, 오랜 시간 곁에 둘 만한 소중한 인연이 된다. 이런 사람과 친구가 되고 동지로 함께 걸어갈 수 있다면, 그것만으로도 인생에서 큰 축복이다.

한국에서 대학 다닐 때도, 미국으로 유학을 떠날 때도, 이후 커리어를 쌓아가는 과정에서도 이 세 종류의 사람은 늘 있었다. 첫 번째 부류의 사람은 몇 명이든 내 인생에 큰 영향을 주지 않는다. 문제는 이런 사람들과 어울리는 데 너무 많은 시간과 에너지를 쓰다 보면, 정작 소중한 인연을 만날 기회를 놓칠 수 있다는 점이다. 결국 보이지 않는 기회비용이 생긴다. 두 번째 부류의 사람은 시간이 지날수록 내 삶에 부담이 된다. 알면 알수록 피곤해지고 나도 모르게 손해를 본다. 반대로, 세 번째 부류의 사람은 가까이할수록 삶에 보이지 않는 자산이 된다.

나는 책을 사랑하지만, 결국 책도 사람의 생각을 담은 것에 불과하다는 사실을 알고 있다. 인생의 태도와 방향, 기회를 만들어가는 데 책보다 더 깊은 영향을 미치는 것은 결국 사람이다.

나 역시 그랬다. 특히 아직 커리어가 싹트기 전인 대학생 시절에는 더 그랬다. 말수가 적어도 행동에 책임질 줄 아는 선배를 보며 리더십을 배웠고, 해외에서 태어나고 자랐지만 한국 사회에 깊은 애정을 품고 있던 선배를 통해 공동체 의식을 느낄 수 있었다. 성격은 깐깐하지만 학문에 대한 태도를 바로잡아준 선생님에게서는 직업인의 정직함과 엄격함을 배웠다. 아무것도 가진 것 없는 나에게 아낌없이 칭찬과 격려, 용기를 준 멘토에게서는 인격적 훌륭함이 무엇인지 깨달았다.

그 후에도 좋은 사람을 많이 만났다. 박사과정 내내 지도교수님들께 많은 것을 배웠고, 여러 동료와 선후배에게도 큰 도움을 받았다. 돌이켜보면, 이런 사람들이 내 삶과 커리어에 결정적 시드머니를 투자해주었던 것이다.

늘 변함없는 삶의 태도와 인격으로 힘이 되어준 사람들은, 때로는 수십 권의 책보다 표정 하나, 말 한마디로 내 인생에 더 깊은 흔적을 남겼다. 그들은 내가 무너질 때 다시 일어설 수 있도록, 급하게 달릴 때 잠시 멈춰 서서 중요한 가치를 점검할 수 있도록 도와주었다.

요즘은 소셜 미디어의 팔로워 숫자가 많은 것이 마치 인간관계의 성공처럼 여겨진다. 팔로워가 몇 명인지, '좋아요'가 몇 개 달렸는지가 사람의 가치를 말해주는 것처럼 착각하기 쉽다. 하지만 그것은 '그저 숫자'일 뿐이다. 대부분 스쳐 지나가는 인연일 뿐, 실제 삶에 깊은 영향을 주는 관계는 아니다. 결국 중요한 것은 아는 사람의 '수'가 아니라 '질'이다. 수천 명이 나를 안다고 해도, 힘들 때 진심으로 곁에 있어줄 사람이 없다면 공허하다. 많은 사람을 아는 것보다 나에게 꼭 필요한 사람과 신뢰를 쌓고 깊은 관계를 맺는 것이 훨씬 더 중요하고 값지다.

스스로 결정하라

누구에게 조언을 구하는가도 중요하지만, 그보다 더 중요한 것은 결국 자신의 결정이다. 아무리 훌륭한 멘토도 내 인생을 대신 살아줄 수는 없다. 어떤 선택이 기회이고 어떤 상황이 위기인지, 내 강점과 약점은 무엇인지 깊이 고민하고 스스로 판단해야 한다.

내가 어떤 사람이 되고 싶은지, 어떤 커리어가 나에게 '좋은' 길인지 정답은 없다. 누군가 그 길을 찾는 데 도움을 줄 수는 있지만, 정답까지 말해주기를 기대하는 것은 위험하고 어리석다. 답을 가장 잘 아는 사람은 결국 자신이다. 물론 지금까지의 삶이 온전히 내 책임만은 아닐 수 있다. 부모나 자란 환경은 대학 입학까지의 삶에 큰 영향을 줄 수 있다. 아침부터 저녁까지 모든 선택이 다른 누군가에 의해 정해지는 경우도 많기 때문이다.

그러나 대학생이 되면 선택의 폭이 넓어진 만큼, 그 선택에 따르는 책임도 함께 커진다. 삶을 어떻게 설계하고 살아갈 것인가

하는 문제는 더 이상 부모나 환경 탓으로 돌릴 수 없다. 선택의 권한이 커질수록, 그 무게도 함께 커진다. 그렇기에 스스로 선택하고 책임지는 연습이야말로 대학 시절에 꼭 익혀야 할 중요한 훈련이다.

그래서 남에게 조언을 구하기에 앞서 '나로 사는 것'이 중요하다고 말하는 것이다. 자기 자신에 대해 정리되어 있지 않으면, 아무리 좋은 조언을 들어도 오히려 더 혼란스러울 수 있다. 조언을 해주는 사람 역시 각자의 한계와 관점을 가진 존재다. 결국 그들이 해주는 말은 '상대적인 의견'일 뿐이다. 이를 '절대적인 진실'로 받아들이면 마음이 쉽게 흔들릴 수밖에 없다.

자신에 대한 이해가 부족하면, 자기 자신을 존중하는 자존감과 나만 옳다고 믿는 자존심이 쉽게 뒤섞인다. 자신을 인정하지 못하는 사람은 타인의 조언도 방어적으로 받아들이기 쉽고, 결국 자신을 지키기 위해 조언을 거부하면서 자존심만 앞세운다. 반면 자신에 대한 믿음이 굳건한 사람은 진심 어린 조언을 기꺼이 받아들이는 여유가 있다. 조언을 조언답게 들으려면, 자기 성찰이 먼저 이루어져야 한다.

성찰이 없는 상태에서는 아무리 좋은 말을 들어도 마음의 자양분이 되지 못한다. 좋은 말을 들어도 그 의미를 자기 삶의 뿌리까지 끌어올 힘이 부족하기 때문이다. 대학생이 되었는데도 어떤 결정을 내릴 때마다 엄마에게 묻고, 일이 잘못되면 늘 부모

탓부터 한다면, 아직 삶의 주도권을 쥐지 못한 것이다.

삶의 기준점이 분명하지 않으면, 아무리 많은 조언을 듣고 열심히 살아도 방향을 잃기 쉽다. 중요한 것은 속도가 아니라 방향이다. 조금 늦더라도 내 안의 기준이 단단히 서고, 그 위에 삶을 하나씩 쌓아간다면, 언젠가 확신을 갖고 앞으로 나아갈 수 있다. 반면 기준도 없이 남의 말에 휘둘리고 방향도 없이 앞만 보고 달리면, 그 노력이 오히려 잘못된 삶을 향해 가는 가속 페달이 될 수 있다. 열심히 사는 것보다 더 중요한 것은 올바른 방향을 향해 살아가는 것이다. 그 방향은 남이 아니라 반드시 내가 정해야 한다.

비즈니스 이메일 쓰는 법

1. **읽는 사람이 왜 답해야 하는지 먼저 생각하자**: 나로서는 도움을 요청하는 일이 절박하고 간절할 수 있다. 하지만 받는 사람 입장에서 생각해보자. 바쁜 일정을 쪼개 굳이 나에게 시간을 할애할 이유가 있을까? 이 질문에 먼저 답해보자. 의외로 이유는 단순할 수 있다. 이메일을 쓴 사람이 정말 나에게 관심이 있고 나를 존중하는 태도를 보이면, 그 자체로 호감이 생긴다. 특히 이메일 제목subject line을 쓸 때는 이 이메일이 어떤 내용이고 왜 답변해야 하는지 한눈에 이해할 수 있도록 명확하고 구체적으로 적어야 한다. 제목에서 목적과 요청을 분명히 해야 바쁜 사람의 관심을 끌 수 있다.

2. **짧게 쓰자**: 대학생이 쓴 이메일은 내용이 장황한 경우가 많다. 마우스로 화면을 스크롤 다운해야 한다. 고민이 많은 것은 이해하지만, 바쁜 사람에게 긴 글을 다 읽게 하는 것은 좋지 않다. 핵심만 간단히 쓰자. 이메일 분량과 회신율은 반비례한다.

3. **겸손이 오히려 더 돋보인다**: 자신이 쌓은 화려한 경험에 대해 남들은 다르게 판단할 수 있다. 혼자만의 잣대로 교만해지지 말자. 특히 경력이 많은 어른으로서는 지나친 자기 확신보다 겸손함이 훨씬 더 매력적으로 느껴진다. 상대의 시간을 빌리는 자리에서는 예의와 겸손이 기본이다.

4. **MZ 세대만의 언어를 조심하자**: 나에게 익숙하고 편한 말이라도, 상대방에게는 낯설고 불편할 수 있다. 은어, 속어, 줄임말, 지나치게 구어체적인 표현은 선배나 상사에게 보내는 이메일에서 피해야 한다. 작은 말투 하나가 신뢰감을 무너뜨릴 수 있다. 나이 차보다 더 큰 '언어의 벽'이 생기지 않도록 주의하자.

5. **공식 이메일 계정을 사용하자**: 이메일을 보낼 때는 반드시 학교, 회사 등 공식 이메일 계정을 사용하자. 개인용 이메일(gmail, naver, daum 등)을 쓸 때도 주의가 필요하다. 특히 이름 대신 별명이나 생일을 이메일 주소에 넣는 사람이 있는데, 그러면 전문성과 신뢰감이 떨어진다. 공식 이메일을 사용할 수 없다면, 최소한 자신의 이름이 들어간 이메일 계정을 새로 만들어 사용하는 것이 좋다.

6. **감사 인사를 전하고, 팔로업을 잊지 말자**: 미국 문화에서는 'thank you note'라고 해서 감사 인사를 담은 짧은 글을 보내는 것이 하나의

관례다. 한국도 마찬가지다. 누군가에게서 조언이나 도움을 받았다면, 간단하더라도 감사의 마음을 표현하는 것이 관계를 이어가는 데 큰 도움이 된다. 예를 들어, 이메일을 보낸 뒤 줌을 이용해 영상 미팅을 하거나 직접 만나 조언을 구했다면, 시간을 내주신 것에 반드시 감사 인사를 전하자. 단 몇 줄로 충분하다. 그리고 그 조언을 바탕으로 실제로 뭔가를 해보았고, 그 결과 새로운 경험이나 배움이 있었다면 꼭 다시 연락드리자. "그때 조언해주신 덕분에 이런 결과를 얻을 수 있었습니다"라고 팔로업하는 것만으로도 인상이 크게 달라진다. 좋은 인맥은 우연히 생기는 것이 아니라, 이렇게 작지만 꾸준한 소통에서 비롯된다.

[제목] 커리어 조언 요청

○○○ 님께

안녕하세요. 저는 X대학교에서 Y를 전공하고 있는 Z라고 합니다.

○○○ 님께서 링크드인에 올리신 글을 인상 깊게 읽었고, 특히 ○○○(인상 깊었던 글 내용을 간략히 언급해도 좋다)에서 큰 영감을 받았습니다.

혹시 가능하시다면, 짧게라도 뵙고 A, B, C와 관련해 직접 여쭤볼 기회를 가질 수 있을지 조심스럽게 문의드립니다. 부담되지 않는 선에서, 가능하신 일시를 2~3개 알려주시면 일정에 최대한 맞춰 찾아뵙겠습니다.

바쁘신 와중에 메일을 읽어주셔서 감사합니다.

편안한 하루 되시기 바랍니다.

Z 드림

13

스펙은
커리어가 아니다

경험의 양보다 질이 중요하다

어떤 학생에게는 시끌벅적한 대학가 근처 술집에서 밤새 술 마시면서 무용담을 주고받는 것이 대단한 일처럼 생각될 수도 있다. 그러나 그런 일은 대학 바깥에서도 평생 할 수 있다. 하와이로 여행 가서 스마트폰으로 인스타그램만 본다면 정말 바보 같은 짓이다. 그와 마찬가지로, 대학 신입생이라면 그때만 할 수 있고, 그때 꼭 해야 할 일을 하는 것이 현명하다. 그 일이란 나를 돌아보고, 다양한 사람을 만나고, 그들의 조언을 가려서 듣는 것이다. 또한 현재 자기 위치를 가늠하고 가야 할 방향을 설정하는 것이다.

1학년이 지나가면 많은 대학생이 학과와 학교 밖으로 조금씩 움직이기 시작한다. 대학 생활의 다른 면들을 경험하고, 자신의 능력도 키우고 싶기 때문이다. 그래서 스펙 쌓기에 돌입한다. 학점, 어학, 교내 동아리, 대외 활동, 공모전, 교환학생, 인턴십 등 여러 활동을 동시다발적으로 진행한다. 그럴듯해 보이면 무조건 다 하려고 한다.

그러나 졸업할 무렵이 되면 그런 활동의 대부분이 쓸데없다는 것을 깨닫는다. 외국계 기업은 신입사원을 뽑을 때 보통 이력서résumé와 서술형 지원서coverletter를 받는다. 이력서 분량은 한 장을 넘지 않는다. 어느 단체에서 얼마나 일했느냐는 의미가 없다. 그곳에서 어떤 일을 했고 무엇을 배웠느냐가 중요하다. 경력직도 마찬가지다. 이력서에 몇 줄 더 쓰는 것은 중요하지 않다. 그 한 줄이 얼마나 제대로 된 것이냐가 관건이다.

때로는 대기업 인턴보다 스타트업 인턴이 낫다

대학생 시절의 여름방학은 단순한 휴식 기간이 아니다. 특히 서머 인턴십은 사회를 미리 경험하고, 나에게 맞는 일과 조직 문화를 탐색하는 소중한 기회다. 짧지만 밀도 있는 실무 경험을 통해 진로를 구체화하고, 어떤 역량을 더 키워야 할지 스스로 점검할 수 있다.

하지만 인턴십이라고 해서 모두 값진 경험을 하는 것은 아니다. 또 대기업이 무조건 좋은 선택은 아니다. 경험의 '질'적 측면에서 보면, 스타트업에서의 실무 경험이 오히려 더 값질 수도 있다. 대기업에서는 인턴에게 잡일이나 보조 업무를 맡기는 경우가 많은 반면, 스타트업은 인원이 적고 일손이 부족하므로 실무전반에 직접 참여할 기회가 많다. 일반화해서 말하자면, 회사 규모가 클수록 인턴 업무의 중요도는 낮아지고, 작을수록 인턴에게 주어지는 책임이 커진다.

타이틀만 보면 대기업 인턴이 더 그럴듯해 보일 수 있다. 하지만 실제로 어떤 역량을 쌓을 수 있는지를 따져보면, 괜찮은 스타트업에서의 경험이 절대 뒤처지지 않는다. 나 역시 인턴은 아니었지만, 스타트업에서 1년간 전략 매니저로 일하면서 실무 전반을 직접 겪었다. 개발을 제외한 거의 모든 업무를 다뤘고, 처음부터 끝까지 혼자 책임지고 일한 프로젝트도 적지 않았다. 직접 만든 마케팅 제안서를 들고 고객을 찾아가서 영업을 하기도 했다. 이용자 권리와 개인정보 보호에 관한 정책을 새로 만들고, 회사의 업무평가 시스템을 설계해 운영하기도 했다.

작은 조직이었기 때문에 최고 경영진과 직접 협업하는 일이 많았다. 위기 상황에서 경영진이 어떻게 판단하고 대응하는지 옆에서 지켜보고, 때로는 내 의견을 직접 전달하고 피드백을 받기도 했다.

이런 경험은 단순히 직무 기술을 익히는 차원을 넘어, 조직 운영과 리더십, 전략적 사고의 중요성을 실감하는 계기가 되었다. 이처럼 몸을 던져 일해본 경험은 삶의 방식과 일하는 태도를 바꾸는 결정적인 전환점이 될 수 있다.

반면 방학 동안 여러 단체가 주최하는 조별 활동이나 단기 강의 프로그램에 참여했던 경험은 실제로 큰 도움이 되지 않았다. 그런 활동은 이력서에도 적지 않았다. 내 손으로 위험 부담을 감당하고 문제를 해결한 경험이 아니라면 진짜 경력이라고 하기 어렵다. 차라리 그 시간에 어학 공부나 독서에 집중하는 것이 훨씬 낫다. 좋아 보이는 화려한 활동이 실력을 키워주는 것은 아니다. 실력은 지루하고 평범한 일상에서 소리 없이 차곡차곡 쌓이는 법이다.

경력의 핵심은 일관성이다

이력서에 화려한 경력이 줄줄이 나열되어 있어도, 그 안에 '일관성coherence'이 없다면 오히려 적신호다. 실제로 많은 기업은 가장 '똑똑한' 지원자를 뽑지 않는다. 일정 기준 이상의 학점이나 어학 성적은 기본 조건일 뿐이다. 그 기준을 넘어서면, 기업은 자기 회사의 비전과 조직 문화, 무엇보다 해당 직무와 잘 맞는 사람인지 살펴본다. 기업에 이상적인 인재는 엄청 똑똑한 사람이 아니라, 뽑아서 당장 쓸 수 있는 인재다.

실무를 경험하지 못한 학생일수록 이 점을 잘못 이해한다. 경력란에 눈에 띄는 활동을 최대한 많이 채우면 기업이 뽑아주리라 착각한다. 경력이 많다고 반드시 좋은 지원자는 아니다. 경력은 단출하더라도 지원한 분야에 대한 이해도가 높고, 실제로 관련 경험을 쌓은 사람이 오히려 강력한 후보다.

예를 들어, 영업직에 지원한 사람이 공모전 수상 경력이나 해외 어학연수 경험이 아무리 많아도, 실제로 '무엇을 어떻게 팔아봤는지' 설명하지 못한다면 인사 담당자에게 깊은 인상을 남기기 어렵다. 반면 직접 판매해보고, 고객을 상대로 실적을 낸 경험이 있는 사람은 기본기를 갖춘 인재로 평가받는다. 이런 사람은 굳이 가르치지 않아도, 실무가 어떤 것인지 몸으로 알고 있기 때문이다.

미국 실리콘밸리의 대표적인 창업 지원기관 와이 콤비네이터는 화려한 이력보다 '일관성과 진정성' 있는 이야기에 더 큰 가치를 둔다. 이 기관은 에어비앤비, 드롭박스, 레딧, 스트라이프와 같은 세계적 스타트업이 처음 세상에 나오는 데 결정적 역할을 했다. 오픈AI를 창업한 샘 올트먼도 와이 콤비네이터의 파트너였다.

창업 지원서를 평가할 때 와이 콤비네이터는 다음과 같은 질문을 던진다. "이 팀은 왜 이 문제를 풀고 있는가?", "이 아이디어는 개인적 문제에서 출발했는가?", "이 문제를 해결하는 데 이 팀이 특별히 적합한 이유는 무엇인가?" 단순히 기술력이나 학벌이 아니라, 이 문제에 진심인지, 그것을 해결하기 위해 실제로 노력한 경험이 있는지 보는 것이다. 자신과 아무 관련 없는 문제를 겉핥기로 다루는 사람보다, 실패하더라도 자기 삶에서 우러난 문제를 붙잡고 있는 사람이 더 경쟁력을 지닌다.

이것은 창업에만 국한되는 원칙이 아니다. 이력서나 자기소개서를 쓸 때도 마찬가지다. 화려한 수식어보다 '왜 이 일을 하려는지'에 대한 설득력 있는 이야기, 즉 내 경험과 동기, 행동이 맞물린 서사가 훨씬 더 중요하다.

그렇다면 어떻게 해야 일관성 있고 진정성 있는 커리어를 만들 수 있을까? 답은 복잡하지 않다. 순서를 지키면 된다. 먼저 자기 성찰을 한다. 내가 어떤 일에 끌리고, 어떤 환경에서 잘 성장하는 사람인지 차분히 돌아보는 것이 중요하다. 그리고 가능한 한 빨리 신뢰할 수 있는 사람들에게 조언을 구한다. 연애와 마찬가지로 구직에서도 타이밍이 중요하다. 그렇게 기본기를 다지고 나서 실전에 들어가야 중심이 흔들리지 않고, 자신만의 방향과 색깔을 가진 커리어를 차곡차곡 쌓을 수 있다.

이 과정에서 대학은 디없이 좋은 실험실이 될 수 있다. 스타트업 용어를 빌리면, 대학은 '프로토타입prototype'을 만들고 반복iteration 실험을 해보기에 최적화된 공간이다. 빨리 실패하고, 많이 시도하고, 덜 아프게 배우기에 가장 적절한 환경이다. 직장에 다니고, 결혼하고, 아이가 있는 중년에는 상상조차 하기 어려운 도전도 대학생 때는 해볼 수 있다. 실패에 따르는 사회적 비용이 적기 때문에 더 용감하게 나설 수 있고, 평소라면 망설일 무모한 도전도 가능하다. 한 학기 정도 어디 깊이 빠져 시간을 보내는 것 자체가 대학 시절에는 훌륭한 투자다.

그렇기에 대학 시절은 커리어의 방향을 잡고, 다양한 가능성을 실험하며, 실패를 통해 자신을 더 깊이 이해할 수 있는 절호의 기회다. 진정성 있는 이력서와 커리어는 단번에 만들어지지 않는다. 시행착오에 근거한 자기 성찰은 피할 수 없는 과정이다.

진정한 스펙은 이니셔티브에서 나온다

어디서 무슨 일을 하느냐는 중요하지 않다. 이니셔티브initiative가 관건이다. 이니셔티브란 공동체가 당면한 문제를 스스로 정의하고, 자발적으로 그 해결을 주도하는 태도와 행동을 말한다. 단순히 맡겨진 일이나 시키는 일만 열심히 하는 것과는 다르다. 이니셔티브가 있는 사람은 기회를 기다리지 않고 스스로 기회를 만든다. 필요하면 새로운 판을 짜기도 한다. 요즘처럼 비슷한 이력과 자격증을 가진 사람이 넘쳐나는 시대에, 누가 진짜 준비된 사람인지 보여주는 가장 강력한 지표가 바로 이니셔티브다. 똑똑한 기계도 흉내 내기 어려운, 인간다운 뛰어난 능력 중 하나가 이니셔티브다.

이니셔티브에서 관건은 '어디서' 무슨 일을 했느냐보다 그 일을 '왜' 시작했고, '어떻게' 주도했느냐이다. 스스로 문제를 찾아 해결하는 경험을 쌓는 것이 핵심이다. 해외여행을 가도 가이드가 시키는 대로 하면 평범한 여행이 될 뿐이다. 내가 직접 항공권과 숙박권을 예약한 후 배낭을 메고 여러 나라를 돌아다녔다면, 그것은 이야기가 된다. 이 내용은 자기소개서와 면접에서 써먹을 수 있을 뿐만 아니라 평생의 자산이 된다. 같은 시간과 노력을 투자해서 경험을 쌓아도 스스로 문제를 정의하고 해결한 것과 그렇지 않은 것은 하늘과 땅 차이이다. 기왕이면 공동의 문제를 경험하는 것이 좋다. 그러면 리더십과 소통 등에 대해서도 많은 것을 배울 수 있다.

나 역시 인생에서 첫사랑처럼 강렬했던 경험과 기억으로, 내가 처음 이니셔티브를 발휘한 시기를 꼽을 수 있다. 2006년, 홍콩에서 교환학생으로 있던 시절, 우연히 웹을 검색하다가 MIT에서 대학 강의를 인터넷에 무료로 공개했다는 사실을 발견했다. 바로 '오픈코스웨어Open Course Ware, OCW'라는 프로젝트였다.

한동인 MIT와 다른 미국 대힉들의 교육 자료가 무료로 공개되는 것을 지켜보다가 우리도 참여해야겠다고 생각하게 되었다. 우연히 떠오른 생각이 아니었다. 2005년에 학교 주변 성북구의 저소득층 학생들에게 무료 과외를 한 경험이 그 생각의 싹을 틔웠다. 그때 빈부 격차와 교육 격차의 관계를 깨닫고, 교육을 통해 사회적 불평등을 해결하고 싶다는 마음이 생겼다. 만약 한국 대학도 OCW 프로젝트에 참여한다면, 소외된 계층에게 교육의 기회를 확대할 수 있을 것이라는 생각이 들어 '바로' 행동에 옮겼다.

MIT의 OCW 담당자에게 이메일을 보냈다. 담당자는 내가 보낸 이메일을 보고, 비슷한 시기에 같은 목적의 이메일을 보낸, 지금은 정년퇴임하신 고려대 전기전파전자공학부 김규태 교수님과 연결해주었다. 그렇게 해서 2007년 1학기에 고려대에서도 OCW 프로젝트를 시작했다. 나는 2007년 1학기와 2008년 2학기 동안 프로젝트 조교로 참여하며 OCW의 국내 도입을 도왔다.

이 프로젝트는 기대만큼 성과를 거두지 못했지만, 당시의 경험이 내게 큰 자산이 되었다. 김규태 교수님의 제자인 공대생들과 자주 대화를 나누다 보니 이공계 전공자들과 소통하는 것이 자연스러워졌고, 내가 가진 사회과학에 대한 관심과 지식을 기술 혁신과 통합하는 방법에 대해 고민하는 계기가 되었다. 이 이니셔티브를 실천하는 데는 대단한 노력이 필요하지 않았다. 이메일 한 통에서 시작된 것이었다.

하나의 기회는 또 다른 기회를 낳았다. 당시 나는 OCW 같은 오픈소스 프로젝트가 국내에서 활성화되지 못하는 이유 중 하나가 대중의 인식 부족 때문이라고 느꼈다. 그래서 사회 문제와 첨단기술의 유관성을 더 많은 사람에게 알리고 싶었다. "새로운 기술이 널리 퍼져 모두가 그 혜택을 누리게 하려면 어떤 사회적 변화가 함께 이루어져야 할까?" 나는 이 질문을 품고, 더 많은 사람과 고민해보고자 했다.

그 과정에서 자연스럽게 글을 쓰기 시작했다. 당시에는 기술 중심의 언론이었던 인터넷 미디어 '블로터'에 인터넷과 사회를 주제로 칼럼을 정기적으로 연재하게 되었고, 이 글들이 많은 주목을 받으면서 관련 책도 여러 권 출간했다. 그 활동이 이어져, 나는 학부생 신분으로는 유일하게 네이버 서비스 자문위원으로 위촉되기도 했다.

이 모든 일은 이니셔티브의 결과였다. 대학의 교육 자료를 온라인을 통해 모두에게 공유하겠다는 목표가 있었기에, 그 과정에서 마주친 문제들을 해결하는 것이 어려웠지만 버겁지는 않았다. 오히려 그 과정 자체가 즐겁고 흥미로웠다. 함께 시작한 다른 학생들은 한 학기만 참여하고 각자의 길을 갔지만, 나는 끝까지 포기하지 않았다.

지금 내가 하고 있는, 사회과학과 데이터과학을 활용해 정책 문제를 해결하는 일 역시 그때의 문제의식과 시행착오의 연장선에 있다. 한여름 밤의 이니셔티브가 평생의 커리어로 이어진 것이다.

열정과 호기심이 있다면, '왜?'라는 의문에 대한 답이 분명하다면, '어떻게'는 자연스럽게 따라온다. 그리고 그 과정이 진정성 있고 일관성 있는 경력을 만들어준다.

이니셔티브를 발휘하는 방법

내 삶에서 이니셔티브를 발휘하려면 무엇을 해야 할까? 그 핵심은 의외로 단순하다. '다른 사람이 무엇을 필요로 하는지' 찾아서 '함께 해결하는 것'에서 이니셔티브가 시작된다.

셰릴 샌드버그는 오랫동안 페이스북(현 메타)의 최고운영책임자COO로 활동하며, 세계에서 가장 영향력 있는 여성 리더 중 한 명으로 평가받았다. 그녀가 이베이 마케팅 수석 디렉터였던 로리 골러와 면접 통화를 했을 때, 로리는 자신의 강점을 장황하게 설명하는 대신 이런 질문을 먼저 꺼냈다. "지금 당신을 가장 힘들게 하는 문제가 무엇인가요?" 그 질문 하나가 면접의 판을 바꾸었다. 로리는 자신의 장점을 홍보하지 않고 상대방의 문제에 집중해, 그 문제를 함께 해결하고 싶다는 자세로 접근했다. 셰릴은 그 태도에서 확신을 얻어, 로리에게 이직을 제안했다.[15]

셰릴 샌드버그의 커리어 역시 같은 방식으로 펼쳐졌다. 그녀는 하버드대 학부 시절 경제학을 전공했는데, 당시 지도교수가 바로 훗날 미국 재무장관이자 하버드대 총장이 된 래리 서머스였다. 셰릴은 단순히 수업을 잘 듣는 학생이 아니라, 교수의 연구 프로젝트에서 어떤 도움이 필요한지 파악하고 먼저 참여 의사를 밝혔다. 셰릴은 연구 조교를 맡은 뒤에도 '시킨 일'을 넘어 스스로 제안하고 실행하는 학생으로 인정받았고, 졸업 후 서머스가 재무부에 들어가자 그를 따라 정부에서 일할 기회를 얻었다.

공공 부문에서 실무 경험을 쌓은 뒤, 그녀는 구글에 입사해 온라인 광고 사업을 주도했고, 이후 페이스북의 COO로 합류해 회사를 글로벌 플랫폼으로 키우는 데 핵심 역할을 했다. 공직에서 시작해 빅테크로 이어지는 그녀의 커리어 경로는 단순한 '성공담'이 아니라, 타인의 문제에 공감하고, 거기에서 출발해 주도적으로 행동할 줄 아는 사람의 전형적인 커리어 발전 방식이었다.

무엇이 셰릴을 돋보이게 했을까? 바로 타인의 필요에 민감하게 반응하고, 그 문제를 해결하는 데 자신을 투입할 줄 아는 능력이었다. 자동차 왕 헨리 포드가 말한 것처럼 "성공의 비밀은 타인의 눈으로 세상을 보는 데 있다."

진짜 주도성은 '내가 하고 싶은 말만 하는 것'에서 나오는 것이 아니라, 상대방의 입장에서 문제를 보고, 내가 가진 자원과 능력으로 그 문제에 기여할 방법을 찾는 것이다. 이런 태도가 바로 대학에서나 사회에서나 기회를 만드는 사람들의 공통된 특징이다.

여기서 중요한 개념은 바로 '생각에 그치지 않고 행동에 옮기는 태도bias for action'다. 스타트업 커뮤니티에서 자주 쓰이는 이 말은 너무 오래 생각하지 말고, 신속하게 실행에 옮기라는 의미를 담고 있다. 누군가는 불편함을 참지만, 누군가는 그 불편을 문제로 정의하고 직접 해결책을 찾는다. 그 차이가 경쟁력을 만들고 나만의 스토리를 창조한다.

서강대에 다니던 박주혁 씨는 분당에서 신촌까지의 통학이 너무 불편하다고 느꼈다. 그런데 곧 그 불편이 자신만의 문제가 아니라는 것을 깨달았다. 같은 문제를 겪는 학생이 적지 않았기 때문이다. 그는 '차라리 우리가 통학 버스를 만들면 어떨까?'라는 생각에서 '커뮤니티 버스' 프로젝트를 기획했다. 2013년에 그는 페이스북을 통해 함께 탈 사람을 모집하고 운영비를 모았다. 처음에는 150명이 참여 의사를 밝혔지만, 실제 신청자는 90명, 비용을 낸 사람은 25명에 불과했다. 대부분의 사람은 여기서 포기했을 것이다. 하지만 박주혁 씨는 직접 사람들을 설득하고, 부족한 운영비를 자신이 메우며 계획을 밀어붙여, 결국 분당과 신촌을 오가는 새로운 통학 버스 노선을 개척했다.[16]

스펙이나 자격증이 아니라, 문제 해결 경험이 자신만의 고유한 스토리를 만든다. 이런 경험이 자기의 개성과 경쟁력을 키우는 가장 실질적인 방법이다.

한국 대학과 사회에서 많이 사용하는 말 중 하나가 '묻어가기' 혹은 '숟가락 얹기'다. 남들 하는 대로만 따라가면 되고, 팀 프로젝트에서든 활동에서든 잘하는 사람이 있으면 그 사람이 한 일에 슬쩍 이름을 올리기만 하면 된다는 식이다. 말 그대로 책임은 지지 않으면서 성과만 공유하는 태도다. 하지만 그렇게 살면 진짜 실력도, 진짜 자신감도 쌓이지 않는다. '묻어가는 경험'은 내 경험이 아니므로 결국 내 것이 아니다. 그런 습관이 몸에 배면 그 어떤 일도 주도적으로 해낼 수 없다.

반대로, 처음부터 끝까지 직접 책임지고 진행해본 경험은 다르다. 결과가 완벽하지 않더라도 그 과정에서 사고력, 실행력, 협업력, 회복력까지 통째로 길러진다. 미국의 채용 플랫폼 링크드인에서도 '해결까지 경험end-to-end project experience'을 요구하는 경우를 자주 볼 수 있다. 시작부터 끝까지 프로젝트를 이끌어본 경험이 있는지 묻는 것이다. 이런 경험은 실제 인터뷰에서도 주요 소재다. 그 이유는 중간급 이상 관리자나 전문가에게는 이런 역량이 필수적이기 때문이다. 그 정도 위치에 가면, 주어진 일을 처리하는 데서 그치지 않고, 스스로 문제를 정의하고 해법을 제시해야 한다. 신입entry position 중에서도 이런 역량이 있는 사람은 빠르게 성장한다. 문제 해결을 위해 어떤 지원이 필요한지 알고, 그것을 요청할 줄 알며, 무엇보다 솔선해서 배우기 때문이다.

모든 일에 나설 수는 없다. 하지만 적어도 하나의 문제나 기획은 내 손으로 밀어붙이는 경험을 해보자. 주제를 고르고, 방향을 잡고, 사람을 모으고, 결과를 만들기까지의 과정에서 '전에 몰랐던 나'를 만나게 된다. 그러고 나면 내학이 다르게 보이고, 세상이 다르게 읽히며, 내 가능성도 다르게 느껴진다. 한 번의 경험이 '전과 다른 자신만의 삶'을 만드는 계기가 된다. 학교에서 배워야 할 것을 잘 배우는 '학생'에서, 사회에 유용한 지식과 기술을 가진 '인재'로 성장하게 된다.

대학은 실패에서 배우는 법을 연습하는 곳이다

대학은 개방적이고 많은 기회가 있다. 대학생이라는 이유만으로 주어지는 기회가 정말 많다. 눈을 크게 뜨면 이니셔티브를 통해 커리어를 개척할 수 있는 일이 보인다. 그리고 어떤 특이한 행동을 하고 희소한 프로젝트를 할지라도 함께할 사람이 어딘가에는 존재한다.

그런 점에서 대학은 안정을 구하는 곳이 아니라 새로운 기회를 움켜쥐면서 빨리 실패하고, 많이 실패하고, 자주 실패하는 연습을 반복하는 곳이다. 뜻대로 안 되면 어떤가. 생각만큼 이루지 못하면 또 어떤가. 내 경우에서 보듯, 가장 중요한 것은 실패를 통해 배우는 것이다. 배우는 것이 있다면 다음 기회는 반드시 온다. 실패를 두려워하지 말고, 오히려 실패하지 않는 것을, 그리고 실패에서 아무것도 배우지 않는 것을 두려워해야 한다.

실패는 빌 게이츠와 스티브 잡스도 거쳐간 통과의례다

드롭박스의 창업자이자 CEO인 드루 휴스턴은 2013년 모교인 MIT 졸업식 연설에서 자신이 직접 겪은 시행착오와 배움을 공유했다. 그는 MIT 학부 시절 USB를 자주 잃어버렸던 경험에서 영감을 얻어, 클라우드 저장소 서비스에 대한 아이디어를 떠올렸다. 그리고 졸업 후에 본격적으로 드롭박스를 창업했다.

드롭박스는 단순한 파일 저장 서비스를 넘어, 전 세계 7억 명 이상이 사용하는 클라우드 기반 협업 플랫폼이다. 2024년 기준 드롭박스의 시가 총액은 약 79억 4,000만 달러(약 11조 6천억 원)에 이르며, 실리콘밸리의 대표적인 유니콘 기업으로 꼽힌다.

휴스턴은 그날의 연설에서 "나는 완벽한 인생을 만들려는 시도를 멈추고, 흥미로운 인생을 만들기 시작했다. 그것이 내 삶을 바꿨다"라고 말했다.

그는 인생을 살아가는 데 중요한 세 가지로 테니스공, 원circle, 숫자 3만을 제시했다. 테니스공은 몰입을 상징한다. 행복하고 성공적인 사람들은 단순히 '좋아하는 일'을 넘어, 자기 문제에 집착할 만큼 몰입한다. 그에게는 프로그래밍과 창업이 그런 것이었다. 누구에게나 그런 테니스공이 하나쯤 있을 것이다. 원은 함께하는 사람을 뜻한다. "당신은 가장 가까운 다섯 사람의 평균"이라는 말처럼, 누구와 함께 시간을 보내는지가 결국 당신의 방향을 정한다. 3만은 인생의 유한함을 말한다. 인간의 평균 수명을 일수로 환산하면 약 3만 일이다. 휴스턴은 어느 날 자정에 계산기를 켜고 이걸 계산해본 뒤 지금까지 9천 일을 써버렸다는 것을 깨닫고 충격을 받았다고 한다. 연설 말미에서 그는 MIT 동문들에게 이렇게 당부했다. "실패는 중요하지 않다. 단 한 번만 옳으면 된다. 인생을 완벽하게 살려고 애쓰기보다 흥미로운 모험으로 만들어라."

빌 게이츠와 스티브 잡스가 처음 창업한 회사는 각각 신호등 관련 소프트웨어 회사와 플라스틱 호루라기를 이용해 무료로 전화를 거는 회사였다. 당연히 두 회사는 실패했다. 그리고 두 사람은 그 후에도 무수한 실패와 난관을 경험했다. 그러나 그들은 포기하지 않았다. 그리고 자기가 얼마나 많이 실패했는지 세지 않았다. 그저 앞으로 달려갔을 뿐이다.[17]

아무리 준비가 잘 되어 있어도, 처음 시도하는 일은 언제나 두렵고 서툴다. 머릿속으로 계획을 세우고 충분히 생각했다고 느껴도, 실제로 움직이는 것은 전혀 다른 문제다. 실행력은 이 '처음 도약the first leap'에서 시작된다.

첫 번째 도약이란 완벽하게 준비되었을 때 움직이는 것이 아니라, 완벽하지 않더라도 일단 한 걸음 내딛는 것을 의미한다. 실제로 세상에 큰 변화를 만들어낸 사람들도 처음에는 서툴고 미숙했다. 실패는 낙인이 아니라 경험이다.

첫 시도에서는 완벽을 기대할 수 없다. 일단 몸을 던져보는 것이 중요하다. 직접 해본 경험이 쌓여야 다음 시도도 가능하다. 해보지 않으면 배울 수 없다. 완벽을 기다리지 말고, 일단 첫걸음을 내딛자.

실패하지 않으면 성장이 없다

완벽한 인생이란 없다. 실패하지 않았다는 것은 도전하지 않았다는 뜻일 수 있다. 매번 일이 순조롭게 흘러갔다면, 오히려 위험을 충분히 감수하지 않았다는 뜻일지도 모른다. 배움과 성장은 대체로 예상 밖의 좌절, 계획의 실패, 불확실한 상황에서 시작된다. 어긋난 경험을 해봐야 비로소 내가 무엇을 좋아하고 잘하는지, 어떻게 해야 더 나아질지 진지하게 고민하게 된다. 그런 점에서 실패는 성공의 반대말이 아니라, 성공을 향해 나아가는 가장 확실한 과정이다.

한게임과 카카오톡 등 국내 대표적 인터넷 기업들을 창업한 김범수 의장도 가난한 집에서 태어나 고학했다. 서울대 산업공학과에 들어갔을 때 밥 먹을 돈이 없어 굶고 다녔고, 당시 불법이었던 과외를 해서 끼니를 챙겼다. 그렇지만 그는 애초에 교수가 될 생각이 없었기 때문에 공부에만 몰두하지 않고 다양한 경험을 하면서 남과 다른 눈으로 세상을 보고 기회를 포착하는 능력을 키웠다. 위기에 몰렸을 때도 안전한 길을 택하기보다 모험을 했다. 그 결과, 인터넷 시대에 한발 앞서 한세임을 개발했고, 모바일 시대에도 역시 한발 앞서 카카오톡을 성공시켰다. 실패를 두려워해서 물러서면 실패하지 않는 것이 아니라, 더 큰 성공기회를 놓친다.

실패의 쓴맛은 돈으로 살 수 없는 보약이다

실패를 극복하는 경험 없이는 정신적 맷집과 근성을 키우기 어렵다. 많은 실패를 경험하고 그것을 딛고 일어난 사람과 한 번도 실패하지 않은 사람 중에서 누가 더 실패를 두려워할까? 인생에서 성공만 거듭해온 사람은 한 번 실패하면 인생이 끝난 것처럼 받아들인다.

그런 점에서 일찍, 많이 실패해보는 것도 자산이다. 중학교 3학년 때, 담임 선생님은 내게 인문계 고등학교에 진학하지 말고 특성화 고등학교(당시에는 실업계 고등학교라 불렀다)에 가서 기술을 배우라고 조언해주셨다. 당시 내가 학교 공부를 너무 못했기 때문이다. 반에서 내 석차는 앞에서 세는 것보다 뒤에서 세는 것이 빨랐다. 그래서 그분은 내가 대학에 갈 가능성이 없다고 보았던 것이다. 선생님 이름도 기억나지 않고 얼굴도 희미하지만, 그때 그 말을 듣고 마음에 깊은 상처를 입었던 것만은 지금도 기억난다. 감정은 기억보다 깊다.

그런 내가 여기까지 올 수 있었던 것은 역설적으로 그런 말을 들을 만큼 낮은 곳에서 출발했기 때문이다. 나는 일찍 실패해봤고, 많이 실패했다. 지금껏 이룬 것에 비할 수 없을 만큼 실패를 훨씬 많이 했다. 그럼에도 뭔가 계속 이룰 수 있었던 것은 실패에도 불구하고 계속 도전했기 때문이다. 나는 빨리, 많이, 잘 실패하는 방법을 배웠다. 피할 수 없는 실패라면, 바로 거기에서 성장하는 길을 찾았다.

담임 선생님의 반대를 무릅쓰고 나는 인문계 고등학교에 진학했다. 결국 그분이 예측한 것처럼 벽에 부딪혔다. 아는 것이 너무 없었기 때문이다. 중학교 수학책을 사서 따로 공부하며 진도를 따라잡아야 할 정도로 친구들에 비해 뒤처져 있었다. 그래도 포기하지 않고, 남보다 더 많이 노력했다. 그렇게 공부해서 대학에 간 덕분에, 남보다 뒤에서 뛰고 따라잡는 것에 익숙하다. 나는 단거리 선수가 아니라 마라토너다.

대학은 물론 대학원에서도, 이후 커리어에서도 나는 비슷한 경험을 반복했다. 많은 한국 학생이 미국의 좋은 학교로 유학 가면, 큰 무대에서 자신보다 잘하는 사람들을 보고 기가 죽는다. 나는 내 전공 분야로는 최고 대학인 UC 버클리로 박사 유학을 갔고, 매우 뛰어난 동기와 선후배들을 만났다. 나는 부족한 것이 정말 많았다. 준비가 덜 된 상태에서 박사 유학을 왔다는 것을 깨달았다. 그렇지만 크게 실망하지 않았다. 나는 수재가 아니었고, 스스로 수재라고 믿은 적도 없었기 때문이다. 애초에 기대하지 않으면 실망할 것도 없다. 나는 뒤처져도 좌절하지 않는다. 쉽게 되는 일은 전략이 필요 없다. 전략은 잘 안 되는 일을 가능하게 만들 때 필요하다. 쉽게 안 된다고 해서 불가능한 것은 아니다.

넘어졌다가 다시 일어나 보면, 그 고통이 생각보다 견딜 만하다는 걸 알게 된다. 일이 풀리지 않는 이유는 내가 아직 배울 것이 남아서일 수도 있고, 그냥 운이 나빠서일 수도 있다. 최선을 다했는데도 쉽지 않으면, 다른 길을 찾으면 된다. 그 실패에서 교훈을 얻는 것이 중요하다. 그리고 다음 시도를 더 단단히, 전략적으로 준비하면 된다.

이렇게 실패를 극복한 경험에서 근성이 자란다. 물론 아무리 긍정적인 마음가짐을 가지려 해도 실패는 쓰다. 여전히 원하는 대로 일이 풀리지 않으면 괴롭다. 베개에 얼굴을 묻고 소리치고 싶은 밤이 많다. 그러나 그 쓴맛은 반드시 해내고자 하는 절실함과 의지를 키운다. 입시에서 재수생이 현역보다 유리한 점은 공부량의 차이가 아니라 정신력의 차이다. 한 번 원하는 것을 이루지 못한 경험이 있기에, 그만큼 더 절박한 마음으로 목표를 향해 노력한다. 절실한 사람은 남이 "이 정도면 됐어"라고 말할 때도 자기 자신을 한 번 더 밀어붙인다.

실패가 두렵다면, 이렇게 물어보자

아무리 해도 실패가 두렵다면 이런 상상을 해보자. 실패하지 않는다는 확신이 있거나 보장이 있다면 무엇을 하고 싶은가? 어떤 일을 시도하고 싶은가?

미국의 상원의원 코리 부커는 스탠퍼드대에서 정치학과 사회학을 전공하고, 로즈 장학생으로 영국 옥스퍼드대에서 수학했으며, 이후 예일대 로스쿨을 졸업했다. 범재인 나와 달리 그는 정말 수재다. 학력만 보면 엘리트 중의 엘리트다. 졸업 후, 그는 인생의 방향을 놓고 고민에 빠졌다. 그때 그의 어머니가 조용히 한마디 건넸다. "실패하지 않는다고 확신할 수 있다면, 너는 무엇을 해보고 싶니?"[18]

그 질문이 부커의 삶을 바꿨다. 그는 높은 연봉을 받는 변호사의 길을 마다하고, 뉴저지주 뉴어크 시에서 빈민가 주민들과 함께 살면서 그들의 문제를 자기 문제처럼 고민하며 공동체에 녹아들어갔다. 그곳에서 시의원에 당선되었고, 이후 두 차례 뉴어크 시장을 역임했다. 2013년에는 뉴저지주 최초 흑인 연방 상원의원이 되었다. 부커는 이제 3선 상원의원이다.

우리에게 필요한 것은 실패 없는 완벽한 인생이 아니라 실패를 두려워하지 않는 용기다. 그 용기가 상상도 못 했던 기회를 만든다.

14

—

직장과 커리어는
다르다

—

직장을 밥벌이 수단으로 삼지 마라

대학생들에게 꿈이나 비전을 물어보면, 장래에 원하는 직업을 말하는 사람이 많다. 그러나 대다수는 그 직업이 구체적으로 어떤 일을 하는지, 그 직업을 선택했을 때 어떤 삶을 살아가야 하는지 제대로 파악하지 못한 채 막연한 기대만 품고 있다.

냉정히 말하면, 직장이란 조직과 나의 거래 결과물이다. 조직은 나를 고용해 일을 맡기고, 나는 그 일을 한 대가로 보상을 받는다. 일의 성격이나 근무 조건, 연봉의 차이는 있지만, 이 본질은 변하지 않는다.

그래서 커리어를 고민할 때는 밥벌이 수단으로서의 현실적인 문제도 중요하지만, 거기서 멈춰서는 안 된다. 단순히 의사, 변호사, 교수와 같은 직업명을 목표로 삼는 것이 아니라, 그 직업을 수단으로 삼아 자신과 사회에 어떤 가치를 제공할 것인지 고민해야 한다. 여기서 경제적 가치도 중요하지만, 그것이 전부는 아니다.

많은 대학생이 이 질문에 대한 답을 알고 있다고 생각하지만, 실제로는 그렇지 않다. 나에게 좋은 커리어란 무엇인지, 왜 그것이 좋은 커리어인지, 나는 그런 커리어를 추구할 준비가 되어 있는지 깊이 고민해야 세상의 평판에 휩쓸려 '좋은 직장에 들어가는 것이 좋은 인생'이라는 환상에서 벗어날 수 있다.

그렇다면 커리어 관점에서 직장을 선택할 때, 어떤 기준을 세워야 할까? 너무 오래 고민할 필요는 없다. 그렇게 해서 결정을 내리면 오히려 좋지 않을 수가 있다. 고민만으로 답을 찾을 수 있는 것도 아니다. 중요한 것은 많은 사람을 만나고 다양한 시도를 해보는 것이다.

이 과정에서 하나의 직장을 커리어 자체로 여기거나 한 직장을 커리어의 시작이자 끝으로 삼지 않는 태도가 중요하다. 나는 미국으로 박사 유학을 떠나기 전 스타트업에서 일했고, 유학 이후에도 한국과 미국, 학계와 실무를 오가며 커리어를 쌓았다.

복잡하고 불확실한 인생에서 새로운 도전을 거듭하느라 커리어가 직선으로 뻗지 않는 것은 오히려 자연스러운 일이다. 빨리 가는 커리어가 꼭 좋은 것만은 아니다. 나 자신의 성장 방향과 속도 그리고 지속성이 더 중요하다.

직장은 커리어의 한 과정일 뿐이다. 나에게 필요한 기술, 경험, 인맥을 쌓는 배움의 현장이다. 이런 태도를 가진 사람에게 월급은 마치 장학금처럼 느껴진다. 그런 사람은 직장을 '돈을 받으면서 성장할 기회'로 받아들인다. 겉보기에는 비슷한 것 같지만, 이런 마음가짐의 차이가 커리어의 성취감과 지속 가능성에서 큰 차이를 만든다.

성장 가능성이 있는 직장을 택하라

돈을 벌기 위해 일한다면, 어떤 분야에서 어떤 일을 하든 큰 문제가 되지 않는다. 개성이 강한 학생이 진로에서는 단순한 선택을 하는 것도 커리어가 아닌 직장을 우선으로 하기 때문이다. 미국에서도 소위 아이비리그를 다닌다는 학생들은 투자은행, 컨설팅 회사 등을 선호한다. 기업가 정신이 투철하다는 그 동네도 별반 다르지 않다. UC 버클리 정치학과에서 내가 가르쳤던 학부생 제자 중 거의 대다수가 로스쿨에 갔다. 내가 데이터과학을 가르쳤던 이공계 학부생 제자들은 대부분 빅테크에서 일한다.

타인의 인정을 삶의 동력으로 삼는 사람들은 성적이 인정의 척도일 때는 공부를 열심히 한다. 그리고 돈이 인정의 증표가 될 때는 돈을 열심히 번다. 그렇게 습관이 되면 쉽게 바뀌지 않는다.

그러나 진로를 택할 때는 현재의 금전적 보상만 고려해서는 안 된다. 미래의 발전이 중요하다. 물론 조건이 동일하다면, 연봉을 많이 받는 것이 당연히 좋다. 첫 직장에서의 초봉은 특히 중요하다. 연봉 협상을 할 때나 이직을 할 때는 이것이 기준baseline이 되기 때문이다. 하지만 세상은 불확실성이 만연하다. 10년 후, 30년 후에도 내가 여기서 발전할 여지가 많지 않다면, 그러다가 자의 반 타의 반으로 회사를 그만둘 일이 생긴다면, 그때는 돈만 보고 택한 결정을 잘했다고 말하기 어려울 것이다. 내가 하는 일이 의미 있고, 배우고 성장할 것이 있어야 한다. 돈만 보고 결혼하는 사람을 현명하다고 말하지 않는다. 우리는 대부분 가정보다 일터에서 더 많은 시간을 보낸다. 그런데도 돈 '하나'만 보고 직장을 선택하는 것은 어리석다.

지금 당장은 상대적으로 대우가 조금 낮더라도 미래 성장 가능성이 높은 직장에서 커리어를 쌓는 것이 바람직하다. 일에서 배우는 것이 많고 내 역량이 지속적으로 발전한다면 시장에서 그런 인재를 그냥 내버려둘 리 없다. 다른 기업에서 모셔가든 독립하든, 새로운 길이 열리고 활로가 생긴다. 따라서 당장 눈앞의 결과보다 장기적인 전망을 고려해야 한다. '얼마를 받느냐'보다 '얼마나 배우느냐'가 길게 보면 더 핵심적이다. 특히 커리어를 시작하는 단계에서는 이 질문이 정말 중요하다. 마라톤 경주의 출발선이기 때문이다. 마라톤에서 중요한 것은 질주가 아니라 페이스 조절이다. 같은 시간에 남보다 자기 분야에서 더 많은 것을 배우고 성장한다면, 특정 시점을 넘어서는 순간 경제적 보상이 급격하게 상승한다.

달인이 될 수 있다면, 어떤 분야든 적어도 생계유지는 문제가 안 된다. 자본주의 사회에서는 희소한 인재에 대한 보상에 인색하지 않다. 경쟁이 존재하기 때문이다. 김밥을 말고, 어묵을 끓여도 전국 최고 수준이라면 먹고사는 것을 걱정하지 않아도 된다.

나는 샌프란시스코 항만 지역의 프리몬트라는 도시에서 7년 넘게 살았다. 여기에는 내가 정말 좋아하는 도넛 가게가 있다. 이름부터 인상적이다. 바로 '번 아페티Bun Appétit'다. 프랑스어 인사말 '맛있게 드세요Bon appétit'에서 'bon(좋은)'을 도넛에 쓰이는 'bun(빵)'으로 교체해 만든 재치 있는 언어유희다. 이곳은 이름만큼이나 도넛이 특별하다. 나는 이곳이 미국 최고 도넛 가게 중 하나라고 자신 있게 말한다. 미국에서 도넛은 한국의 김밥처럼 아침을 간단히 해결할 수 있는 대표적인 식사 대용 음식이다. 바쁜 아침에 밥을 챙겨 먹기보다 출근길에 커피 한 잔과 도넛 하나를 들고 이동하는 문화가 자연스럽게 자리 잡았다. 이 조합은 미국에서 흔히 볼 수 있는 테이크아웃 아침 식사to-go breakfast의 전형이다.

번 아페티는 이런 평범한 도넛을 평범하지 않게 만들었다. 인절미, 타로, 말라사다처럼 아시아의 풍미를 반영한 도넛부터 블랙베리 두바이, 레몬 엘더플라워 같은 시즌 한정 메뉴까지, 모든 제품이 보기도 예쁠 뿐 아니라 입에 넣자마자 감탄할 만큼 맛있다. 이 가게는 일주일에 이틀 쉬고, 평일에도 오후 5시면 문을 닫는다. 심지어 수요일에는 오후 2시에 문을 닫는다. 가격도 일반적인 도넛 가게에 비해 훨씬 비싸다. 도넛 하나가 한화로 1만 원이 넘는다. 그렇지만 도넛이 너무 예쁘고 독보적인 맛이라서 늘 손님이 길게 줄을 선다. 조기 매진되어 공식 영업 시간보다 더 일찍 문 닫을 때도 많다.

반대로, 의사나 변호사와 같이 진입 장벽이 높은 전문직이라도 특별한 강점이 없으면 살길을 찾기가 쉽지 않다. 예컨대 2024년 변호사 시험 합격자 약 1,700명 중 3분의 1 이상이 일자리를 구하지 못해 대한변호사협회 연수를 신청한 것으로 나타났다. 6개월간 진행되는 이 연수는 비용이 약 110만 원에 달하지만, 법률사무 종사 기관 경력으로 인정되기 때문에 구직 실패자 다수가 울며 겨자 먹기로 참여한다는 평가다. 실제로 등록 변호사 수는 2012년 1만 4,534명에서 2023년 3만 4,672명으로 약 138퍼센트 늘었고, 법률 서비스를 자동화하거나 플랫폼으로 제공하는 '리걸테크legal tech'의 확산과 법률 수요 변화까지 겹쳐 취업 경쟁이 점점 더 치열해지고 있다.[19]

의료계도 예외가 아니다. 2013년 기준 의원급 병·의원의 개업 대비 폐업률은 83.9퍼센트에 달하고, 대형 성형외과 병원들도 경영난에 따른 구조조정과 폐업 위기에 직면하고 있다. 의료 현실의 악화는 병원 운영뿐 아니라 전공의, 전임의의 근무 조건 악화로 이어지고 있으며, 한 퇴직 교수가 "의사에게 부와 명예는 이제 사치스러운 단어"라고 말한 것처럼, 이제는 생존 경쟁에 가까운 현실로 변하고 있다.[20]

끝을 생각한다면 시작을 잘 정해야 한다. 당장 내게 더 많은 돈과 인정을 줄 것 같은 직장이 아니라, 장기적으로 나 자신이 가장 잘할 수 있는 일, 내가 사회에 크게 기여할 수 있는 커리어를 택해야 한다.

인생은 길다. 지금은 부모님, 여자 친구, 남자 친구 등이 내 선택의 중요한 변수로 여겨지겠지만, 20~30년 후에는 상황이 완전히 달라진다. 부모님은 그때 세상에 계시지 않을 가능성이 높고 이성 친구는 헤어질 수도 있다. 중요한 것은 그때까지 내가 성장 가능한 일을 하며 만족하느냐이다. 남보다 더 잘 배우고 실력을 키울 수 있는 일이나, 내가 속한 공동체와 사회에 내가 원하는 임팩트를 창출할 수 있는 일을 해야 한다.

"누구에게, 어떤 가치를 줄 것인가?" 이 질문에 대한 답을 찾고, 실제로 만드는 과정이 바로 '업'의 본질이고, 커리어의 정체성이다. 스타트업이 매출과 수익에 앞서 이용자 확보를 고민하는 이유가 여기에 있다. 사람들에게 왜 이 서비스가 필요한지, 어떤 문제를 해결해주는지 답이 먼저 나와야 한다. 고객이 존재해야 비즈니스도 존재한다. 그 반대는 성립하지 않는다. 내가 가진 능력과 기술이 아무리 뛰어나도 그것을 필요로 하는 사람이 있는지, 어떤 문제에 연결될 수 있는지 모른다면 커리어는 자라지 않는다. 나 혼자 "최고다!"라고 외치는 것은 의미가 없다. 사람들에게 진짜 필요한 것을 남보다 더 잘 제공할 때, 그 가치를 중심으로 관계가 확장되고 기회가 생긴다. 그래야 나의 성장도 가능해진다. 먼저 누구에게 가치를 줄 것인지 고민하자. 그러면 가치를 창출하는 일도, 그 가치를 회수하는 일도 훨씬 쉽게 다가온다. 반대로, 얻을 것만 생각하면 정작 아무것도 얻지 못한다.

내가 최고가 될 수 있는 곳으로 가라

많은 사람이 좋아하는 일을 하라고 말하지만, 나는 이 조언에 쉽게 동의하지 않는다. 이미 충분히 시도했거나 힘들고 어려운 일을 다 겪었는데도 여전히 좋은 일은 앞으로도 계속 좋아할 가능성이 크다. 그러나 한 번도 해보지 않고 막연히 좋아하기만 하는 일은 실제로 해보면 실망할 가능성이 크다. 기대가 큰 만큼 실망도 크기 때문이다. 게다가 좋아하는 일은 연예인 취향처럼 3년에 한 번씩 바뀔 수 있지만, 잘하지 못하는 일은 10년이 지나도 여전히 못할 가능성이 있다. 아무리 애정을 가지고 시작해도 실력이 따라주지 않으면 결국 버티기 어렵다.

이 경쟁 사회에서 적당히 잘해서는 살아남기 힘들다. 좋아하는 감정만으로는 지속 가능하지 않다. 따라서 커리어를 선택할 때는 막연한 동경만으로 결정해서는 안 된다. 인턴으로 일하거나, 그 업계에서 오래 일한 선배와 면담이라도 해보자. 좋아하는 감정이 현실의 벽 앞에서 얼마나 지속 가능할지 확인하는 과정이 필요하다. 결론적으로 말하면, '좋아하는 일을 잘하는 것'보다 '잘하는 일을 좋아하는 것'이 훨씬 쉽고 오래간다.

직장 생활이나 결혼 생활도 크게 다르지 않다. 처음에는 모호한 동경과 호감으로 시작했더라도, 시간이 지나면서 서로를 이해하고 익숙해지는 과정을 거치면 애정이 더 깊어진다. 반대로, 처음에는 아무리 불꽃같이 타올랐어도, 기대에 비해 현실이 뒷받침되지 않으면 그 관계는 쉽게 흔들린다. 좋아하는 마음이 출발점이 될 수는 있지만, 지속 가능한 관계를 만드는 것은 결국 '함께 잘 해내는 능력'이다.

커리어도 마찬가지다. 나만의 능력을 발휘할 수 있고, 그 능력이 누군가에게 도움이 된다면, 그 일을 좋아할 가능성이 훨씬 더 크다. 남이 좋아하는 일이라고 해서, 나도 좋아하라는 법은 없다. 각자 맞는 일이 따로 있다. 누군가에게는 공무원이, 누군가에게는 은행원이, 누군가에게는 교수나 연구원이 잘 맞는다. 창업에 어울리는 사람도 따로 있다.

셰릴 샌드버그는 정부에서 일하다가 분야를 바꿔 당시 무명의 스타트업이던 구글에 합류했다. 그 길을 통해 글로벌 테크 업계의 리더가 되었으니, 그녀에게는 좋은 선택이었다. 그렇다고 모든 공직자가 그녀와 같은 선택을 할 필요는 없다. 구글만 로켓이 아니다. 나에게 맞는 로켓이 남의 로켓과 꼭 같으라는 법은 없다. 대기업에서 성장할 기회가 많은 사람은 대기업에 가는 것이 맞고, 공직에서 배울 점이 많은 사람은 정부기관에 가는 것이 맞다. 스타트업이 자신한테 그런 영역인 사람은 스타트업에서 일하는 것이 좋다. 내가 정상에 오를 수 있고, 힘들더라도 즐겁게 오를 수 있는 산을 선택하면 된다.

프로 의식이 투철한 사람들 속에 있어라

다양한 진로와 직군을 간단히 나열하면 다음과 같다. 맨몸으로 사회에 뛰어들어 가치를 만들어내는 사람들은 창업가다. 창업은 위험이 크지만, 그만큼 큰 보상을 기대할 수 있다. 민간 기업은 창업보다 덜 위험하지만, 그만큼 보상이 작다. 민간 기업에서 일하는 사람들은 현실 경제가 돌아가도록 중요한 역할을 한다. 이들은 매일 실무를 통해 경제의 기초를 쌓고, 기업의 성장에 기여한다. 공무원은 이런 사람들이 일을 잘할 수 있도록 사회적 인프라를 만들고 후방 지원을 담당한다. 정부가 없다면 시장과 시민 사회도 존재할 수 없다. 공무원은 사회 질서를 유지하고, 사람들이 원활하게 살 수 있도록 지원한다. 마지막으로, 언론인이나 학계에 종사하는 사람들은 사회가 움직이는 모습을 지켜보며 문제점을 지적하고, 나아갈 방향을 제시한다.

사회가 제대로 운영되기 위해서는 이들이 모두 필요하다. 실제 전쟁에서도 전방과 후방이 모두 중요하다. 전방에서 용기 있게 싸울 사람도, 후방에서 보급선을 지킬 사람도 있어야 한다. 눈앞의 싸움에서 이기는 것에 몰두할 사람도, 큰 그림을 보면서 전략을 세울 사람도 필요하다. 창업가만 있는 사회는 너무 불안정하고, 회사원과 공무원만 있는 사회는 너무 모험이 없으며, 언론과 학계만 있는 사회는 말만 많다.

창업이 유행이라지만 모두가 애플의 스티브 잡스나 엔비디아의 젠슨 황이 될 수는 없다. 창업을 목표로 하기 전에 내가 진정으로 잘할 수 있는 일이 무엇인지 고민해야 한다. 그리고 내가 성장할 수 있는 일인지, 소명을 느낄 수 있는 일인지 파악해야 한다. 창업도, 기업도, 공무원도, 언론도, 학계도 모두 중요한 역할을 하며, 각자에게 맞는 몫을 다하는 사람이 많을수록 더 나은 사회로 나아갈 수 있다.

이때 중요한 점은 내가 속한 조직에서 가장 똑똑한 사람이 되지 않는 것이다. 젊은 나이에 가장 무서운 적은 교만이다. 끊임없이 성장 기회를 찾아야 한다. 가능하면 자기가 속한 분야에서 가장 똑똑하고 열정적이며 프로 의식이 투철한 사람들이 있는 곳으로 가야 한다. 잘하는 사람 옆에 가면 주눅이 들까 두려워하지 말자. 열등감을 느끼는 것은 잠시다. 하지만 성장해야 할 때 기회를 놓치면 평생 후회한다. 자신이 스티브 잡스처럼 세상을 바꿀 역량이 없다면, 스티브 잡스의 동료가 되거나 투자자가 되는 것이 차선책이다. 모두가 세상을 바꿀 수는 없지만, 세상을 바꾸는 사람 옆에 있으면 내 인생을 바꿀 수 있다.

지난 수십 년 동안 세계에서 매우 가치 있는 기업 중 하나로 성장한 애플의 주식에 2003년 1만 달러를 투자했다고 가정하자. 오늘날 그 주식의 가치는 약 1,000만 달러(130억 원)에 달하고, 연간 배당금만 수천만 원에 이른다. 당신이 스티브 잡스가 될 수는 없지만, 그가 귀환한 애플에 투자했더라도 상당한 자산을 축적할 수 있었다.

아직 한참 더 배워야 할 나이에 자기가 똑똑하다고 생각하며 우쭐해하는 것만큼 어리석은 것은 없다. 자신을 낮추고 배움을 멈추지 말자. 배울 것이 많은 사람 가까이 있자. 그러면 새로운 기준에 적응하는 과정에서 나도 모르게 성장한다.

이 원칙은 학부 시절부터 박사 유학, 그 후 커리어까지 나에게 많은 도움이 되었다. 나는 미국에서 박사과정을 마치고 한국에서 1년 남짓 대학교수로 일한 뒤, 다시 미국으로 가서 데이터과학자로 일했고, 이후 미국 학계로 돌아가 연구자이자 교육자로 일하게 되었다. 이런 결정을 내린 데는 여러 이유가 있었다. 한국 사람으로서 한국에 살면 분명 편하다. 미국에 10년 넘게 살았으니, 미국 사회의 불편함도 알고, 부족함도 알고, 부당함도 안다. 그런데도 다시 미국으로 가는 결정을 내린 배경에는 개인적 이유와 커리어상의 이유가 있었다. 커리어상의 이유는 더 배우고 성장하고 싶다는 욕구가 가장 컸다. 아직 가능성이 많은 나이에 내 성장 속도의 기울기를 낮추고 싶지 않았다. 배울 것이 많은 사람들 속에서 스스로 돌아보고, 노력하고, 성장하는 경험을 쌓고 싶었다. 나는 아직 배우고 싶은 것, 잘하고 싶은 것이 너무 많다. 더 잘하고 싶다면, 더 잘하는 사람들 옆에 있어야 한다.

넘버원이 아니라 온리원이 되라

무엇이든 다 잘할 수는 없다. 그러나 내가 더 잘할 수 있는 일은 있다. 한 분야 전문가가 되기 위해 모든 면에서 뛰어난 엄친아, 엄친딸이 되어야 하는 것은 아니다. 세상이 필요로 하는 일 가운데 하나를 아주 잘할 수 있다면, 그리하여 남들이 어려워하는 일 중 하나가 어렵지 않다면, 그것이 바로 내가 전문가가 될 수 있는 일이다.

유전자 차원에서 볼 때 인간종은 99~99.5퍼센트가 같다. 그래서 사람은 어디에서 태어나든 비슷하게 생기고, 비슷하게 생각하며, 비슷하게 행동한다. 그러나 0.5~1퍼센트의 차이는 결코 작지 않다. 이 정도면 개인별로 1,500만 개 정도의 DNA 코드 문자가 다른 셈이다. 이 차이가 재능의 차이를 만든다.

말콤 글래드웰은 『아웃라이어』에서 '1만 시간의 법칙'을 이야기했다. 한때 이것이 성공의 법칙처럼 유행했지만, 프로 중 1만 시간 정도 노력하지 않는 사람은 없다. 엘리트 수준까지 올라가려면 노력은 물론 타고난 능력도 있어야 한다.[21] 데이비드 엡스타인의 『스포츠 유전자』라는 책에 따르면 NBA에서 뛰는 농구 선수들은 일반인들과 신장부터 다르다. 그들은 키가 크거나 신장 대비 팔이 길거나, 아니면 놀라운 점프력을 갖고 있다. 168센티미터의 키로 NBA에서 활동하던 스퍼드 웹은 신장 대비 팔이 길고 점프력이 좋았다. NBA 선수 중 덩크 슛을 못하는 사람은 없다. 이 세상에 모든 것을 잘하는 사람은 존재하지 않는다. 각자 좀 더 잘할 수 있는 분야가 있을 뿐이다.[22]

나도 잘하는 것보다 못하는 것이 더 많다. 그것을 알기까지 많은 시행착오를 겪었다. 나는 스포츠 분야에 재능이 부족해 한 번도 스포츠 신수를 꿈꿔본 직이 없다. 축구를 좋아해 초등학교 때는 축구화를 신고 공을 차면서 등교했지만, 내가 공을 차면 엉뚱한 방향으로 갈 때가 더 많았다. 미술을 오래 배웠지만 감성이 부족해 결국 그것을 전공으로 삼지 못했다. 대학에 입학할 때는 드라마 프로듀서를 꿈꾸었지만, 지금은 전혀 다른 길을 가고 있다. 그 외에도 많은 것을 계획했지만 생각대로 되지 않았다. 내가 시도했다가 실패한 목록은 너무 길어서 다 적을 수도 없다.

그러나 실패도 가치가 있다. 그것은 나를 알아가는 과정이기 때문이다. 나는 많은 방황 끝에 읽고 쓰고 연구하고 토론하고 관찰하는 것에 재주가 있다는 것을 깨달았다. 신은 공평해서 동경하는 대상과 같은 재능을 우리에게 주지 않는다. 그래도 우리가 가야 할 길을 가기에는 충분한 재능을 준다.

나와 남을 비교하는 것은 일종의 사회적 질병이다. 어떤 일을 하든 자신의 개성과 가치를 인정하지 못하면, 겉으로는 성공한 것처럼 보여도 내면적으로는 불행할 수밖에 없다. 왜냐하면 언제든 나보다 더 잘하는 사람이 있고, 내가 지금은 1등일지라도 언젠가 더 뛰어난 사람이 나타날 수 있기 때문이다. 비교를 통해 얻은 우위는 언제나 불안정하고 쉽게 무너진다.

이 질병을 더 악화시키는 것이 바로 인스타그램과 같은 소셜 미디어다. 타인의 삶이 잘 편집된 사진과 짧은 자랑으로만 비치는 공간에서, 우리는 남의 성공을 나의 실패처럼 느끼는 착시를 반복한다. 다른 사람의 성과는 실시간으로 비교되고, 자신은 늘 뒤처지는 것처럼 느껴진다. 그러면 자존감은 깎이고 방향성은 흐려진다.

그 덫에서 벗어나야 한다. 무엇보다 중요한 것은 내 인생의 목표가 남보다 잘난 사람이 되는 것이 아니라는 사실이다. 설사 그런 목표를 이뤘다고 해도, 나 못지않게 야심 있는 사람들에게 곧 추월당할 것이다.

더 많이 배우고 더 많이 만족하는 삶을 사는 데 목표를 둬야 한다. 이것은 단순한 이상론이 아니다. 행복과 성공은 성적순이 아니다. 학부까지는 전체 석차나 성적이 어느 정도 의미가 있을지 모르지만, 박사과정 이상부터는 성적이 아니라 논문을 통해 전공 분야에서 전문가로 인정받는 것이 훨씬 더 중요하다.

기초 실력을 쌓는 동안에는 넘버원number one이 되는 것이 필요해 보일 수 있다. 하지만 그 단계를 지나 진짜 전문가가 되는 시점부터는 넘버원이 아니라 온리원only one이 되어야 한다. 실제로 노벨상 수상자 중 그 분야의 '일등'이라서 받는 사람은 없다. 그들은 수많은 연구자 가운데 모두에게 도움이 되는 새로운 발견, 누구도 생각하지 못한 방식의 기여를 했기 때문에 상을 받는다. '누구보다 잘하는 것'이 아니라 '누구도 하지 못한 것을 하는 것'이 진짜 경쟁력이다.

사회에 필요한 수많은 일 가운데 내가 진심으로 좋아하고 잘할 수 있는 일을 찾아 그 일에 몰두하는 것이 진짜다. 다른 사람이 잘하는 것을 억지로 따라 하려 하지 말자. 내 인생이라는 가장 큰 대가를 치르면서 누군가의 인생을 대신 살아줄 이유는 없다.

15

4학년,
이제는 더하지 말고 빼라

잘하는 20퍼센트에 집중하라

4학년은 다르다는 것을 명심하자. 1학년이 자기 성찰을 하고 조언을 들으며 방향을 잡는 시기라면, 2~3학년은 이니셔티브를 발휘하고 역량을 쌓는 시기다. 그리고 4학년은 사회 진출을 준비하는 단계에 들어서는 만큼, 자신을 다시 정의하고 태도와 전략을 바꿔야 한다.

경제학자 빌프레도 파레토가 제시한 '파레토 법칙'을 떠올려 보자. 결과의 80퍼센트는 20퍼센트의 원인에서 나온다. 중고등 학교 시절 교실 청소를 생각하면 쉽게 이해된다. 열 명이 청소를 맡아도 실제로는 두 명이 80퍼센트를 한다. 대학 생활도 마찬가지다. 내가 집중할 '20퍼센트'가 무엇인지 찾고 굳이 잘할 필요

없는 80퍼센트는 과감히 버리는 연습이 필요하다.

여기서 중요한 개념이 기회비용이다. 어떤 선택을 한다는 것은 동시에 다른 선택을 포기한다는 뜻이다. 모든 활동에는 시간과 에너지가 들어가고, 그 자원은 유한하다. 지금 내 시간을 어디에 쓰느냐가 곧 내 성장의 방향을 결정한다. 덜 중요한 일에 시간을 쓰면, 진짜 중요한 기회를 놓친다.

이 시기의 전환을 좀 더 깊이 설명하기 위해 컴퓨터과학에 자주 등장하는 '탐색-활용explore-exploit' 전략을 예로 들어보겠다. 초기에는 다양한 가능성을 시도하며 탐색하지만, 시간이 지나면 가장 효과적인 선택지를 반복적으로 활용해서 효율을 극대화해야 한다. 탐색은 더 나은 기회를 찾는 과정이지만, 그만큼 시간과 에너지를 요구한다. 반면, 활용은 이미 잘되는 것에 집중함으로써 성과를 높일 수 있지만, 새로운 가능성을 놓칠 위험이 있다.

대학 생활도 마찬가지다. 저학년은 새로운 수업과 활동을 하고 사람들을 만나며 자신에게 맞는 길을 찾는 탐색 시기다. 하지만 4학년이 되면 무작정 확장하기보다 자신이 가장 잘하고 의미를 느낄 수 있는 분야에 전략적으로 집중해야 한다. 충분히 탐색했으면, 활용하기 위해 무엇을 포기하고 어디에 집중할 것인지 고민해야 한다. 탐색과 활용 모두 중요하지만, 두 전략을 동시에 할 수는 없다. 자원이 유한하기 때문이다. 결정적 시기에 가장 희소한 자원인 시간을 어디에 쓸 것인가가 곧 커리어의 방향을 결정짓는다.

4학년은 커리어를 넓히는 시기가 아니라 좁히는 시기다. 무엇을 더 할 것인가보다 무엇을 덜 할 것인가에 초점을 맞춰야 한다. 나 역시 그 교훈을 깨닫기까지 적지 않은 실패를 겪었다. 그래서 이 장에서는 내가 겪은 실패담을 솔직하게 나누고자 한다.

돌아가는 길에서 배운 것들

나는 2004년 대학에 입학했지만 교환학생, 휴학, 병역 등의 이유로 2012년 봄에 졸업했다. 약 8년이나 걸렸다. 길게 느껴질 수도 있지만, 지금 생각해보면 오히려 짧게만 느껴진다. 장학금을 받기 위해 이수 학점을 늘렸고, 매 학기 평균 20학점 이상씩 들었다. 그렇게 9학기 동안 178학점을 평균 평점 4.14/4.5로 이수했다. 공모전에서 다섯 번 수상했고, 학부생으로서 쓴 첫 책이 문화체육관광부 우수 교양 도서로 선정되었다. 네이버 서비스 자문위원도 맡았다. '이 정도면 졸업 후 갈 곳이 있겠지' 생각했는데, 현실은 달랐다. 졸업식에 참석하지 못한 이유는 '바빠서'가 아니라, 갈 곳이 없어서였다.

그해 나는 정치학이 아닌 사회학과 커뮤니케이션 분야로 미국 박사 유학에 도전했다. 전공 수업조차 한 번 들은 적 없는 분야였다. 스탠퍼드대 사회학과에서는 대기자 명단에 올랐지만 끝내

합격 소식을 받지 못했다. 이후 유학이 내 길이 아닌가 싶어 맥킨지, 베인 같은 회사에 원서를 넣고, 지인의 소개로 구글 코리아 면접도 봤다.

인생은 참으로 아이러니하다. 한쪽 문이 닫히면 다른 쪽 문이 열린다. 스타트업에서 일하게 되어, 부모님 댁에서 회사까지 왕복 네 시간 걸려 통근했다. 그 긴 시간 동안 나는 논문과 원서, 전공 서적을 읽었다. 결국 고등교육재단에서 정치학 분야 해외 유학 장학생 후보로 선발되었다. 고등교육재단이 나를 장학생으로 선발하지 않았다면 유학의 꿈을 완전히 접었을지도 모른다.

하지만 이후의 삶도 쉽지 않았다. 고등교육재단 장학생으로 선발된 그해 여름에 결혼했고, 다음 해 봄에는 아버지께서 암 진단을 받으셨다. 해야 할 일은 늘어났고, 마음의 여유는 줄어들었다. 그때 나는 비로소 집중하기 시작했다. 회사에 사표를 내고 아버지를 간병하며 논문을 준비했다. 그 시기는 슬프고도 고요했다. 책을 읽고 글을 쓰는 일이 내 슬픔을 견디는 방식이었다.

그리고 처음으로 '포기'할 수 있었다. 그전까지는 너무 많은 것을 붙들고 있었다. 스펙이 늘어나자 '나는 이것도 저것도 할 수 있어'라는 착각에 빠졌다. 사람들은 내가 컨설팅, 인터넷 기업 등 모두 잘할 수 있을 거라고 말했다. 하지만 그들은 나를 위한 길이 아니라, 자기들이 가고 싶었던 길을 말해주었다는 것을 나중에서야 깨달았다. 나는 귀가 너무 얇았고, 내 안의 기준이 없었다.

아버지가 돌아가시고 나서야 진심으로 내 인생을 생각하게 되었다. 아버지는 고졸 학력으로 대기업 공장에서 32년간 일했고, 정년퇴직한 지 5년 만에 암으로 돌아가셨다. 그 생애를 곱씹으며 깨달았다. 내가 정말 관심 있는 분야는 이 사회의 오래된 구조적 문제들이라는 것을. 그래서 나는 사회과학자가 되기로 결심했다.

미국 박사 유학에 다시 도전했더니, 이번에는 길이 열렸다. 낮에는 강의하고, 밤에는 연구 용역과 기고를 하며 생활비를 벌었다. 그렇게 2014년 2월, 드디어 꿈에 그리던 UC 버클리 정치학과로부터 합격 통지를 받았다.

그 시간들을 통해 내가 얻은 가장 큰 교훈은 할 수 있는 일이 많아진다고 해서 내가 진짜 해야 할 일이 명확해지는 것은 아니라는 것이다. 스펙은 자기를 증명하기 위해 더하는 것이고, 커리어는 자기가 나아갈 길을 정하기 위해 덜어내는 것이다. 나는 4학년 때 이 빼기 과제를 수행하지 못해 먼 길을 돌아갔다.

그 시절을 후회하지는 않는다. 그 덕분에 나 자신을 더 잘 알게 되었고, 사회에 대해 더 깊이 이해하게 되었으며, 그 과정에서 만난 사람들은 내 자산이 되었다. 하지만 조금 더 일찍 포기했다면, 더 빨리 집중할 수 있었을 것이다. 더 빨리 집중했다면, 더 많은 것을 얻을 수 있었을 것이다.

유학도 목적에 따라 지향점이 다르다

1. 전문 대학원과 일반 대학원은 다르다

같은 유학이라도 전문 대학원과 일반 대학원은 지향점이 다르다. MBA, 로스쿨 같은 전문 대학원은 실무 경력을 바탕으로 커리어를 확장하거나 전환하는 것이 주된 목표다. 졸업 후 다시 현장으로 돌아가는 경우가 많고, 프로그램도 실무 중심으로 구성된다.

반면에 일반 대학원, 특히 인문학이나 사회과학 분야의 박사과정은 학계 진출을 염두에 둔 경우가 많다. 물론 최근에는 민간 연구소, 정책 기관, 산업계로 나아가는 커리어 경로도 점점 다양해지고 있지만, 여전히 많은 프로그램이 '교수 트랙'에 맞춰져 있다.

2. 학위 취득 후 목표가 분명해야 한다

유학을 고민할 때는 단순히 '학위를 하나 더 딴다'는 관점보다, 다음과 같은 질문을 먼저 해보자. "이 과정을 마친 후, 나는 어디로 가고 싶은가?", "그 커리어 경로가 이 학위와 실제로 연결되어 있는가?"

대학원은 학교라기보다 '직장'에 더 가깝다. 특히 등록금과 생활비를 스스로 감당해야 하는 MBA나 로스쿨의 경우, 2~3년이라는 시간과 기회비용까지 고려해야 한다. 일부 대기업이나 공공기관이 비용을 지원하는 사례도 있지만, 대부분 개인 부담이다.

그에 비해 미국의 일반 대학원 박사과정은 상위권 프로그램의 경우 전액 장학금과 생활비를 제공하는 경우가 많다. 따라서 경쟁률이 매우 높고, 입학 허들이 높아지는 추세다. 일반 대학원 석사과정은 대부분 자비 유학이다. 그러나 일부 연구 중심 석사MA/MS 프로그램이나 조교직을 동반한 과정은 등록금 감면 또는 소액 생활비를 제공하기도 한다.

3. 박사 유학, 신중하게 생각하자

박사 유학을 고민하고 있다면, 이 과정이 긴 시간과 노력을 요구하며 졸업 후 진로가 불확실하다는 점을 명확히 인식해야 한다. 그런 점에서 이런 질문을 던져보자. "내가 정말 학문을 하고 싶은가?", "지적 호기심을 좇는 일이 내 인생에서 중심이 될 수 있는가?"

모든 분야가 흥미로울 수는 없다. 하지만 적어도 어떤 질문 하나쯤은 밤새워 고민하고 싶어지는 내적 욕구가 있어야 학문이라는 지난한 길을 지속할 수 있다. 연구자라는 직업은 그런 사람에게 맞는다.

그래서 박사 유학을 고민하는 학생이 정작 연구 질문을 찾지 못해 괴로워한다면, 그 길은 적성에 맞지 않는다고 본다. 궁금한 것이 별로 없다면, '묻고 답하는 것'이 업의 본질인 학문의 세계에 굳이 들어설 필요가 없다. 그보다는 자신에게 더 맞는 다른 길을 일찍 찾는 것이 훨씬 현명하다.

4. 실적과 치밀한 준비가 기회를 만든다

너무 궁금해서, 더 파고들고 싶어서 잠이 오지 않을 정도의 주제가 있다면, 그리고 그 호기심이 공들여 쓴 소논문 같은 구체적인 결과물로 이어진 경험이 있다면, 그것 자체가 훌륭한 지렛대leverage가 될 수 있다. 그런 질문과 결과물이 있다면, 유학에 필요한 재정 문제 역시 얼마든지 방법을 찾아 해결할 수 있다. 실제로 내 경우가 그랬다.

물론 쉬운 길은 아니다. 장학금이나 상위권 학교의 자리는 경쟁이 매우 치열해, 단순한 노력만으로는 부족할 수 있다. 철저한 '방향 잡기'가 중요하다.

학교나 재단이 보는 것은 결국 하나다. "이 사람이 특정 분야에서, 어떤 방식으로, 어떻게, 얼마나 기여할 수 있는가?" 그 질문에 잘 답할 수 있도록 노력하되, '결과에 영향을 미칠 수 있는 방향'으로 준비하자. 많이 준비하는 것이 아니라, 전략적으로 준비하는 것이 유학이라는 긴 여정의 문을 여는 첫 단추다.

실제로 내가 KDI 국제정책대학원에서 교수로 재직할 때, 미국 박사 유학에 도전했다가 모든 학교에서 불합격 통보를 받고 낙담한 학생이 있었다. 그 학생은 다시 도전하고 싶다며, 내게 무엇을 더 해야 하느냐고 물었다. 그래서 나는 "일단 다른 것은 다 내려놓고, 학업 계획서와 논문 샘플을 제대로 준비하라"고 말했다.

그 학생은 학부 시절부터 다양한 활동을 했다. 열정과 의욕이 넘쳤다. 그래서 박사과정 지원도 그렇게 다방면으로 준비하려 했지만, 그런 접근 방법은 미국 대학원 박사과정과 맞지 않았다. 미국 학과의 입학사정회가 관심 있게 보는 것은 지원자의 '학자로서의 가능성'이다. 그 가능성을 보여주는 데 필요한 서류와 준비 항목은 비교적 명확하다. 성적과 추천서는 이미 거의 정해졌으니, 학업 계획서와 논문 샘플을 잘 준비해야 한다. 이 학생은 방향을 다시 잡고 집중한 끝에, 결국 미국의 우수한 대학에서 입학 허가를 받았다. 지금은 박사 학위를 받기 위한 훈련을 성실히 받고 있다.

자신의 가치, 우선순위 그리고 이에 대응해 상대방이 원하는 조건과 자격을 제대로 준비하는 것이 바로 유학이라는 문을 여는 가장 확실한 열쇠다.

버리면 얻는 것들

스펙과 커리어는 같지 않다. 매 학기 열심히 사는 것만으로는 부족하다. 남이 가는 길을 그대로 따라가는 것 역시 좋지 않다. 그것은 나에게 진정한 동기가 되지 못한다. 어느 길이나 쉽지 않다. 변호사나 의사도 좋은 직업이지만 매일 나쁜 놈, 아픈 사람을 상대하느라 고충이 많다. 일에는 필연적으로 고통이 따른다. 불확실성도 예외 없이 함께한다. 중요한 것은 그럼에도 불구하고 그 일을 하고자 하는 절실함과 그 일을 통해 이루고자 하는 소명이다. 나는 교만하고 어리석어 그 사실을 받아들이는 데 시간이 오래 걸렸다.

스펙은 커리어가 되지 못한다. 눈에 보이는 능력과 결과 외에 절실한 마음과 소명을 잘 키워야 한다. 학부 저학년 때는 이력서에 한 줄이라도 더 집어넣는 것이 중요해 보일 수 있지만, 커리어를 만드는 것은 그 몇 줄이 아니라 거기에 담긴 내용이다. 그리고 그런 경험의 일관성을 지켜야 한다. 졸업을 앞둔 4학년은 이 점을 기억해야 한다. 불필요한 것을 버리면 더 많은 것을 얻을 수 있다. 남아프리카공화국에서는 목이 좁은 항아리에 향기로운 과일을 집어넣어 원숭이가 모이는 곳에 둔다고 한다. 그러면 원숭이는 과일을 먹으러 항아리에 손을 집어넣고 손에 쥔 많은 과일을 포기하지 않으려다가, 결국 사냥꾼에게 잡혀 목숨을 잃는다. 저학년 때는 한 일이 없어서 고민하지만, 고학년 때는 하고 싶은 것이 많아서 갈등한다. 그러나 로켓이 우주를 향해 날아 오르려면 더 가벼워져야 한다.

덜 하는 것이 더 하는 것이다

"덜 하는 것이 더 하는 것이다Less Is More"라는 교훈[23]은 유학 준비할 때만 유효했던 것이 아니다. 박사 유학 생활 내내 나를 지탱해준 원칙이었다. 대학원에 들어가면 누구나 처음에는 시 행착오를 겪는다. 나도 예외가 아니었다. 관심 있는 주제가 너 무 많고, 하고 싶은 연구도 넘쳤다. 한 편의 논문으로는 감당되 지 않을 만큼 큰 질문을 붙들고 헤매기도 했다.

물론 초기 탐색기는 필요하다. 이것저것 해보는 것은 당연하 고 바람직하다. 하지만 학부 4학년 때와 마찬가지로, 박사과정 에서도 무엇을 덜어내고 어디에 집중할지 결정해야 하는 순간 이 온다. 단순히 배우는 것이 목적이라면 여러 분야를 두루 아는 사람으로 남아도 괜찮다. 하지만 학계에서 자리 잡고자 한다면, 특히 빅사 후 징년 보장 가능싱이 있는 교수직(선임 교원)을 목표 로 한다면, 명확하고 협소한 분야에서 인정받는 전문가가 되어 야 한다.

대학은 여러 분야를 두루 아는 사람을 교수로 뽑지 않는다. 학 과 내 연구와 교육을 책임질 수 있는 '한 분야의 대표자'를 찾는다. 그리고 그 명성을 쌓는 가장 직접적인 방법은 해당 분야에서 인정받는 방식으로 연구를 출판하는 것이다. 이것은 학계뿐 아니라 사회 전반에서도 마찬가지다. 기업은 특정 부서에서, 특정 프로젝트가 직면한 문제를 해결할 수 있는 인재를 원한다. 대학 총장이나 기업의 최고 경영자는 여러 분야를 두루 아는 사람이어야 할지 모르지만, 그들 역시 전문가로 출발했다.

"어떤 분야에서 전문성을 쌓을 것인가?"라는 질문에 답할 때, 많은 학생이 유행에 주목한다. 그러나 트렌드는 빠르게 바뀐다. 박사과정에서는 학위를 마치고 교수 임용 시장에 나올 즈음이면 그 주제가 이미 학계의 상식이 되거나 경쟁이 치열해진 경우가 많다. 따라서 트렌드를 무시하지 말아야 하지만, 트렌드를 맹목적으로 쫓기보다 해당 분야의 근본적인 질문을 남보다 더 잘 해결하는 데 집중하는 것이 훨씬 중요하다.

나는 대학원에서 남들이 하는 일을 모두 따라 하려고 애쓰기보다, 정말 관심 있고 남보다 더 잘 풀 수 있는 문제를 깊이 파고드는 데 힘을 쏟았다. 그런 노력의 연장선에서 공공 분야의 데이터과학이라는, 고유한 경쟁력이 있는 분야를 발견했다.

학부를 졸업할 때든 박사과정을 마칠 때든, '무엇을 포기하고 무엇을 깊이 파고들 것인가'는 피할 수 없고 피하지 말아야 할 질문이다. 내려놓은 만큼 더 얻는다. 그리고 그 답을 일찍 찾을수록, 일을 더 적게 하면서 더 멀리 갈 수 있다.

채용 인터뷰를 준비하는 법

나는 민간 기업, 국책 연구소, 학계, 비영리 단체 등 다양한 분야에서 채용 인터뷰를 했다. 성공한 경우도 많고 실패한 경우도 적지 않다. 채용 위원회에 참가해 직접 사람을 뽑기도 했다. 이런 경험을 쌓으며 인터뷰를 바라보는 시각이 달라졌다. 예전에는 인터뷰를 큰 시험처럼 생각했지만, 지금은 '나와 조직이 서로 잘 맞는지 확인하는 대화'로 본다.

아래 소개하는 네 가지 팁은 내가 커리어 초기에 알았더라면 좋았을 값진 깨달음들이다.

1. 채용은 조직의 문제 해결 과정이다

모든 채용은 조직이 안고 있는 특정한 문제에서 출발한다. 팀에 인력이 부족하거나, 부서에 새로운 전문성이 필요하거나, 프로그램에 리더십이 필요한 경우다. 인터뷰는 내가 얼마나 뛰어난지 증명하는 자리가 아니다. '당신들이 가진 문제를 내가 이렇게 해결할 수 있다'고 보여주는 자리다.

이런 문제가 채용 공고에 명확히 드러나는 경우도 있지만, 그렇지 않은 경우도 많다. 대부분 드러나지 않는다. 가능하면 그 조직에 대해 아는 사람을 통해 실질적인 필요를 파악하고, 아는 사람이 없다면 채용 담당자에게 직접 물어보는 것도 한 가지 방법이다. 좋은 인터뷰 준비는 상대방이 진짜 원하는 것을 이해하는 데서 시작된다. 그다음에는 단순히 '자격을 갖춘 사람'이 아니라 '찾고 있던 바로 그 사람'이라는 인상을 주어야 한다.

2. 전략적인 나 자신이 돼라

많은 사람이 인터뷰에서 이상적인 지원자처럼 보이려고 노력한다. 그러나 억지로 자신을 포장하려 하면 오히려 부자연스럽다. 인터뷰에서는 '나는 누구이고, 어떤 일을 하고 싶다'고 정직하고 명확하게 말하는 것이 중요하다.

물론 조직이 원하는 문제에 맞춰 내가 그 문제를 해결할 수 있는 사람임을 보여주기 위해 최선을 다해야 한다. 그러나 만약 조직이 그 모습을 매력적으로 보지 않는다면, 애초에 나와 맞지 않는 곳일 수 있다. 인터뷰는 나를 평가받는 자리이기도 하지만, 동시에 내가 조직을 평가하는 자리이기도 하다. 인터뷰를 통해 조직의 가치관이나 방향성이 나와 다르다는 것을 알게 된다면, 오히려 합격하지 않는 것이 낫다. 나 자신으로 일할 수 있는 곳을 만나는 것이 더 중요하다.

3. 인터뷰는 독백이 아니라 대화다

인터뷰 형식은 분야마다 다르지만, 기본 원칙은 같다. 대화가 독백보다 낫다. 대본을 미리 짜서 그걸 외워 답변하는 것은 인터뷰가 아니다. 인터뷰는 고전 음악보다 재즈 연주에 가깝다. 답변할 때도 마무리 짓는 식으로 단호하게 끝내기보다, 대화를 이어갈 여지를 남기는 것이 좋다. 상대방이 이야기할 때는 주의 깊게 듣고, 필요하면 메모하자. 상대의 말을 짧게 요약하거나 되짚어주는 것도 좋은 방법이다.

사람들은 내가 무슨 말을 했는지 금방 잊어버리지만, 내가 어떤 인상을 남겼는지는 오래 기억한다. 상대가 존중받고 있다고 느끼게 하는 것이 좋은 인터뷰의 기본이다.

4. 인터뷰하는 사람의 수고를 덜어주자

인터뷰를 진행하는 사람들은 여러 후보를 만난다. 이 과정은 시간이 오래 걸릴 뿐만 아니라 때로는 피로도도 상당하다. 이럴 때 인터뷰어의 수고를 조금이라도 덜어주는 태도를 보이면 분명 좋은 인상을 남길 수 있다.

인터뷰 전에 나를 면접할 사람들이 누구인지 찾아보고, 그들의 연구나 활동을 미리 알아보자. 학계에서는 발표 중에 자연스럽게 그들의 관심사를 언급할 수도 있고, 기업이나 단체에서는 상대방의 업무를 고려해 질문을 준비할 수도 있다.

인터뷰 마지막에 "질문이 있습니까?"라고 물으면, 조건 협상이나 부정적인 질문을 꺼내기보다 그들의 팀이나 조직이 지향하는 방향에 대해 묻는 것이 좋다. 상대방의 비전이나 철학에 관심을 보이는 질문을 하면 준비성과 진지함을 함께 전달할 수 있다.

모든 인터뷰 자리에서는 어느 정도 긴장되기 마련이다. 그러나 인터뷰는 단순히 합격을 위한 관문이 아니라, 나 자신을 더 잘 이해하고 진짜 나와 맞는 자리를 찾는 과정이기도 하다. 인터뷰에서 돋보이는 가장 좋은 방법은 나 자신을 억지로 포장하는 것이 아니라, 상대방이 나를 통해 문제를 해결할 수 있겠다는 확신을 느끼게 하는 것이다. 그리고 무엇보다 상대방이 나와 대화하며 편안하고 존중받는 느낌을 받을 수 있도록 하는 것이 중요하다.

방황에 마침표를 찍기 위한 Q&A

무엇을 할지 몰라 방황하거나 하고 싶은 것이 너무 많아서 어떻게 좁혀갈지 몰라 고민하는 사람에게 다음과 같은 조언을 해주고 싶다. 이는 과거에 내가 운영했던 블로그 글을 읽고 이메일로 질문해온 포항공대 수학과 재학생에게 답변해준 내용이기도 하다. 그 학생은 경영학에 관심이 많았다.

Q: 가야 할 길을 아직 확실히 정하지 못했다. 마음이 정리되지 않은 상태에서 특정 분야를 정하고 노력해도 될까?

A: 어떤 분야든 딴 데서 헤매다가 다시 그 길로 가면, 그 길만 쭉 달려온 친구들보다 역량이 떨어진다. 아무리 능력이 있어도 비슷한 능력을 갖춘 사람들이 어느 분야에서나 정상을 노리기 때문에 어쩔 수 없다. 달리 말해 기회비용이 발생한다.

반대로, 어느 정도 마음을 정리하고 업무에 임하면 또다시 방황할 일이 적다. 아무래도 실무에 투입된 뒤에 방황하면 기회비용이 더 커진다. 나도 유학을 결정하고 대학원에 가기 전까지 고민이 많았다. 하지만 이런 고민을 대학원에 가서 하는 사람도 있다. 실제로 사회과학 계열로 유학하는 사람 중에는 중간에 로스쿨로 진로를 바꿀지 고민하는 사람도 많다. 그때 흔들리면 나이도 적지 않고, 이미 해놓은 것도 있기 때문에 기회비용이 크다. 따라서 기왕에 방황할 것이라면 한 살이라도 젊을 때 치열하게 하는 것이 좋다.

Q: 내 길이 아닌 것 같은데, 호기심이 있거나 이력서에 써넣으면 화려할 것 같아 특정 분야에 진출하는 것은 어떤가?

A: 순수한 호기심, 화려한 이력서로 일을 하는 것이 아니다. 커리어는 화려한 것보다 일관된 것이 좋다. 세 가지 분야에서 3, 4등 하는 것보다 한 분야에서 최상으로 하는 것이 커리어에 훨씬 도움이 된다. 기업도 마찬가지다. 확실한 것이 없으면 성장하기 어렵다.

세계적인 음악가 존 레전드 역시 처음부터 음악을 직업으로 삼은 것이 아니다. 그는 펜실베이니아대를 우등으로 졸업한 뒤 보스턴컨설팅그룹BCG에서 전략 컨설턴트로 커리어를 시작했다. 하지만 일하는 동안 점점 자신이 진심으로 몰입할 수 있는 일은 음악이라는 것을 깨닫고, 결국 안정된 커리어를 내려놓고 전업 가수의 길을 택했다.

무엇을 할지 모를 때는 적어도 나를 점점 무기력하게 만드는 일이 무엇인지 분명히 알아차려야 한다. 많은 사람이 그렇게 '싫은 일'로부터 멀어지는 방향에서 자신의 진짜 일을 찾아간다.

30년 뒤 자신이 무슨 일을 하고 있을지 생각해보는 것도 좋다. 그러면 핵심 가치가 아닌 것을 버리게 된다. 호기심이나 화려한 이력과 같은 것이 30년 뒤에도 의미 있을까? 3년만 지나도 별 의미가 없다. 자기가 성장하는 데서 오는 기쁨이나 일에서 오는 만족이 없다면, 그 일에 지속적으로 매진하기가 쉽지 않다.

죽음 앞에 섰을 때, 이 세상에 무엇을 남기고 싶은지 생각해보자. 하고 싶은 일만 한다는 것은 어떻게 보면 다소 이기적인 목표일 수 있다. "나는 이 세상의 어떤 문제를 어떻게 해결하고 싶은가?" 그리고 "그 과정에 어떻게 기여하고 싶은가?" 내 대답은 연구와 교육이었다. 이 세상의 퍼즐들을 풀고, 사회적 상상력을 가진 인재들을 키우고 싶었다.

우리가 선택을 망설이는 이유는, 언제나 어딘가에 더 나은 길이 있을지 모른다는 생각 때문이다. 하지만 결혼식이 아무리 화려해도 결국 중요한 것은 결혼 생활을 어떻게 함께 이어가느냐인 것처럼, 진로도 처음에 무엇을 선택하느냐보다 그 일을 어떤 마음가짐으로, 어떻게 해나가느냐가 훨씬 더 중요하다.

많은 사람이 100퍼센트 확신이 드는 길이 올 때까지 기다리지만, 그런 길은 현실에 존재하지 않는다. 오히려 80퍼센트 정도 만족스러운 커리어면 충분하다. 그 정도면 시작해도 된다. 나머지 20퍼센트는 시작하고 나서 채워가면 된다. 완벽한 선택보다 더 중요한 것은 실행과 성장의 자세다.

스펙은 그 자체로 의미가 없지 않지만, 커리어를 대신할 수는 없다. 왜냐하면 커리어는 단순히 화려한 이력의 집합이 아니라, 자신이 어떤 문제에 책임감을 느끼고 어떤 방식으로 세상과 연결되고 싶은지 보여주는 과정, 즉 소명의식에서 비롯된 결과이기 때문이다.

16

기회의 선순환:
때로는 기다리고 때로는 도전하라

중국 송나라 때 유의경이 편저한 『세설신어世說新語』에는 인생의 세 가지 불행이 나온다. 일찍 잘 풀리는 것, 배경이 든든한 것, 재주가 넘치는 것. 그중에서도 '소년등과 일불행少年登科 一不幸', 즉 어릴 때 출세하는 것이 가장 위험하다고 한다. 너무 이른 성공은 남들의 질투를 부르고, 때로는 자기 자신을 감당하지 못하게 만든다. '소년등과 부득호사少年登科 不得好死', 즉 일찍 뜬 사람이 곱게 사라지는 일은 드물다는 밀까지 있을 정도다.

요즘은 최연소 입학, 최연소 졸업, 조기 취업에 온 사회가 열광한다. 하지만 20대는 금방 무너질 명성과 인기를 쌓기보다 실력을 다지는 데 집중해야 하는 시기다. 실력 없이 주목을 받으면, 보여줄 것도 버틸 힘도 없다. 반대로 실력과 겸손을 함께 갖춘 사람은 기회가 왔을 때 폭발적으로 성장한다. 겉으로 드러난 성취가 없는 시기에 무언가 꾸준히 준비하는 사람이 결국 오래간다.

한국 사회는 늘 '남보다 빨리'를 요구한다. 하지만 여기에 무작정 휘둘릴 필요는 없다. 나도 대학 입시에 실패하고 재수를 했다. 재수는 정말 별것 아니다. 휴학을 1년 하면 재수와 똑같다. 빨리 졸업해도 이후 진로가 불투명하면 의미가 없다. 내가 졸업 후 스타트업에서 1년간 일한 것도 마찬가지다. 바로 대학원에 진학했다면 학계에 1년 빨리 들어갔겠지만, 실무를 경험한 덕분에 연구를 바라보는 시야가 훨씬 넓어졌다. 늦게 가는 것과 다르게 가는 것은 같지 않다. 속도보다 방향이 중요하다.

빠른 사람보다 준비된 사람이 기회를 잡는다. 준비는 단순히 '기다리는' 것이 아니다. 기회는 언제나 직구로 오지 않는다. 때로는 변화구로 날아온다. 그 변화구를 칠 수 있는 사람만이 기회를 자기 것으로 만든다. 결국 기회를 잡는 것은 타이밍이 아니라 준비된 사람의 태도다.

'조용한 기다림'과 '적극적인 도전'

'조용한 기다림'과 '적극적인 도전'은 서로 모순되지 않는다. 상황에 따라 전략이 달라져야 한다. 세상은 늘 우리에게 호의적이지 않다. 때로는 의도하지 않은 일, 예상 밖의 장애물, 불확실한 흐름이 길을 가로막는다. 그럴 때는 한 걸음 물러서 숨을 깊게 고르며 내실을 다지다가 기회가 보이면 주저하지 말고 나서자. 속도보다 리듬이 더 중요하다. 준비 → 기다림 → 도전 → 성찰 → 다시 준비. 이 순환이 삶을 만든다.

영어에 이런 말이 있다. "No one hands you anything on a silver platter." 아무도 은쟁반에 기회를 담아주지 않는다는 의미다. 결국 내 밥은 내가 직접 내 밥그릇에 담아야 한다. 기회는 준비된 사람이 움직일 때만 자기 것이 된다.

이 원리를 실천으로 옮긴 인상적인 사례가 있다. 미국 테크 업계에서 활약 중인 디자이너 김누리는 나와 같은 대학 학부를 나왔지만 당시에는 서로 알지 못했다. 그러다가 미국에서 인연이 닿았다. 내가 UC 버클리에서 박사과정을 할 때 누리는 샌프란시스코에 본사를 둔 우버에서 디자이너로 일했다. 버클리에서 다리를 건너면 샌프란시스코가 나온다. 누리는 힘든 유학 시절 내게 큰 위로가 되어준 고맙고 존경하는 친구다.

누리는 고려대 사범대학에서 교육학을 전공했지만, 디자인 분야로 커리어 선환을 결심하고 샌프란시스코에 있는 갤리포니아 예술대학CCA으로 유학을 떠나 석사과정을 밟았다. 그 무렵 대형 운송 기기 디자인 회사 티그에서 일하고 싶었지만, 그 회사는 인턴을 뽑지 않았다. 누리는 고위 임원의 이메일을 수소문한 뒤, 2분짜리 포트폴리오 영상을 제작해서 보냈다. 결국 회사에서 인턴 자리를 만들어주어, 누리는 보잉사와 관련된 프로젝트에 참여하게 되었다.

졸업 후 학생 비자 만료 시점이 다가오는 불안정한 상황에서도 잠시 혼다에서 계약직으로 일하며 실무 경험을 쌓았다. 그 경험을 바탕으로 우버 정규직 자리를 얻었고, 이후에도 멈추지 않았다. 자율주행 팀으로 옮기고 싶었던 누리는 해당 팀이 디자이너를 채용하기 전에 관련 기술과 산업을 미리 공부하며 준비해, 마침내 채용이 시작되었을 때 주변의 추천을 받아 기회를 얻었다.

스스로 기회를 만들고, 그 기회를 다음 도전의 발판으로 삼는 모습이야말로 '조용한 기다림'과 '적극적인 도전'이 어떻게 맞물려 작동하는지 보여주는 실천적 예라고 할 수 있다.

이 원리는 내 커리어에도 그대로 적용된다. 미국에서 박사 학위를 받은 뒤, 나의 첫 직장은 KDI 국제정책대학원이었다. 데이터과학 담당 조교수로 1년 남짓, 정확히 11개월간 일했다. 이후 데이터과학이 실제 정책 현장에서 적용되는 것을 배우기 위해 미국의 대표적 시빅 테크 단체인 코드 포 아메리카로 자리를 옮겼다. 이곳에서 나는 미국 연방정부, 주정부, 지방정부와 협력해 복지 시스템을 개선하는 프로젝트를 수행했다.

이러한 커리어 전환이 가능했던 데는 대학원 시절부터 기업, 정부, 국제기구, 비영리 단체 등에 소속된 데이터과학자들과 교류하며 네트워크를 다져온 점도 있었다. 코드 포 아메리카에 있으면서 학술 연구를 이어갔고, 존스홉킨스대와 하버드대에 연구위원으로 소속되어 있었다. 실무 프로젝트가 정책 영향 평가와 연결되었고, 그 결과물로 논문을 쓸 수 있었다. 학계와 현장의 경계를 넘나드는 경험은 연구자로서 내 경쟁력을 키워주었다.

그 경험 덕분에 2024년 미국에서 전임 교수직에 지원할 수 있었다. 전임 교수란 정년 보장 심사가 가능한 교수직이다. 이때 코드 포 아메리카와 조지타운 매코트 정책대학원의 협력 프로젝트를 통해 알게 된 도널드 모이나한 교수가 강력한 추천서를 써주었다. 모이나한 교수는 이후 미시간대 포드 정책대학원으로 자리를 옮겼는데, 미국 정책학회APPAM 회장을 역임한 학계의 명망 있는 학자다. 나는 그해 여러 정책학, 데이터과학 관련 학과에서 인터뷰를 진행했고, 그중 노스캐롤라이나대 채플힐로부터 정책학과의 정년 트랙 교수직과 데이터과학부 겸임 교수 제안을 동시에 받았다. 정책과 데이터과학을 함께 연구하고 가르치고 싶었던 나의 희망과 정확히 맞아떨어지는 자리였다.

나는 기회의 선순환을 믿는다. 준비하고 도전하면, 하나의 기회가 반드시 다음 기회로 이어진다. 그러나 이 기회는 언제나 직선으로 오지 않는다. 멀리 돌아가고, 때로는 천천히 가는 길에서도 준비된 사람에게는 반드시 공이 날아든다. 중요한 것은 그 순간을 준비하고, 놓치지 않는 열정이다.

단 한 번의 성공에 모든 것을 거는 사람은 이후 더 큰 어려움에 봉착한다. 단발적인 주목을 얻었으나 그것을 이어갈 준비가 되지 않으면, 그 성공이 오히려 발목을 잡는다. 첫 성과가 지나치게 커서 다음 단계를 감당하지 못하고 무너지는 사람을 많이 봤다. 진짜 중요한 것은 반짝 성공one-hit wonder이 아니라, 계속해서 빛나는 것이다.

롱런하는 사람, 계속 기회를 잡는 사람은 열심히만 하는 것이 아니라 전략을 쓸 줄 안다. 특히 '조용한 기다림'과 '적극적인 도전'이라는 상반된 두 전략을 상황에 따라 유연하게 활용할 줄 아는 사람이 오래간다.

한 걸음 물러서 내실을 다져야 할 때도 있고, 두려움을 무릅쓰고 기회를 붙잡아야 할 때도 있다. 둘 중 하나에만 익숙한 사람은 오래가지 못한다. 늘 도전만 하다가 지치거나, 기다리기만 하다가 타이밍을 놓친다. 기회의 선순환을 누리려면 이 두 전략을 오갈 줄 알아야 한다. 조용히 준비하면서 움직여야 할 때는 망설이지 말아야 한다. 롱런이란 결국 끊임없는 파도타기의 결과다.

이 원리는 기업가 정신entrepreneurship으로도 설명할 수 있다. 기업가 정신은 단순히 창업을 의미하지 않는다. 스스로 문제를 정의하고, 새로운 가치를 창출하며, 그것을 바탕으로 기회를 만드는 사고방식이다. 불확실한 상황에서 제한된 자원으로 새로운 것을 시도하는 사람이라면 누구나 기업가다. 그 핵심에는 두

가지 전략이 있다. 바로 가치 창출value creation과 가치 포착value capture이다. '조용한 기다림'은 가치 창출의 시간이다. 배우고, 실험하고, 내실을 다지는 시기다. 세상에 아직 보여주지 않은 자신의 가치를 준비하며 가능성을 축적하는 단계다. 반면 '적극적인 도전'은 가치 포착의 시간이다. 내가 만든 가치를 외부에 보여주고, 제안하고, 기회를 움켜쥐는 단계다.

도전만으로도 부족하고, 기다림만으로도 부족하다. 창출과 포착, 기다림과 도전이라는 두 전략을 상황에 맞도록 유연하게 활용할 때, 삶에 기회의 선순환이 생긴다. 한 번의 기회가 또 다른 기회를 부르고, 준비된 사람은 그 흐름을 이어간다. 멈춰야 할 때는 멈추고, 나아가야 할 때는 주저 없이 나아가자. 직구든 변화구든, 유연하게 대처할 줄 아는 사람에게는 모든 공이 기회다.

학년별 학습 로드맵: '기회의 선순환'을 설계하자

대학 생활은 계단처럼 한 칸씩 오르는 것이 아니라, 서로 연결된 순환 구조에 가깝다. 한 학기의 경험이 다음 학기의 기회를 낳고, 그 기회를 잘 활용한 사람이 또 다른 가능성의 문을 연다. 수업, 프로젝트, 사람, 글쓰기, 발표, 인턴십 등 모든 활동은 다음 도전을 위한 '기회 창출'이자, 이전 준비의 '기회 포착'이다. 이 로드맵은 단지 해야 할 일의 목록이 아니라, 기회를 만들고, 그것을 활용하며, 다시 성장 기회를 낳는 '기회의 선순환 구조'를 설계하는 안내서다. 지금 하는 활동이 다음 문을 연다는 것을 기억하며, 각 학년을 전략적으로 구성하자.

▶ 1학년: 나를 실험하고, 대학을 배우는 시기

대학에 입학한 첫해는 그 자체로 하나의 실험실이다. 무엇이든 시도할 수 있고, 모든 선택지가 열려 있다. 이 시기의 핵심은 '탐색'이다. 수강 신청은 단순한 선택이 아니라 전략이다. 전공 구조를 파악하고, 시간표 커뮤니티나 강의 평가 사이트, 학교 홈페이지 등을 종합적으로 참고해 자신만의 수업 로드맵을 설계하자. 학교 밖에서 배울 수 있는 것은 굳이 학교에서 들을 필요 없다.

기초 역량을 다지는 데도 가장 좋은 시기다. 글쓰기, 발표, 영어를 매일 한 시간씩 루틴을 잡아 연습하자. 한 학기 안에 에세이형 과제 한 편을 완성하고, 영어 원서 세 권 이상 읽는 것을 목표로 삼자. TED나 팟캐스트를 활용해 영어 듣기 루틴을 만들고, 글쓰기와 말하기 관련 교양 수업을 적극 수강하자.

시험은 결과보다 과정이 중요하다. 강의 노트를 반복 암기하는 수준을 넘어, 필기 → 워드 정리 → 답안 작성 → 피드백 받기의 루틴을 만들고 '나만의 기본서'를 만드는 훈련을 해보자. 이 과정은 중간·기말 시험뿐 아니라 이후 대학원 자격시험이나 자기소개서 작성, 논리적 글쓰기 전반에 큰 자산이 된다.

방학은 캠퍼스 밖으로 나갈 시간이다. 연합 동아리, 창업/연구 프로그램, 시민단체 활동, 배낭여행, 고전 몰입 등 대입 준비 중에는 하지 못했던 활동 한 가지를 깊이 있게 시도하자. '한 번쯤'이 아니라, '제대로' 해보는 경험이 중요하다.

학교 도서관, 교수학습개발센터, 학술 DB 등 대학이 제공하는 학습 인프라를 미리 익히는 것도 중요하다. 대학의 진짜 자산은 사람과 공간, 시스템이다. 어디서 어떤 도움을 받을 수 있는지 미리 알아두는 것만으로도 훗날 큰 차이를 만든다. 작은 실험과 루틴은 기회의 씨앗이 된다. 지금 뿌린 경험이 이후 선순환을 이끈다.

▶ 2·3학년: 질문을 정교화하고, 진로를 설계하는 시기

대학 생활의 중반부는 본격적인 성장의 시기다. 이제는 단순한 수업 참여를 넘어, 자신만의 질문을 정교화하고 구체적인 진로 방향을 설계할 시점이다.

문과 계열 학생이라면 이 시기에 연구방법론 강의를 반드시 수강하자. 논문 쓰기나 데이터 분석 기반 강의에도 도전하자. 이과 계열이라면 실험, 실습, 캡스톤 디자인 등을 통해 체계적으로 문제 해결 역량을 기를 수 있다. 교수님과 함께하는 연구실 인턴, RA 활동, 공모전 참여, 산학 프로젝트 경험은 문과·이과 계열 모두에 해당한다. 가능하면 실제 데이터를 다루거나 현장과 연결된 과제에 참여하는 것이 좋다.

방학에는 인턴십에 도전하자. 여름방학은 기업, 공공기관, 비영리 단체 등 다양한 조직에서 인턴십 경험을 쌓을 수 있는 중요한 시즌이다. 학교 취업지원센터나 학과 게시판, 지자체 홈페이지 등을 활용해 기회를 찾아보고, 기회가 보이지 않으면 관심 있는 조직에 제안서를 보내는 것도 생각해볼 만하다. 짧은 경험이라도 직무에 대한 이해와 진로 판단에 큰 도움이 된다.

이 시기에는 의사소통 역량도 집중적으로 강화해야 한다. 발표 수업을 의도적으로 선택하고, 발표 후 피드백을 받아 개선하자. 동아리나 공부 모임에서 리더를 맡는 것도 좋은 훈련이다. 국제 콘퍼런스, 워크숍 등 영어로 소통해야 하는 활동에 일부러 참여하는 것도 필요하다.

진로 탐색도 본격적으로 시작해야 한다. 진학, 취업, 창업 중 어느 쪽이 나와 맞는지 스스로 질문을 던지고, 각 방향에 필요한 역량(포트폴리오, 자격증, 성적, 경험 등)을 조사하자. 선배나 현업 종사자와의 인포메이션 인터뷰, 멘토링을 통해 현실적인 조언을 듣고 판단의 기반을 다지자.

이 시기에는 이니셔티브 경험도 꼭 해보는 것이 좋다. 스스로 문제를 정의하고, 기획하고, 실행하며, 결과를 정리하는 전 과정을 직접 경험하는 프로젝트를 해보자. 캠퍼스의 장애인 접근성 조사, 지역사회의 기후 캠페인 운영, 전공 후배를 위한 생존 가이드북 작성처럼 비교적 소규모이지만 명확한 목표와 실행력 있는 프로젝트면 된다. 그리고 결과물을 블로그, 노션, 깃허브 등으로 정리해서 포트폴리오로 남기자.

또한 이때는 학문 간 경계를 넘나들 수 있는 기반도 다져야 한다. 매 학기 전공 외 수업을 한 과목 정도 수강하고, 이 시점에는 복수 전공, 연계 전공, 융합 전공도 진지하게 고민하자. 준비와 도전이 맞물릴 때 새로운 기회의 문이 열린다.

▶ 4학년: 선택과 집중, 정리하고 출발할 시기

마지막 학년은 정리와 집중의 시간이다. 할 수 있는 모든 것을 더하는 시기가 아니라, 해야 할 것을 정확히 좁혀가는 시기다.

수강 과목은 졸업 요건을 충족시키는 최소한으로 줄이고, 그 대신 하나의 진로를 깊이 있게 준비하자. 진학과 취업을 동시에 준비하기보다 하나를 중심축으로 삼고, 다른 선택을 보조선으로 삼는 전략이 더 효과적이다. 병행보다 집중이 성과를 만든다.

자기소개서, 이력서, 포트폴리오 등 각종 서류는 '완성'보다 '초안'을 먼저 만드는 것이 중요하다. 초안을 쓴 뒤에는 여러 사람에게 피드백을 받고, 다시 고쳐 쓰는 과정을 거치면 문장이 더 좋아진다. 완벽한 초고보다 빨리 시작하는 것이 핵심이다.

모의 면접은 혼자 하지 말고, 친구들과 공부 모임을 만들어 서로 질문하고 피드백을 주고받는 방식으로 연습하자. 정해진 질문보다 예상치 못한 질문에 어떻게 대응하느냐가 실제 면접에서 실력을 보여준다.

마지막 학기에 일이 잘 풀리지 않더라도 일희일비하지 말자. 실패에서 배울 수 있다면 그 또한 자산이 된다. 무엇이 부족했고, 다음에 어떻게 보완할 것인지 기록해서 다시 준비하면 된다.

생활 루틴도 중요하다. 불규칙한 일정에서도 매일 30분 이상 몸을 움직이는 습관은 컨디션 유지에 큰 도움이 된다. 산책, 요가, 조깅, 필라테스 등 무엇이든 좋다. 몸이 무너지면 마음도 무너진다.

마지막 학기에도 기회는 있다. 좋은 수업, 짧은 인턴십 하나가 커리어의 방향을 바꾸기도 한다. 아직 끝이 아니다. 마지막 한 조각이 큰 그림을 완성하기도 한다. 불안할수록 덜어내는 것이 낫다고 믿고, 해야 할 것에 집중하는 사람에게 기회의 열매가 맺힌다.

제 4 부

인생 탐색

> "
>
> 태도가 운명을 바꾼다
>
> "

"태도는 기회의 어머니다"

"태도는 기회의 어머니다"

삶은 계획대로 흘러가지 않는다. 예상치 못한 실패와 고통이 끊임없이 찾아온다. 마라톤에서 42.195킬로미터가 내내 즐겁고 편할 수는 없다. 인생도 마찬가지다. 내가 원하는 대학에 입학하지 못하더라도 크게 낙심할 필요는 없다. 남들보다 먼저, 작은 실패를 하나 더 경험했을 뿐이다.

기회의 선순환은 반드시 이상적인 환경에서 시작되지 않는다. 실패 속에서도 배움의 기회를 찾는 사람, 오늘의 행동이 미래의 기회로 연결된다는 믿음을 가진 사람은 약할 때 되레 강해진다.

진짜 인재는 보이지 않는 곳에서 태도를 가꾸고 바꿀 줄 아는 사람이다. 자기 기준을 지키는 것은 능력, 남의 기준을 지키는 것은 인격, 우리 모두의 기준을 지키는 것은 리더십임을 이해하는 사람이다.

제4부에서는 대학, 진로를 넘어 삶 전체를 어떻게 바라볼 것인지 함께 고민해보기로 한다.

나뿐만 아니라 다른 사람에게도 기회를 주는 사람이 되려면 어떻게 살아야 할까?

17

─────────

꿈보다 태도가
삶을 결정한다

─────────

대학 도서관에서 우연히 만난 롤모델

낳아준 부모는 바꿀 수 없지만, 일과 사람을 대하는 태도는 바꿀 수 있다. 더 나은 태도를 가꿀 줄 아는 사람에게는 더 나은 미래가 있다. 당장 큰 꿈이 없어도 괜찮다. 오늘 하루를 치열하고 성실하게 살아가는 것이 더 중요하다. 태도가 삶의 성장 방향과 속도를 결정한다.

나는 대학 시절, 그런 태도의 힘을 실천한 사람의 이야기를 우연히 도서관에서 발견했다. 그분은 바로 고려대 경영대학의 고 故 김인수 교수이다.[24]

김인수 교수는 매우 가난한 집에서 태어나 체신고를 졸업한 뒤 9급 공무원으로 사회생활을 시작했다. 가정 형편상 박사 학위를 받고 대학교수가 되리라고는 상상도 하기 어려웠다. 그가 남긴 글을 보면, 젊은 시절 '꿈'이나 '비전' 같은 것을 생각한 적이 없었다. 당시 현실적인 조건이 그런 미래를 꿈꾸기에 너무 척박했기 때문이다.

그렇지만 그는 20대 초반에 만난 아내의 도움으로 직장 생활을 하면서 국제대(현재 서경대)에서 야간으로 학업을 마쳤다. 그리고 미국 정부에서 주는 동서문화센터 장학금을 받고 하와이대에서 석사 학위를, 인디애나대에서 박사 학위를 받았다. 그 후 MIT와 KDI 연구원을 거쳐, 카이스트와 고려대에서 교수로 일했다. 그가 야간 전문대를 나왔음에도 교수로서 활발히 활동할 수 있었던 것은 연구 실적 덕분이다. 김인수 교수는 기술 정책과 조직 이론에 관한 연구로 국내외에서 높은 평가를 받았다. 국제 학술지에 50여 편의 논문을 기고해 한국보다 해외에서 더 인정받았다.

내가 김인수 교수를 존경하는 것은 그가 입지전적인 삶을 살아서가 아니다. 대학 저학년 때 도서관에서 접한 김인수 교수에 대한 책은, 다름 아닌 그분의 삶을 기리는 추모집이었다. 그 책을 읽으면서 무엇보다 고인에 대해 이토록 많은 사람이 그리움과 존경을 표한다는 것이 놀라웠다.

이미 떠난 자는 힘이 없다. 국내 신문의 부고란을 보면 돌아가신 분의 이름이 없는 경우가 의외로 많다. 자녀 중 유력한 이가 있으면 그들의 이름만 나온다. '모某 판사 부친상'과 같은 식이다. 사람은 없고, 그 사람의 껍데기만 남는다. 하지만 김인수 교수는 달랐다. 많은 사람이 그를 '교수'라는 지위로서가 아니라, 한 사람의 '인간'으로서 존경하고 따랐다. 성공한 사람은 많지만, 돌아가신 뒤에도 존경받는 분은 드물다.

김인수 교수는 명문대 교수가 되기 전에 이미 탁월한 태도를 갖춘 사람이었다. 불확실한 미래를 바꿀 수는 없지만, 오늘을 더 성실히 살 수는 있다. 그는 그것을 믿고 어려운 형편에도 끊임없이 공부했다. 아내의 도움을 받아 대학에 다녔고, 기적적으로 유학을 떠났다. 그랬기 때문에, 그는 자신의 성공을 자기만의 것이라고 하지 않았다.

김인수 교수는 자신이 속한 공동체가 당면한 문제에 관심을 갖고, 자신이 가진 자원과 재능을 다해 그 해결책을 찾기 위해 노력했다. 그 모든 과정에서 현재에 안주하지 않고, 항상 열정과 의지를 가지고 다음 단계에 도전했다.

2002년 2월 16일 한국경영학회에서 삼남경영학회상을 수상한 뒤에 남긴 연설을 보면, 그가 어떤 태도로 교수 생활을 했고, 어떤 원칙을 지키며 살아왔는지 알 수 있다. 다음 내용은 해당 연설문을 요약한 것이다.[25]

처음으로 돈 걱정 안 하고 공부만 할 수 있었던 것은 장학금을 받고 미국 하와이대로 유학 갔을 때부터였다. 원래는 석사만 하고 돌아올 생각이었다. 하지만 30대 후반에 공부가 적성에 맞는다는 것을 깨달았다.

그래서 인디애나대 박사과정에 진학했다. 이후 미국에서 학위를 마치고, 미국과 한국에서 연구원 생활을 거쳐 42세에 카이스트에서 교수를 시작했다. 47세에 고려대 교수로 임용되었을 때 몇 가지 원칙을 정했고, 그것을 20여 년간 쭉 지켜왔다.

교수가 할 수 있는 일에는 학문 연구를 잘하는 것, 학부 교과서를 잘 쓰는 것, 학교나 기업에 가서 강의하는 것, 기업의 문제를 컨설팅해주는 것, 대학·정부·사회에서 보직 등 사회 활동을 하는 것 등이 있다.

나는 이 모두를 잘할 수는 없다고 결론 내렸다. 그래서 공부하는 시간을 최대화하고, 연구에 도움이 되지 않는 활동이나 다른 사람이 더 잘할 수 있는 것은 하지 않기로 했다.

그렇게 원칙을 세우고 지키려고 노력했다. 고려대에 부임했을 때는 강의에 대한 부담이 컸고, 이후에는 협심증으로 중환자실에 실려가기도 했다. 하지만 연구 활동을 게을리하지는 않았다. 여러 차례 사양했지만, 결국 정부 출연 연구소 소장을 맡을 수밖에 없었을 때도 연구에 매진하는 자세를 잃지 않았다.

김인수 교수가 탁월한 업적을 남긴 요령은 사실 단순했다. 올바른 원칙을 정하고, 그것을 끝까지 지키는 것이었다. 복잡한 전략이나 특별한 비법이 있었던 것은 아니다. 단순하지만 분명한 삶의 태도는 돌아가신 뒤 수십 년이 지나도록 존경받는 원동력이 되었다.

운동이나 다이어트처럼, 태도를 가꾸는 일도 원리는 복잡하지 않다. 그 단순한 원리를 이해하는 것보다 실천에 옮기는 것이 더 어렵다. 달리기하는 사람에게 가장 뛰기 어려운 거리는 내 방과 현관문 사이의 몇 걸음이다.

좋은 태도는 결국 좋은 습관에서 비롯된다. 그러나 이 단순한 진리를 꾸준히 지키기란 결코 쉽지 않다. 김인수 교수는 학문적으로든 인간적으로든 그 원칙을 묵묵히 실천했다. 바로 그 꾸준한 실천이 있었기에, 김인수 교수는 탁월한 교수 이전에 훌륭한 인간으로 남을 수 있었다.

대학교 2학년 때 김인수 교수의 추모집을 읽다가 이 사실을 깨닫고 마음속으로 큰 용기를 얻었다. 당시 나는 지방에서 서울로 올라와 힘겹게 한 학년을 겨우 마친 상태였다. 푼돈이라도 아끼기 위해 지하철 한두 정거장은 걸어서 갈 때도 많았다. 책을 사기 위해 끼니를 거를 때도 있었다. 그때는 미래가 불확실해 두려웠다. 그렇지만 김인수 교수의 인생을 들여다보면서, 올바른 삶의 원칙을 정하고 그것을 삶의 태도로 삼는다면 내 인생도 바뀔 것이라고 믿었다. 지난 삶을 돌이켜보면, 그 작은 믿음이 오늘의 나를 만든 가장 큰 자양분이었다.

최고의 스펙은 태도다

태도를 바꾸고 변화를 체험했기에 나는 후배들과 제자들에게 항상 '태도는 스펙 중의 스펙'이라고 강조한다. 그 사람의 태도에서 원칙이 보이고, 그 사람의 원칙에서 인생이 보인다.

미국의 언론인 폴 터프가 쓴 『아이는 어떻게 성공하는가』에 따르면, 성공적인 인생을 사는 데 가장 큰 영향을 미치는 것은 인지적 능력, 즉 머리가 좋은 것이 아니라 심리적 자질이다. 지능지수IQ보다 끈기와 자기 절제, 호기심, 윤리의식, 근성, 자신감 등이 삶의 성취도와 만족도에 더 큰 영향을 끼친다.[26]

비슷한 맥락에서, 펜실베이니아대에서 심리학을 가르치는 앤절라 더크워스 교수는, 아이들이 느끼는 성취감과 만족감에 IQ는 통계적으로 관계없다고 강조한다. 스스로 장기적인 목표를 설정하고 자기를 통제하는 능력, 즉 그릿이 아이들의 미래에 훨씬 더 중요하다.

웨스트포인트는 미국이 자랑하는 육군사관학교다. 이곳 신입생들은 여름 캠프에서 혹독한 훈련 과정을 겪는데, 이때 많은 낙오자가 발생한다. 이 훈련 지옥에서 살아남는 학생들의 특징은 남달리 똑똑한 학생도, 체력이 좋은 학생도 아니다. 장기적인 목표가 있거나 이것을 견뎌낼 이유가 있는 사람, 그리고 그 목표에 따라 자기를 다스릴 수 있는 사람이다. 태도는 그렇게 한 사람의 인생을 결정짓는 중요한 변수다.[27]

불과 몇백 년 전까지만 해도 태도의 중요성은 상식이었다. 동서를 막론하고 모두가 공감했다. 태도는 교육과 자기 계발의 핵심이었다. 좋은 삶은 인스타그램 같은 소셜 미디어에서 '남에게 과시할 수 있는 삶'이 아니라, '다른 사람에게 유용한 삶'이라고 여겨, 태도 가꾸는 것을 중요시했다.

미국의 언론인이자 출판인, 과학자, 교육자, 정치인이었던 벤저민 프랭클린을 보자. 프랭클린은 최고령으로 미국 건국 의회에 참석했던, 미국 건국의 아버지도 아닌 할아버지다. 미국 100달러 지폐에서 슬며시 웃고 있는 인상 좋은 아저씨가 바로 프랭클린이다.

프랭클린은 태도와 습관이 인생을 결정한다고 믿었다. 좋은 습관을 통해 태도를 가꾸기 위해 그는 13가지 덕목을 정해 일종의 '자기 수양 노트'를 만들었다. 이 덕목을 매주 하나씩 집중해서 실천하고, 매일 밤 얼마나 잘 지켰는지 표로 체크했다. 마치 '가계부'를 쓰듯 '태도 실천부'를 기록한 것이다.

이런 태도는 프랭클린의 개인적 신념뿐 아니라, 그가 활동했던 펜실베이니아주 식민지와 필라델피아라는 도시 분위기와도 깊은 관련이 있다. 필라델피아는 윌리엄 펜이 기독교 교파 중 하나인 퀘이커교의 신앙 자유를 위해 설계한 도시다. 필라델피아 시청 건물 꼭대기에 서 있는 동상이 바로 윌리엄 펜이다. 펜실베이니아라는 주 이름은 사실 '펜의 숲'이란 뜻이다. 윌리엄 펜이 보호하고 숭상했던 퀘이커 전통은 교리보다 실천, 말보다 삶을 중시했다. 검소함, 정직, 공동체 의식, 양심의 자유와 같은 가치가 도시의 일상에 녹아 있었다. 프랭클린은 이런 환경에서 자기 수양과 공공선을 함께 추구하는 삶의 자세를 키워갔다.

이것은 동양도 마찬가지다. 우리 선조들은 '수신제가치국평천하修身齊家治國平天下'를 강조했다. 동양의 인재 교육론에서는 자기 자신을 다스리는 수신을 가장 중요한 삶의 출발점으로 삼는다. 이때 '수신'은 단지 도덕적 교양을 갖추는 것을 넘어, 삶을 살아가는 방식과 태도를 끊임없이 다듬는 것을 의미한다.

동양 고전 교육의 핵심인 '육예六藝', 즉 예禮, 악樂, 사射, 어御, 서書, 수數는 오늘날 국·영·수와 같은 수험 과목이 아니다. 몸과 마음, 말과 행동을 균형 있게 기르기 위한 태도 훈련 체계다. 과거 선비들은 관직에 나가기 전에 스스로 단련하고 수양하는 사람이 되는 것을 목표로 삼았다.

현대 사회에서는 태도의 중요성이 종종 과소평가된다. 눈에 보이지 않는 태도는 당장 수치로 확인할 수 있는 IQ나 성적보다 덜 중요한 것으로 오해받기 쉽다. 그러나 누적된 통계 자료와 연구 결과들은 오히려 그 반대 이야기를 들려준다. 눈에 잘 보이지 않아 측정하기 쉽지 않은 태도가 시간이 지날수록 중요한 차이를 만든다.

한국의 많은 학부모는 자녀가 어떤 태도로 삶을 살아가는지에 큰 관심을 기울이지 않고 시험 성적이나 등수 같은 단기적 결과에 더 많은 무게를 둔다. 그러나 장기적으로 보면 성적보다 태도가 삶의 방향과 질을 결정짓는다.

18

내 기준에 따라 사는 것이
실력이다

프로는 기준이 다르다

나의 기준을 지키는 것이 실력이다. 실패는 용서해도, 실수는 용납하지 않아야 한다.

실패를 용서해야 하는 이유는 분명하다. 승패는 병가지상사다. 전쟁에서 이기고 지는 것은 사람이 판단할 수 없다(勝敗兵家之常事). 최선을 다해 싸웠다면 이기고 지는 것은 하늘에 맡기자. 많은 부모는 자녀가 초등학교에서 성적을 잘 받으면 대단한 수재가 될 거라 여기고, 그 반대면 큰 문제가 있다고 생각한다. 하지만 인생은 알 수 없다. 구글도 초기에는 돈을 벌지 못하는 인터넷 기업이었을 뿐이다. 잠재력은 말 그대로 잠재된, 아직 꽃피지 않은 능력이다. 실패로부터 뭔가 배우는 한 우리는 실패를 용서할 수 있어야 한다.

실패하지 않으면 배울 수 없는 것이 너무나 많다. 걷고 말하기부터 간단한 이메일 한 통 쓰기, 예의 바르게 전화받기, 당당하게 발표하기 등 뭔가 제대로 하기 위해서는 무수히 깨져봐야 한다. 그렇게 실패를 마주하고 이겨내는 과정을 통해 우리는 성장한다. 새내기보다 고학년이 의젓해 보이고, 신입사원보다 대리급 사원이 좀 더 신뢰할 만한 것은 그 과정을 지나왔기 때문이다. 실력이 다듬어지는 과정은 제철소에서 철이 만들어지는 과정과 비슷하다. 고온에서 더 세게 두드려야 더 단단해진다.

앞서 소개한 폴 터프의 책에 따르면 성인이 된 뒤 성취도와 만족도가 낮은 삶을 사는 아이들은 매우 부자이거나 매우 가난한 가정에서 태어난 경우가 많았다. 성공은 인격을 통해 만들어지고, 인격은 실패를 통해 성장한다. 그런데 집이 너무 부유하면 위험이 지나치게 적고, 집이 너무 어려우면 위험이 지나치게 많다. 이런 환경에서는 아이들이 적절한 위험을 겪으면서 그것을 이겨내는 경험을 쌓지 못해, 올바른 어른이 되기 어렵다. "젊어서 고생은 사서도 한다"라는 말은 히튼소리가 아니다. 힘든 경험은 인생을 살아가는 데 반드시 거쳐야 할 과정이다. 일부러 찾아 나설 필요는 없지만, 내게 왔다면 피할 이유도 없다.

그러나 실수는 용납할 수 없다. 이것은 기준의 문제다. 돈 1천 원을 하찮게 여기면, 단어나 숫자를 아무렇게나 쓰면, 말실수를 별것 아니라고 가볍게 넘기면, 기준이 불명확해진다. 경계선이 점점 더 내려가다 기준이 무너지면 인생도 무너진다.

동양의 고전 『삼국지』에는 리더십과 인재 관리에 관한 극단적인 두 가지 사례가 등장한다. 조조는 전장에서 최선을 다했지만 운이 따르지 않아 패한 부하 장수 하후돈을 용서하고 다시 중용한다. 그의 충성심과 근성을 높이 평가했기 때문이다. 반면 제갈량은 위기에 대응하지 못하고 안일하게 행동한 마속을 군율에 따라 처형했다(泣斬馬謖). 마속은 재능이 있었지만 방심해서 아군에 큰 피해를 입혔기 때문이다.

실력이 부족해도 최선을 다한 사람은 다시 일어설 기회를 줄 수 있다. 그러나 실력이 아무리 뛰어나도 기준이 낮고 태도가 불성실한 사람과는 함께 일할 수 없다. 용장의 패배는 오히려 조직의 전의에 불을 지핀다. 태만한 장수는 해이함이 전염되기 전에 눈물을 머금더라도 도려내야 한다.

운이 따르지 않아 일이 잘 풀리지 않는 것은 어쩔 수 없다. 노력해서 다음에 더 잘하면 된다. 하지만 할 수 있는데 제대로 하지 않거나, 더 잘할 수 있는데 '이 정도면 됐다'며 멈추는 것은 교만이고 태만이다. 이런 사람은 성장할 수 없다.

프로는 '실력'에 앞서 '기준'이 다르다. 신뢰와 명성을 만드는 것도 결국 이 기준의 높이와 일관성에서 비롯된다. 삶을 업그레이드하려면, 자신에게 적용하는 기준부터 끌어올려야 한다. '이 정도면 괜찮겠지' 하며 멈추고 싶은 순간, 한 걸음만 더 내디뎌 보자. 작은 디테일, 마지막 다듬기 한 번이 일의 완성도를 결정한다. 그 한 끗 차이를 만드는 태도가 곧 경쟁력edge이 된다.

"Rise to the highest standards." 이 말은 단지 주어진 기준을 지키는 데 그치지 않고, 스스로 더 높은 기준을 향해 나아가려는 태도를 뜻한다. 조직이 요구하는 수준이 아니라, 자신에게 요구하는 수준을 끌어올리는 것이 바로 신뢰를 높이고 많은 사람이 오래도록 기억하게 만드는 힘이다.

기준이 무너지면 삶이 망가진다

많은 사람이 꿈을 중요하게 여긴다. 하지만 꿈을 미래의 계획이라고 정의하면, 그 꿈의 성취 여부는 내 인생에서 결정적이지 않다. 이번에 운이 좋지 않았다면 다음에는 운이 좋을 수 있기 때문이다. 내공이 부족했기 때문이라면 나중에 실력을 쌓아 더 크게 이룰 수도 있다.

꿈보다 매일 매 순간 살아가는 태도가 더 중요하다. 학교 다닐 때 수시로 지각한 사람은 직장에 가서 그렇지 않을 거라고 기대하기 어렵다. 대학 시절 양심의 가책 없이 짜깁기해서 과제를 제출한 사람은 사회에서도 문제를 일으킬 가능성이 크다.

나아가, 한 영역에서 기준이 무너지면 다른 영역에서도 쉽게 무너진다. 1930년대 영국 케임브리지대 학부생이었던 킴 필비, 도널드 매클린, 기 버기스는 훗날 소련의 간첩이 되어 영국의 국가 기밀을 넘겼다. 1950년대에 발각되기 전까지 이들은 국가정보기관의 요직에서 일했다. 그리고 일이 터진 뒤 세 사람은 서로 배신했다. 국가를 배신한 사람은 친구도 배신한다. 윤리는 습관이다.

하나를 보면 열을 알 수 있다. 유교에서는 국가에 충성하기 전에 부모에게 효도하고, 자신을 바로 세울 것을 요구한다. 성경에서도 교회의 직분자를 세울 때 가정을 잘 다스리는지 먼저 본다. 한 영역에서 문제가 있는 사람은 다른 영역에서도 문제가 있을 가능성이 크다.

여기서 더 깊이 생각할 문제가 있다. 지킬 것이 없는 사람은 결국 변하거나 무너질 수밖에 없다는 점이다. 대학생은 아직 젊고 경험도 부족하다. 그래서 현실이 얼마나 무서운지 잘 모른다. 권력, 재물, 명예는 화려하지만, 동시에 위험하다. 절대권력은 절대 부패한다는 말이 괜히 있는 것이 아니다. 아무리 선한 사람도 견제와 균형이 없는 상황에서 권력을 쥐면 언제든 타락할 수 있다. 사람이 문제가 아니라 구조가 문제다. 타락은 한순간이다. 그리고 그 과정에는 예외가 없다. 오히려 높이 올라갈수록 더 큰 유혹에 노출되고, 준비되지 않은 사람은 더 심각한 추락을 경험한다. 재물이나 명예도 '사유화'하는 순간, 사람을 타락시키고 파멸로 이끈다.

로마의 대부호였던 스토아 철학자 세네카는 이런 위험을 알았다. 그래서 그는 일부러 단순하게 살며 자신의 철학을 지켰다. 우리도 그런 마음가짐이 필요하다. 현실을 인정하되, 사람은 빵으로만 사는 것이 아니라는 진리를 늘 마음에 새겨야 한다.

그렇다면 어떻게 해야 그런 사람이 될 수 있을까? 하루아침에 되는 일은 없다. 윤리는 의지의 반복을 통해 형성된다. 친구를 쉽게 배신하는 사람은 나라도 배신할 수 있다. 작은 거짓말을 아무렇지 않게 여기는 사람은 큰 배임이나 횡령도 쉽게 저지를 수 있다. 윤리적 기준이 낮기 때문이다.

따라서 대학 시절 해야 할 가장 중요한 일은 도덕적 고결성을 추구하는 것이다. 이는 단순히 어떤 이념이나 역사관을 선택하는 것으로 해결되지 않는다. 명분이 아니라 실천이 중요하다. 벤저민 프랭클린처럼 작은 것에서 시작하자. 거짓말을 하지 않는 것, 다른 사람과의 약속을 지키는 것, 주어진 일에 책임을 지는 것, 이런 사소한 것들을 지키는 데서 기준이 생기고 인격이 자라난다.

기준 있는 사람이 실력도 있다

실력 있는 사람이 기준이 있는 것이 아니라, 기준이 있는 사람이 실력도 있다. 윤리적인 사람이 기준이 있는 것이 아니라, 기준이 있는 사람이 윤리적이다. 삶을 살아가는 바른 원칙과 기준이 꿈이나 비전 같은 구호보다 더 중요하다.

꿈이 없는 것은 한탄할 일이 아니다. 성공한 사람에게 물어보라. 어릴 때부터 꿈꿔왔던 자리에 오른 사람은 많지 않다. 어쩌다 보니 인생의 기회를 움켜쥐어 성공한 사람이 더 많다. 성공한 사람의 공통점은 꿈의 여부가 아니라, 남다른 태도다. 같은 성공을 경험해도 더 겸손하고, 같은 실패를 경험해도 더 강인하게 버텨낸다. 이런 작은 차이가 큰 결과를 만든다.

19

타인의 기준을
존중하는 것이 인격이다

타인에게 관대하라

나에게 적용하는 엄격한 기준을 타인에게도 적용하면 문제가 생긴다. 학부 때 '말하기 특강'에서 철학자 탁석산 선생은 쇼펜하우어를 인용하면서, 사람은 '외롭거나 천박하거나' 둘 중 하나를 택해야 한다고 강조했다. 여기서 외로운 삶이란 철학자 칸트처럼 이성의 명령에 따라 논리적으로 사는 것을 말한다. 탁석산 선생은 그렇게 살면 고결할 수 있지만 친구가 없을 것이라고 했다. 반대로, 천박한 삶이란 이성보다 감정과 본능에 좀 더 충실하게 사는 것을 말하는데, 이렇게 살면 조금 천박할 수는 있지만 사회적 관계가 더 윤택해질 것이라고 했다. 너무 완벽하면 주변에 사람이 모이지 않는다. 옛말에도 "물이 너무 맑으면 고기가 아니 모인다(水至淸則無魚)”고 했다.

자신에게는 엄격하되, 다른 사람에게는 여유를 줘야 한다. 일은 논리가 하는 것이 아니라 사람이 하는 것이다. 그러므로 인간관계에서는 시비是非를 가리는 것 못지않게 호불호好不好가 중요하다. 아리스토텔레스의 『수사학』에서는 설득력 있는 주장의 3요소로 논리logos, 윤리ethos, 감정pathos을 꼽는다. 같은 말이라도 좋아하는 사람이 하면 더 좋게 들리는 것이 인지상정이다.

비슷한 관점에서, 행동경제학자들의 실험에 따르면 사람들은 이득이 될지라도 불공정한 거래를 하려는 이와 상대하지 않았다. 대부분의 참가자는 돈의 분배가 거의 동등할 때만 협상을 받아들였다. 사람의 합리성은 편협하다. 이것은 우리가 기존 경제학에서 학습해온 전제와 다르다. 바닥에 돈이 떨어져 있으면 줍는 것이 상식이기 때문이다. 그렇지만 사람들은 자기가 얼마 벌 수 있는지를 넘어 이 게임이 공평한지 신경 쓴다. 그리고 불공평하다고 느끼면 손해를 보더라도 기꺼이 그 게임을 그만두려 한다. 이러한 행동경제학의 이른바 ‘최후통첩 게임ultimatum game’이 주는 교훈은, 이해득실만 따지면 사람을 상대하기가 쉽지 않다는 것이다. 기계는 논리로 접근할 수 있지만, 사람은 그렇지 않다. 인간의 이성이라는 몸통은 감정이라는 꼬리에 따라 흔들린다.

“나는 논리적으로 설명했는데 왜 상대가 이해하지 못할까?”

“왜 어떤 사람들은 아무리 설명해도 억지를 부릴까?”“그들은
정말 양심에 문제가 있는 걸까?”

어쩌면 답은 의외로 간단할지도 모른다. 당신을 화나게 한 그
사람도 속으로는 똑같이 생각하거나 그렇게 느낄 가능성이 매
우 높다. 우리는 모두 인간이기 때문이다.

자신의 기준에 따라 사는 것은 실력, 타인의 기준을 존중하는 것은 인격

다른 사람의 이야기를 들을 때는 그 사람의 상황을 냉철하게
분석하기 전에 그 사람의 고민과 처지를 공감해주는 것이 중요
하다.

2010년 5월 아마존 창업자 제프 베이조스는 프린스턴대 졸업
식에서 모교 졸업생들에게 자신의 어린 시절 이야기를 해주었다.
베이조스는 열 살 무렵 조부모와 함께 미국을 여행했다. 그때 차
안에서 할머니가 담배를 피웠다. 어린 베이조스는 담배 연기가
싫었다. 동시에 자기 머리가 얼마나 좋은지 자랑하고 싶었다. 그
래서 공익 광고에 나오는 흡연에 따른 사망률을 인용해 할머니
의 수명이 얼마나 줄었는지 설명했다. 그 말을 들은 할머니는 울
음을 터뜨렸다. 베이조스는 영특하다고 칭찬받을 줄 알았는데,
상황이 의외의 방향으로 흘러가자 당황했다.

운전하던 할아버지가 차를 세운 뒤 베이조스를 밖으로 불렀다. 베이조스는 두근거리는 가슴을 누르고 할아버지를 따라 나갔다. 그때 할아버지가 잊지 못할 말을 했다. "언젠가 너도 똑똑한 것보다 친절한 것이 더 어렵다는 사실을 깨달을 것이다."

베이조스는 프린스턴대 졸업생들에게 재능은 타고나지만 다른 사람을 대하는 태도는 선택에 따라 만들어진다고 강조했다.[28]

자신을 다스리는 자제력보다 배우기 어려운 것이 다른 사람의 문제를 내 문제로 받아들이는 공감력이다. 아울러 내 문제를 다른 사람의 문제로 만드는 설득력 또한 키우기 어렵다. 설득은 논리만으로 이루어지지 않는다. 설득은 상대가 내 말에 귀를 기울이게 만드는 태도, 말투, 신뢰, 진정성에서 비롯된다. 미국에는 저명한 시인 마이아 앤절로가 말한 것으로 알려진 아주 유명한 인용구가 있다.

사람들은 당신이 무슨 말을 했는지, 무슨 행동을 했는지 잊을 수 있다. 그러나 그들은 당신이 그들에게 어떤 감정을 느끼게 했는지 절대 잊지 않는다.

자기가 정한 기준에 따라 사는 것은 실력이다. 그리고 다른 사람의 기준을 존중하고 지키는 것은 인격이다. 능력이 결여된 인격은 약하고, 인격이 결여된 능력은 악하다. 한 사람이 '어디까지' 갈 수 있는가는 '실력'으로 결정되지만, 그 사람이 '어떤 사람'으로 기억되는가는 '인격'으로 결정된다.

사람은 재산이 아니다

타인에게 관대하고 그들의 기준을 존중해야 하는 이유는 우리가 서로 다르지만, 동시에 같은 인간이기 때문이다.

나는 "사람이 재산이다"라는 말을 좋아하지 않는다. 그 표현 속에는 쉽고 위험한 오해가 숨어 있다. 사람은 소유할 대상도 아니고 이용할 도구도 아니다. 우리는 모두 독립된 인격체이며 진심으로 존중받아야 할 존재다. 그런 마음으로 대해야 상대방에게 진정으로 존중받을 수 있다. "남에게 대접받고 싶은 대로 남을 대접하라"라는 황금률이 여기에도 적용된다.

물론 인간은 완전하지 않다. 상황도 이상적이지 않다. 아무리 진심으로 대하더라도 배신당하거나 상처 입을 수 있다. 그럴 때도 상대를 탓하기보다, 사람됨을 알아보지 못한 자신의 부족함을 먼저 돌아보아야 한다. 상대의 잘못은 상대의 책임이지만, 나의 잘못은 어디까지나 나의 책임이다. 그리고 상처받은 마음으로 새로운 관계를 시작할 때, 지난 일로 인한 회의懷疑 때문에 다른 사람이 나를 대하는 진심을 가볍게 여겨서는 안 된다. 사람의 마음은 한번 잃으면 쉽게 회복되지 않는다. 건강처럼 잃고 나서야 비로소 그 소중함을 깨닫는다.

그렇게 살면서 신중히 쌓은 우정은, 결국 "좋은 친구가 가장 큰 재산"이라는 말의 진정한 의미를 깨닫게 해준다. 여기서 말하는 재산은 친구의 배경이나 지위가 내게 도움이 된다는 뜻이 아니다. 같은 마음을 품은 친구가 곁에 있으면 살아갈 힘이 백배는 더 생긴다. 그러니 눈앞의 목표에만 매달리지 말고, 좋은 인연을 쌓는 일에도 부지런히 힘쓰자.

20

우리의 기준을 지키는 것이
리더십이다

나와 너를 넘어 우리로

나의 기준에 따라 살아가는 것이 실력이고 남의 기준을 존중하는 것이 인격이라면, 모두의 기준을 함께 지키는 것은 리더십이다. '나'와 '너'를 대하는 태도를 배웠으니, 이제 '우리'를 대하는 태도를 배워보자.

자신을 잘 다스리고 타인을 존중하는 것은 리더십의 필요조건이지 충분조건은 아니다. 그런 사람은 성숙한 개인일 수 있지만, 아직 공공 영역에서의 리더public leader는 아니다. 리더는 '나'와 '너'뿐 아니라 '우리'를 생각할 줄 아는 사람이다.

우리 사회에서 엘리트, 전문가, 리더가 자주 혼용되어 쓰이는데, 서로 다른 개념이다. 엘리트는 사회가 부여한 타이틀과 지위

를, 전문가는 문제를 해결할 수 있는 실질적 역량을 가진 사람을,
리더십은 공동체의 방향을 이끄는 영향력을 뜻한다.

대학은 학생을 전문가로 키워 깊이 있는 문제 해결 능력을 기
르게 한 뒤, 리더로서 변화를 주도할 준비를 시키고, 엘리트로서
그 지위를 통해 사회에 자신의 능력, 기술, 경험을 공유할 책임을
가르쳐야 한다.

이 교육과정이 올바로 작동할 때, 학생이 졸업한 뒤 사회에서
획득한 지위는 목적이 아니라 더 큰 가치를 실현하는 수단이 되
며, 개인의 성취가 사회 전체를 위한 기여로 확장된다. 전문성 없
는 리더는 공허한 구호만 남기는 사기꾼에 불과하고, 리더십 없
는 엘리트는 기술 관료에 머무르거나 폭군으로 전락하기 쉽다.

리더십은 가치와 책임의 문제다

공공 리더십 분야 석학인 하버드 케네디스쿨의 마셜 겐즈 교수
는 리더십을 '나self, 우리us, 지금now'이라는 서사 구조를 통해
설명한다.

겐즈 교수는 리더십을 이렇게 정의한다. 리더십은 나의 이야
기에서 출발한다. 먼저 "나는 왜 이 일을 하는가?"라는 질문이
있어야 한다. 그런 다음 나의 이야기를 우리의 이야기로 확장시
킬 줄 알아야 한다. 마지막으로, 리더십은 생각에서 그치는 것이

아니라 행동으로 끝나야 한다. 지금, 바로 여기서 우리가 무엇을 할지 결정해야 한다. 그런 점에서 겐즈 교수는 리더십을 자격이나 직책의 문제가 아니라, 가치와 책임의 문제라고 설명한다.

마셜 겐즈의 리더십 철학은 학문적 연구와 사색을 통해서만 나온 것이 아니다. 겐즈 자신이 평생 실천해온 삶의 이야기이기도 하다. 1943년생인 겐즈는 마이크로소프트의 창업자 빌 게이츠, 페이스북의 창업자 마크 저커버그와 공통점이 있다. 바로 하버드대 자퇴생이라는 것이다.

마셜 겐즈는 하버드대 재학 중, 인종 차별과 갈등이 첨예했던 미국 남부 미시시피에서 흑인 유권자 등록을 돕는 인권운동에 참여했다. 1960년대 초 미국 남부에서 흑인은 투표권조차 없었다. 백인이자 유대인인 겐즈는 직접 남부로 가서 흑인들과 함께 인권운동에 참여했다. 경찰의 협박을 받으면서도 핍박받는 사람들을 조직해 정부를 대상으로 시위하고, 이들의 정당한 권리를 주장하는 일을 멈추지 않았다.

이 과정에서 겐즈는 대학보다 역사 현장에 있기로 선택했다. 소외된 사람들 편에 서서 그들을 조직해 그들이 원하는 변화를 스스로 달성하는 정치 조직화political organizing를 자기 소명으로 느꼈다. 결국 그는 하버드대를 자퇴하고 남부 미시시피의 흑인 인권, 서부 캘리포니아의 멕시코 농장 노동자를 돕는 운동가로 오랫동안 헌신했다. 이후 하원 의장을 역임한 낸시 펠로시 등의 선거 캠페인에 참여했다. 그의 풀뿌리 정치 조직 모형은 버락 오바마의 2008년 대통령 선거 캠페인에도 큰 영향을 미쳤다.

이 과정에서 겐즈는 나, 우리, 지금을 연결하는 공공 리더십의 의미를 삶으로 체득했다. 나중에 그는 하버드대 교내 신문과의 인터뷰에서 이렇게 회상했다. "미국 사회의 인종 차별과 불평등을 처음 제대로 배운 곳은 하버드대 강의실이 아니라 미시시피였다."

그로부터 28년 후, 마흔일곱의 적지 않은 나이에 겐즈는 다시 하버드대로 돌아왔다. 그는 미뤄두었던 학부 과정을 마친 뒤, 하버드 케네디스쿨에서 행정학 석사를, 사회학과에서 정치학 박사 학위를 받았다. 박사과정이 끝나갈 때 그는 케네디스쿨의 제안으로 공공 리더십과 정치 조직화에 대한 강의를 시작해, 수많은 제자를 길러냈다.[29]

나는 그 제자들과의 인연으로 겐즈를 알게 되었다. 존스홉킨스대 정치학과 한하리 교수, 하버드 케네디스쿨의 엘리자베스 메케나 교수가 모두 겐즈의 하버드대 학부 제자다. 두 사람 모두 대학생 시절 겐즈의 수업에서 공공 리더십과 정치 조직화의 중요성을 처음 접했고, 지금도 그 철학을 자신들의 연구에 반영하고 있다. 내가 한하리, 엘리자베스 메케나, 그리고 다른 동료들과 함께 진행하는 민주주의와 시민 사회에 대한 연구도 상당 부분 겐즈의 영향을 받았다. 따라서 나는 마셜 겐즈를 내 학문적 할아버지처럼 생각한다.

2024년 여름 하버드대를 방문했을 때 겐즈를 만났다. 겐즈는 고령에도 불구하고 에너지가 넘쳤다. 연구실을 찾아가 인사드렸을 때 겐즈는 대뜸 이렇게 물었다. "재연은 지금 하고 있는 연구를 왜 시작했고, 왜 하고 있나요? 재연의 스토리는 무엇이죠?" 보통 학자들은 "무슨 연구를 하세요?" 혹은 "어느 학교에서 박사 하셨어요?"와 같은 질문으로 대화를 시작한다. 상대방을 자신이 '이해하기 쉬운 상자'에 먼저 집어넣기 위해서다. 그런데 겐즈는 달랐다. 그는 내가 누구인지, 왜 이 길을 걷고 있는지, 내 삶의 '복잡한 동기'를 이해하는 것에서 이야기를 시작하고자 했다. 그것이 바로 그가 말하는 리더십의 출발점이기 때문이다. 나를 알아야 우리를 찾을 수 있고, 우리를 찾아야 지금을 말할 수 있다.

진정한 리더십은 직함이나 지위에서 나오는 것이 아니라, 공동의 가치를 향한 책임감에서 나온다. 그 가치는 '나'를 넘어 '우리'를 삶의 중심에 둘 때 비로소 발견할 수 있다.

그와 같은 맥락에서, 이 장에서는 이렇게 하면 '내가' 성장하는 것을 넘어 '함께' 성장할 수 있을지 고민하고자 한다. 혼자서는 결코 이룰 수 없는 더 큰 목표를 함께 실현하는 삶의 태도, 그 과정에서 필요한 리더십의 원칙에 대해 이야기하려 한다.

여기서는 관계를 거래transaction처럼 계산하지 않는 자세가 무엇보다 중요하다. '내가 이것을 했으니 상대도 뭔가를 해야 한다'는 식의 조건부 사고는 공동체의 신뢰를 해치고 결속의 힘을 약화시킨다. 진정한 리더십은 손익 계산이 아니라, 공동의 가치를 위해 먼저 손을 내미는 용기에서 시작된다. 우리가 왜 '받는 사람'이 아니라 '주는 사람'이 되어야 하는지, 왜 '나'를 넘어 '우리'를 생각해야 하는지 숙고하는 것이 이 장의 출발점이다.

유방이 항우를 이긴 이유

중국 한나라의 시조 유방과 숙명의 맞수 항우의 일대기를 담은 『초한지』에는 흥미로운 장면이 많다. 평범한 지방 관리 출신 유방이 명문가의 자제이며 타고난 장사였던 항우를 이긴 것이 특히 눈에 띈다. 흙수저 유방이 금수저인 데다 스펙도 좋은 항우를 이겼다. 더구나 항우는 이전 왕조인 진秦의 폭정을 끝내, 권력을 장악할 명분도 있었다. 초기에는 항우를 따르는 인재가 많았다. 항우는 인맥도 좋았다.

　펜실베이니아대 와튼 경영전문대학원의 조직심리학자 애덤 그랜트의 책 『기브앤테이크』를 통해 생각하면 그 이유를 가늠할 수 있다. 유방은 '주는 사람'이었고, 항우는 '빼앗는 사람'이었다.[30] 유방은 타인을 존중했고, 타인과 공을 나눠 가졌다. 유방의 성공은 모두에게 이득이었기 때문에 그를 반대하는 사람이 적었고, 따르는 사람이 점점 많아졌다. 반대로, 항우는 자신의 재주를 과신하고 남을 높이 평가하지 않았으며, 공을 나눠 가질 줄 몰랐다. 그래서 항우가 성공하는 것을 두려워하는 사람이 많아, 그가 성공할수록 적도 늘어났다.

유방이 다양한 인재를 어떻게 모았는지 보여주는 대표적인 예가 있다. 그의 최측근으로 장량, 소하, 한신이 있었다. 오늘날로 치면 장량은 국무총리, 소하는 행정안전부 장관, 한신은 국방부 장관에 해당하는 인물로, 모두 유방의 핵심 인재였다. 이 가운데 한신은 본래 항우 진영의 인물이었지만, 인정을 받지 못하자 유방 쪽으로 돌아섰다. 이후 유방의 총사령관이 된 그는 항우의 거점들을 차례로 무너뜨려, 마침내 승리를 거두었다. 세력이 약한 시절에도 유방이 승기를 잡을 수 있었던 것은 한신의 전략과 지휘력 덕분이었다.[31]

왜 주는 사람이 최후에 웃는가

현대 사회는 과거보다 '주는 사람이 이긴다'는 신념을 가진 사람에게 훨씬 더 유리한 구조다. 인터넷과 소셜 네트워크의 발달로, 사람들의 평판과 신뢰도를 확인하기가 매우 쉬워졌기 때문이다. 소셜 미디어를 보다가 예상치 못했던 두 사람이 친구 사이인 것을 발견하는 일이 잦다. 링크드인처럼 인맥을 확인하고 추적하는 데 특화된 서비스도 있다. 특히 같은 업계나 관심 분야에 속한 사람은 몇 명만 건너면 서로 연결되어 있다.

미국 사회에서는 '추천reference' 문화가 중요하게 작동한다. 좋은 기회일수록 누가 나를 추천하느냐가 결정적 역할을 한다. 추천인은 단지 이력서를 보완하는 사람이 아니라, 나의 평판과 협업 태도를 증언해주는 사람이다. 추천서 없이는 아예 면접 기회가 주어지지 않기도 하고, 최종적으로 공식 일자리 제의job offer를 결정하기 전에 추천서로 체크하기도 한다.

내 경우도 마찬가지였다. UC 버클리에서 가르쳤던 학부 학생이 LA 다저스에서 데이터과학자 최종 면접을 볼 때, 내가 추천서를 제공했다. 이 학생은 면접을 본 여러 곳에서 합격 통보를 받았고, 결국 지금은 투자은행인 골드만삭스에서 일하고 있다. 내가 코드 포 아메리카에 데이터과학자로 입사할 때도, 존스홉킨스대에서 함께 일했던 데이터과학자가 추천서를 써주었다.

물론 대부분의 사람은 여전히 '눈에는 눈, 이에는 이'의 원칙을 따른다. 받은 대로 주는 것을 합리성이라 여기고, 되갚아주는 것을 정의라고 믿는다. 하지만 먼저 주는 사람이 되면 사회적 신뢰의 사다리를 훨씬 더 빠르게 올라갈 수 있다.

남을 밟고 올라가려는 사람, 즉 '테이커taker'는 처음에는 유리한 고지를 차지할 수 있지만, 시간이 지날수록 주변의 불신과 반감을 사고, 마침내 고립되기 쉽다. 항우처럼 권력을 얻은 뒤 타인의 신뢰를 얻지 못한 사람은 결국 무너지고 만다. 오늘날에는 이런 불신이 인터넷과 소셜 미디어를 통해 쉽게 드러나기 때문에, 테이커에게 더욱 불리하다. 반대로, '기버giver'는 초기에 손해를 볼 수 있다. 예를 들어, 테이커는 남의 강의 노트를 몰래 얻어 시험을 준비하지만, 기버는 자기 노트를 아무 대가 없이 공유한다. 그 순간만 보면 기버는 속없는 사람 같기도 하다. 하지만 장기적으로 보면, 기버와 함께 성장한 사람들이 나중에 그의 가장 열렬한 지지자가 된다.

애덤 그랜트 교수는 대표적인 기버로 에이브러햄 링컨을 꼽는다. 링컨은 대통령에 당선된 뒤 정적들을 내각에 적극적으로 기용했다. 그 유명한 '팀 오브 라이벌스Team of Rivals'다.[32] 국무부 장관 윌리엄 수어드, 재무부 장관 새먼 체이스, 법무부 장관 에드워드 베이츠는 모두 링컨과 공화당 내 대통령 후보 자리를 두고 경쟁했던 인물들이다. 하지만 링컨은 이들과의 과거를 문제 삼지 않고, 국가 공동체 수호와 발전이라는 공동 목표를 위해 그들의 능력과 다양성을 수용했다. 그는 자신의 '권력을 확장'하기보다 자신의 '능력을 확장'하는 리더십 구조를 설계했다. 이런 포용과 존중의 리더십은 남북 전쟁이라는 국가적 위기에서도 미국을 하나로 묶는 결정적 역할을 했다.

사람은 심은 대로 거둔다. 당장은 테이커가 이기는 것 같지만, 최후에 웃는 사람은 기버다.

나는 남들이 반길 만한 사람인가

타인의 성장은 곧 나의 성장이다. 나만 얻고, 나만 이기겠다는 태도로는 어떤 공동체에서도 오래가기 어렵다. 모두 가지려 하면, 오히려 더 많은 것을 잃는다. 남의 처지에서 문제를 바라보면, 더 좋은 길이 보인다. 경쟁보다 더 뛰어난 능력은 협력이다.

다른 사람이 잘되면 내가 손해 보는 것처럼 느껴질 때가 있다. 하지만 인생은 그런 식으로 돌아가지 않는다. 누군가 잘된다고 해서 내가 잘못되는 것도 아니고, 누군가 앞서간다고 해서 내 자리가 사라지는 것도 아니다. 진정한 친구, 진정한 동료라면 함께 잘되기를 바란다. 곁에 있는 사람들이 성장하는 모습을 보며 기뻐할 때, 나도 함께 성장한다. 좋은 관계는 서로를 끌어올린다.

스스로 이런 질문을 던져보자. "나는 내 친구가 다른 친구에게 소개해주고 싶은 사람인가?" "나는 기회가 생겼을 때 같이 일하면 좋겠다고 떠올리는 사람인가?" 자신 있게 "그렇다"라고 대답할 수 없다면, 지금 곁에 있는 사람조차 언젠가 멀어질 수 있다. 그리고 이런 질문을 던져보자. "내가 잘됐을 때, 주변 사람들이 진심으로 기뻐할까?" 그렇지 않다면, 지금은 잘나가는 것처럼 보여도 롱런하기 어렵다. 진부한 권선징악 이야기가 여전히 먹히는 데는 이유가 있다. 사람들은 그것을 해피엔딩이라고 믿기 때문이다. 결국 소개해주고 싶은 사람, 같이 일하고 싶은 사람이 되는 것이 가장 중요하다. 함께 있으면 편하고, 일할 때 믿음이 가는 사람에게 기회가 더 많이 찾아온다.

이것은 이상적인 얘기가 아니다. 실용적인 태도다. 스타트업에 투자하는 벤처 투자자들은 창업자가 얼마나 똑똑한가가 아니라, 그들이 풀려는 문제가 얼마나 많은 사람에게 중요한 문제인가를 가장 주의 깊게 본다. 자기 안에 갇혀 세상을 보는 창업자는 투자자들에게 인기가 없다. 다른 사람이 나에게 무슨 도움이 될지가 아니라 내가 다른 사람에게 어떤 도움을 줄지 고민하기 시작하면, 전혀 다른 기회가 보인다. 다른 사람 문제에 진심으로 관심을 가지고 행동하면 기회가 열린다.

커뮤니티를 만드는 사람이 기회를 잡는다

공적 커뮤니티civic community는 가족도 친족 단체도 아니다. 지역 향우회나 학교 동문회처럼 과거 소속감을 공유하는 폐쇄적 집단도 아니다. 공적 커뮤니티는 누구에게나 열린 공간이다. 공동의 비전과 관심사를 가진 사람들이 자발적으로 연결되어 만들이기는 느슨하면서도 지속적인 관계의 장이다. 이곳에서는 혈연이나 지연이 아니라, 함께 나누는 가치와 기여의 경험이 관계의 중심이 된다. 구성원들은 단순한 친분이나 의무감이 아니라, 서로를 북돋우고 함께 성장하려는 마음으로 모인다. 커뮤니티는 '나'와 '남'을 연결해 '우리'를 만들어가는 공간이다.

이런 커뮤니티에 기여하는 일은 마치 잠재력 있는 스타트업에 초기 투자하는 것과 같다. 당장은 눈에 띄는 보상이 없을 수도 있다. 모든 커뮤니티가 오래 지속되는 것도 아니다. 하지만 시간이 흐를수록 그 안에서 함께 성장한 경험은 삶의 자산이 된다. 커뮤니티를 통해 삶이 더 풍요로워지고, 생각하지 못했던 기회가 열리기 시작한다.

대학생 때 '가나안 포럼'이라는 영어 토론 모임의 운영위원으로 활동했다. 가나안은 '희망의 땅'과 '가난한 마음'이라는 겸손한 태도를 뜻했다. 이 포럼은 지위나 나이에 상관없이 다양한 사람이 소통하는 공간이었다. 기업 임원부터 또래 대학생까지 폭넓은 사람들을 만나며 시야를 넓힐 수 있었다. 무엇보다 그곳에서 받은 자극과 배움은 단순한 네트워킹을 넘어 내 삶의 방향에 영향을 줄 만큼 깊이가 있었다. 그리고 디지털 권리 관련 단체인 크리에이티브 커먼즈 코리아Creative Commons Korea(현 C.O.D.E.)에서 자원봉사도 했다. 이곳에서 5년 가까이 활동하며 법조계, 학계, 시민사회, 테크 산업 등 다양한 분야의 전문가들과 교류했다. 문과생이었던 나는 이 경험을 통해 기술과 관련된 비즈니스, 정책에 대한 이해를 키울 수 있었다. 나중에 내가 사회과학, 기술, 데이터를 넘나드는 진로를 설정하는 데도 중요한 기반이 되었다.

UC 버클리에서 박사 유학 중이던 2019년, 프린스턴대에서 열린 전산사회과학 여름학교Summer Institute in Computational Social

Science, SICSS에 참가한 경험은 내 인생과 커리어에서 큰 전환점이 되었다. 이 행사에서는 미국을 비롯해 전 세계에서 선발된 약 30명의 대학원생, 박사후연구원, 조교수가 모여 사회과학과 데이터과학을 어떻게 접목할지 함께 배우고 고민했다.

2주간의 프로그램에서 배운 것이 너무 많았다. 이 커뮤니티에 돌려주고 싶다는 마음이 들어, 그다음 해에는 UC 버클리와 스탠퍼드대가 공동 주최한 SICSS 샌프란시스코 항만 지역 프로그램을 직접 기획·조직하고, 운영했다. 이 과정에서 다양한 분야의 연구자 및 실무자들과 교류했다. 무엇보다 직접 그 장을 열었기에, 내가 그 관계의 중심에 설 수 있었다. 이 프로그램을 통해 만난 사람들은 이후 나의 친구이자 동료, 공저자가 되었다. 당시 이 행사의 주제는 샌프란시스코 항만 지역의 전산사회과학 연구자들과 비영리 단체들을 연결하는 것이었다. 이때 샌프란시스코에 본사를 둔 미국의 대표적인 시빅 테크 단체 코드 포 아메리카의 데이터과학 팀과 처음 인연이 닿았고, 훗날 이곳에서 데이터과학자로 일할 기회도 얻었다.

나아가, 한국에서도 비슷한 행사를 조직했다. 2022년 미국에서 박사과정을 마치고 KDI 국제정책대학원에서 교수로 재직할 때 카이스트의 김란우, 이원재 교수와 함께 SICSS 한국 지역 프로그램을 조직했다. 이 프로그램은 지금도 카이스트와 KDI 국제정책대학원이 번갈아 주최하며 꾸준히 이어가고 있으며, 나는 SICSS의 글로벌 자문위원으로 활동하고 있다.

이 모든 기회의 출발점은 내가 먼저 기여하기로 한 선택이었다. 그리고 SICSS가 내게 준 기회는 거기서 끝나지 않았다. 2024년 노스캐롤라이나대 채플힐UNC 정책학과 교수 채용 인터뷰를 준비할 때도 많은 사람이 도와주었다. 특히 듀크대 사회학과 크리스 베일 교수의 도움이 컸다. 학과 인터뷰 다음 날, 크리스와 듀크대 근처에서 점심을 먹으며 학교에 대한 정보를 주고받은 대화는 내가 여러 선택지 중에서 UNC로 최종 결정하는 데 큰 도움이 되었다. 크리스는 SICSS의 공동 설립자이자 디렉터이고, 나는 SICSS의 자문위원이어서 우리는 오랜 시간 자주 연락하고 협력하며, 교류했다. 듀크대와 UNC가 모두 노스캐롤라이나에 있다는 사실은 알고 있었지만, 그가 원래 UNC 사회학과 교수였다는 것을 나중에야 알았다.

아무 대가 없이 서로 도운 시간이 자연스럽게 기회로 이어지는 경우는 생각보다 많다. 커뮤니티란 바로 그런 말도 안 되는 일들이 실제로 일어나는 공간이다.

이제 커뮤니티를 만드는 일은 내 커리어이자 리더십이 되었다. 2025년에는 친구, 동료들과 함께 '공익을 위한 데이터 라운드테이블Data for Good Roundtables'을 공동 설립했다. 미시간대 사회복지대학의 유나리 교수도 그중 한 명이다. 우리는 오랫동안 각자 자리에서 같은 질문을 품고 있었다. "어떻게 하면 사회와 정책 문제를 해결하는 데 데이터를 더 잘 활용할 수 있을까?" 이 질문은 학계에서도, 현장에서도 반복되었고, 나 역시 양쪽에서 부딪치며 고민해왔다. 그리고 결국 문제 해결의 열쇠는 어느 한쪽에만 있는 것이 아니라, 학계와 현장 사람들이 서로 만나 이야기하고, 서로의 언어와 문제의식을 이해할 때 비로소 실마리가 풀린다는 사실을 깨달았다. 사회 문제와 정책 문제는 너무 복잡하고 어려워 한쪽의 시각만으로는 해결할 수 없다. 학문과 실천 사이에 가교가 놓일 때, 진짜 혁신이 이루어진다.

타인의 성장을 나의 성장으로 받아들이는 것은 도덕적 의무가 아니다. 험하고 고독하며 불확실한 세상을 더 즐겁고 능력 있게 살아가는 비결이다. 나를 진심으로 이해하고 지지하는 동료를 만드는 삶의 원칙이다.

커뮤니티는 단지 좋은 사람들을 만나는 장소가 아니다. 동료와 아군을 만드는 곳이다. 그런 사람들과 함께 일하고 서로 돕고, 공동 목적을 향해 나아가며, 리더로 성장할 수 있는 훈련소다. 커뮤니티에 적극적으로 기여하면 당장 눈에 띄는 성과가 없더라도, 미래의 기회를 여는 열쇠를 쥐게 된다.

기회를 얻고 싶으면 먼저 기여하라. '나'의 기준에 따르는 사는 사람은 실력자이고, '남'의 기준을 존중하는 사람은 인격자다. 그리고 '우리'의 기준을 지키는 사람이 바로 리더다.

'기회의 선순환'을 만들기 위해 대학을 마음껏 사용하라

2014년 봄, 모교인 고려대에서 '실패를 통해 배우는 법'이라는 제목으로 특강을 한 적이 있다. 그 내용은 이 책과 크게 다르지 않았다. 특강에서 나는 대학생들이 학업과 진로에서 방향을 잃는 이유, 그리고 그런 상황을 어떻게 헤쳐나가야 할지 이야기했다.

강의가 끝난 뒤, 졸업을 앞둔 많은 후배가 찾아와서 말했다. "이런 이야기를 1학년 때 들었더라면 대학 생활이 정말 달랐을 것 같아요." 그러나 나 역시 신입생 때는 아무것도 몰랐다. 나에게 이 책이 소개하는 내용을 알려주는 이도, 함께 고민해주는 이도 드물었다. 몇 해 먼저 대학에 들어온 선배들조차 학사 일정에 조금 더 익숙할 뿐, 대학 생활의 전체 그림을 그려줄 수 없었다.

그런 공백을 줄이기 위해 2014년에 『대학사용법』을 출간했다. 그리고 많은 사람의 공감을 얻었다. 그중에는 이미 대학을 졸업한 사람도 적지 않았다. 그들은 책에 깊이 공감하면서도 "이런 이야기를 학부 때 알았더라면 얼마나 좋았을까?" 하며 아쉬움을 전했다. 일본 슈메이대 송원서 교수도 그중 한 분이다. 이와 같은 독자의 반응은 이 책이 단지 대학생뿐만 아니라, 더 나은 시작을 다시 준비하는 이들을 위한 책이 될 수 있다는 확신을 주었다.

그로부터 어느덧 10여 년이 넘는 시간이 지났다. 그동안 나는 내 커리어를 개척해왔다. 미국에서 박사과정을 마치고, 사회과학자와 데이터과학자로 일하며 학술 연구와 교육, 현장에서의 실무를 병행했다. 그사이 세상도 많이 바뀌었다. 기술과 사회가 빠르게 변했다. 더 불확실하고 예측하기 어려운 사회가 되었다. 그만큼 학생들이 마주하는 현실과 선택의 풍경도 과거와 달라졌다.

그러나 나는 이 책이 여전히 유효하다고 믿는다. 그 이유는 정답을 제시하는 책이 아니기 때문이다. 이 지구상에는 80억이 넘는 사람이 살고 있다. 한국 인구만 해도 5천만 명이 넘는다. 이렇게 다양한 사람 모두에게 통용되는 하나의 길이 존재할까? 그런 길은 존재하지 않는다.

인생의 답은 내가 찾고, 직접 만들어가야 한다. 하지만 피할 수 있는 실수는 피하고, 피할 수 없는 과정은 더 잘 견디기 위한 공통의 원칙과 관점, 전략은 분명 존재한다. 이것은 근거 없는 확신이 아니다. 2025년 여름, 한국에 몇 주간 방문해 카이스트, 서울대, 고려대, 연세대에서 연구 발표를 하고, 정치학부터 컴퓨터과학까지 다양한 전공의 학부생, 대학원생들과 1:1 혹은 그룹으로 면담을 했다. 시간은 많이 흐르고 세상도 많이 바뀌었지만, 대학에서 학생들이 하는 고민과 갈등은 여전히 비슷하다는 것을 느꼈다. 커리어를 발견하고 개척하기 위해 꼭 알아야 할 정보를 아는 사람은 알고, 알지 못하는 사람은 알지 못한다. 그 차이는 여전히 존재하고, 매우 크다.

이 책의 집필 목적은 이렇게 대학 생활 곳곳에 숨어 있는 보이지 않는 기회를 탐색하고 활용하는 원리와 원칙을 공유하는 것이다. 그래서 책 제목이 '대학사용법'이다.

4년이라는 길지 않은 시간 동안 누구는 삶의 주도권을 쥐고 앞으로 나아가고, 누구는 길을 잃고 흔들린다. 그 차이를 만드는 것은 시험 점수나 이력서에 적힌 스펙이 아니다. 누구도 공식적으로 가르쳐주지 않고, 관련 강의가 있는 것도 아니지만, 비공식적으로 공유되고 전수되는 방법은 대학이라는 자원을 '고용'하는 것이다.

이 책은 대학을 '고용'하는 출발선이다. 지도에 없는 길을 걸어가는 이들을 위한 나침반이 될 것이다. 이제 이 나침반을 손에 쥐고, 스스로 해석하며 실천해 자기만의 대학사용법, 학습 포트폴리오, 커리어 로드맵을 만들어가기 바란다.

특히 지금처럼 위기와 기회가 동시에 존재하는 시대에는 스스로 배우고 성장할 줄 아는 능력, 주도적 자기 학습 능력이 매우 중요하다. 기술은 빠르게 바뀐다. 그렇기에 새로운 직업이 생기기도 하고 사라지기도 한다. 어떤 전공이 유망하다고 들어 진학했지만, 졸업할 즈음에는 시장이 완전히 바뀌는 일도 흔하다.

이런 시대에 가장 중요한 역량은 정해진 답을 잘 외우는 능력이 아니라, 스스로 질문을 던지고 배움을 설계하는 힘이다. 좋은 문제아가 되려는 시도와 노력이다.

대학은 그런 학습 능력을 기를 수 있는 가장 좋은 공간이다. 시간 여유가 있고, 실패해도 괜찮은 실험 기회가 주어지며, 함께 공부하고 자극을 주고받을 수 있는 동료가 있기 때문이다. 전공 수업뿐 아니라 동아리 활동, 비교과 프로그램, 교환학생, 이니셔티브를 통한 프로젝트 등 모든 활동이 스스로 학습하는 힘을 키워준다.

이 학습력은 대학생만을 위한 것이 아니다. 졸업 후 커리어를 전환하거나 삶의 궤도를 새롭게 그리려는 사람에게도 평생 유효한 핵심 역량이다. 예를 들이, 법대 혹은 로스쿨 출신이 소프트웨어 개발자가 되거나 공대를 나온 사람이 사회 문제 해결을 위한 정책 실무에 뛰어드는 경우처럼, 요즘 커리어는 직선으로 그어지지 않는다. 좋은 타자라면 직구도, 변화구도 모두 칠 줄 알아야 한다. 결국 중요한 것은 적응력과 학습력, 그리고 그 모든 것의 기반인 태도다.

따라서 『대학사용법』은 여전히 유용한 대학 안내서다. 왜냐하면 이 불확실한 삶에서 위기, 실패, 고통은 피할 수 없지만, 배움을 멈추지 않는 사람에게는 성장 기회 또한 멈추지 않고 찾아오기 때문이다.

이 책에서 특히 강조한, 기회가 기회를 낳는 '기회의 선순환'은 단발적 성공이 아니라 스스로 좁은 문을 열고 힘든 길을 가는 것을 말한다. '조용한 기다림'과 '적극적 도전'을 반복해 나만의 커리어를 찾고 만들어가는 과정을 의미한다. 이 책은 그런 선순환 사례가 조금이라도 더 많아지기를 바라는 마음으로 집필한 결과물이다.

원고 작업 과정에서 많은 분이 귀중한 시간을 내어 초고를 읽고 소중한 피드백을 주셨다. 지면 관계상 모든 분의 이름을 담지는 못하지만, 이 자리를 빌려 깊이 감사드린다.

독자 중에는 대학 생활에 대해 기대했던 것보다 덜 자극적이고 덜 재미있다고 느끼는 사람도 있을 것이다. 그런 생각이 든다면, 아직 '흥분excitement'과 '열정passion'을 구분하지 못하기 때문일지도 모른다. 의욕만 가득해서는 원하는 목표를 이룰 수 없다. 목표를 이루기 위해 무엇을 포기해야 하는지 알고, 몸을 가볍게 한 뒤, 한 방향으로 집중해서 걸어야 한다.

목소리를 높이고 주먹만 불끈 쥐면 스스로 원하는 삶을 찾을 수도, 이룰 수도 없다. 자신의 인생 방향을 명확히 정하고, 그것을 이루기 위해 끈기 있게 걸어가면서 함께할 친구와 동료를 찾아야 한다.

'열정'이라는 단어는 본래 그리스도가 십자가를 지기까지 겪은 고통과 수난을 의미했다. 사회학자 막스 베버는 세상의 악마적 속성이 끊임없이 인간성을 유혹하는 가운데서도, 그리고 절망적인 상황에서도 '그럼에도 불구하고'를 말할 수 있는 실력과 의지가 필요하다고 했다. 그런 의미에서 우리에게는 단순한 흥분이나 기대가 아니라, 더 큰 삶의 목표가 나를 이끄는 소명calling이 필요하다.

나는 독자 여러분이 이 위기와 혼란, 때로는 공포의 시대에도 더 나은 삶을 향해 나아갈 수 있다고 믿는다. 백척간두에서 한 걸음 더 나아가기 위해서는 단순한 위로나 막연한 낙관만으로는 부족하다. 철저한 현실 인식을 바탕으로, 다른 사람과 함께 희망을 찾고 불가능을 가능으로 바꿔가는 용기가 필요하다.

그런 마음이 필요할 때마다 나는 학부 시절부터 김현승 시인의 시 「가을」을 띠올렸다.

봄은 꽃잎으로 살을 만들지만, 결국 시들고 썩는다. 반면 가을은 별을 생각으로 깎고 다듬는다. 어둠 속에서도 영혼을 꺾지 않고 오히려 더 깊어지는 밤 속에서 마음의 보석을 만들어간다. 대학 생활도, 인생도 그러해야 한다. 눈에 띄는 화려함을 좇기보다 자기 내면을 다듬고 깎으며 성장해야 한다. 외양보다 내실을 채워야 한다. 독일 시인 라이너 마리아 릴케가『젊은 시인에게 보내는 편지』에서 말했듯이, 우리는 내면 깊숙이 들어갈 때 비로소 자신도 몰랐던 힘을 발견한다.

여러분도 그런, 기회의 선순환을 스스로 만들어가는 인생을 살아가기 바란다.

'기회의 선순환'을 만들기 위한 대학사용법 10가지 원칙

1. 대학 생활을 결정짓는 것은 입시 결과나 입학 성적이 아니다.
2. 대학의 자원을 적극적으로 활용할 줄 알아야 한다.
3. 학교에서는 사회에 나가서 배울 수 없는 것을 적극적으로 배워야 한다.
4. 서두르지 마라. 한 단계씩 성취하다 보면 목표에 도달할 수 있다.
5. 대학 생활의 목적은 사회에서도 쓸모 있는 '학습 능력'을 키우는 것이다.
6. 전공과 학교라는 울타리를 벗어나라. 넓은 세상에 기회가 있다.
7. 타인의 조언을 선별해서 들어라.
8. 나의 문제를 넘어 남의 문제, 우리의 문제를 고민하고 해결하는 이니셔티브를 경험하라.
9. 스펙과 커리어는 다르다.
10. 대도기 운명이다. 내 기준에 띠리 시는 것은 실력, 다른 사람의 기준을 존중하는 것은 인격, 우리 모두의 기준을 지키는 것은 리더십이다.

1 리드 호프만·벤 캐스노차, 『스타트업 오브 유』, 이지연 옮김, 한국경제신문, 2012.

2 Blattman, C., "10 Things I Tell Undergraduates," 2009. http://chrisblattman.com/advising/undergraduate-general

3 이공계 전공자라 하더라도, 인문사회과학에 대해 이야기할 때는 인문학과 사회과학이 어떻게 다른지 기본적인 차이 정도는 이해하자. 인문학과 사회과학을 모두 학부에서 전공한 사회과학자이자 데이터과학자로서, 똑똑한 이공계 동료 중 상당수가 이런 기본적인 차이조차 모르는 현실이 안타깝다(이 둘을 구분하지 않고 이야기하면, 인문사회과학 전공자는 겉으로 말을 아끼더라도 속으로 깊은 한숨을 내쉰다). 물론 기본적인 이해 없이, 상상력과 얕은 지식을 바탕으로 마치 공상과학 소설을 쓰듯 과학기술에 대해 말하는 인문사회과학 전공자도 문제다. 모르는 것은 쉽게 말하지 말고, 아는 것은 신중하게 말해야 한다. 모르는 분야는 배우고, 아는 분야도 계속 공부해야 한다.

4 Gerber, E., "Seven Maxims for Solving Problems in the Age of AI," *Medium*, March 2024. https://medium.com/@lizgerber_77661/seven-maxims-for-solving-problems-in-the-age-of-ai-

15523c265332

5   Wikipedia, "Received Pronunciation." https://en.wikipedia.org/
    wiki/Received_Pronunciation

6   GRE는 최근 많은 대학원 프로그램에서 선택 사항(optional)이거나 제출
    하지 않아도 되는 경우(not required)가 늘고 있으므로, 지원하려는 학과
    의 입학 요건을 꼭 확인해야 한다.

7   대학이 중세 조직이라는 것을 엿볼 수 있는 흥미로운 제도가 있다. 바로
    '테뉴어tenure' 제도다. 테뉴어는 원래 중세 유럽의 봉건제 사회에서, 귀족
    이나 기사에게 일정 조건하에 토지를 장기 보유할 수 있게 한 법적 권리
    였다. 중세 사회에서 대학 제도가 발달하면서, 교수에게도 일정 기간 후
    정년을 보장해 정치적·경제적 외압으로부터 학문적 자유와 비판적 사고
    를 지킬 수 있게 만든 장치로 발전했다. 테뉴어 제도에 기반해 미국에서
    대학교수는 정년 심사를 통과하면 은퇴할 시기를 본인이 정한다.

8   예컨대 나와 같은 대학원에서 공부한 터프츠대 사회학과 칼렙 스코빌 교
    수는 2025년 카네기 펠로로 선정되었다. 카네기 펠로십은 미국 사회과
    학·인문학계에서 가장 명망 있고 권위 있는 연구 지원 중 하나로 창의적
    이고 공공성을 지닌 연구자에게 수여된다. 미국에서 커뮤니티 칼리지는
    누구나 입학할 수 있는 지역 기반의 2년제 공립대학으로, 경제적 부담이
    적고 진학 장벽이 낮아 다양한 배경의 학생이 고등교육에 첫발을 내딛는
    통로가 된다. 칼렙의 학자로서 여정은 바로 그런 커뮤니티 칼리지에서
    출발했다. 애플의 공동 창업자 스티브 워즈니악도 커뮤니티 칼리지 출신
    이다.

9   Levin, R. C., "In His Own Words: Presidential Quotations," *Yale
    News*, June 21, 2013. https://news.yale.edu/2013/06/21/his-own-
    words-presidential-quotations (2025년 4월 13일 접속)

10 Wallace, D. F., *This Is Water: Some Thoughts, Delivered on a
    Significant Occasion, about Living a Compassionate Life*, 1st ed.,
    Little, Brown, 2009.

11 Dweck, C. S., *Mindset: The New Psychology of Success*, Ballantine Books, 2008.

12 앤절라 더크워스, 『그릿: IQ를 뛰어넘는 열정과 끈기의 힘』, 김미정 옮김, 비즈니스북스, 2017.

13 다만 장학금마다 중복 수혜 가능 여부가 다르니 반드시 공지사항을 꼼꼼히 확인하자. 예를 들어, 미래에셋박현주재단 장학금은 한국장학재단의 국가장학금과는 중복 수혜가 가능하지만, 아셈듀오, 에라스무스, ISEP, 파란사다리와 같은 다른 기업·기관의 프로그램과는 중복 수혜가 불가능하다. https://miraeassetfoundation-recruit.com/ (2025년 5월 6일 접속)

14 Dunbar, R. I., Neocortex size as a constraint on group size in primates. *Journal of human evolution*, 22(6), 1992, 469–493.

15 Goler, L., "How Asking One Simple Question Can Help You Stand Out in a Job Interview," LeanIn.org. https://leanin.org/stories/lori-goler (2025년 4월 29일 접속)

16 장진호, "분당-서강대 간 통학 버스 개통돼,"「서강학보」, 2014년 3월 18일. (2025년 4월 29일 접속)

17 Houston, D., "Commencement Address at MIT," *Massachusetts Institute of Technology*, 2013년 6월 7일. https://www.youtube.com/watch?v=dHVD-ZH6DGY (2025년 7월 1일 접속)

18 Bennett, B., "Cory Booker Is Answering His Mom's Decades-Old Question With His Work," *TIME*, February 1, 2024. https://time.com/collection/closers/6564914/cory-booker-empowers-underprivileged-communities/ (2025년 4월 13일 접속)

19 박민기, "[단독] '변호사 억대 연봉' 옛말…올해 변호사시험 합격자 500명 제때 취업 못했다," 매일경제, 2024년 3월 27일. https://www.mk.co.kr/news/society/11020882 (2025년 4월 12일 접속)

20 이병문, "개인병원 폐업률 12%…부의 명예는 옛말," 매일경제, 2024년

3월 14일. https://www.mk.co.kr/news/special-edition/6627895
(2025년 4월 12일 접속)

21 Gladwell, M., *Outliers: The Story of Success*, Little, Brown and
Company, 2008.

22 Epstein, D., *The Sports Gene: Inside the Science of Extraordinary
Athletic Performance*, Current, 2013.

23 'Less is more'라는 교훈은 원래 건축가 루트비히 미스 반데어로에에게
서 유래했다. 마이크로소프트의 디자인과 인공지능 부사장 존 마에다는
저서 『단순함의 법칙』에서 이 개념을 디지털 시대에도 여전히 유효한 디
자인 원칙으로 확장하고, 단순함은 본질을 남기고 불필요함을 걷어내는
과정이라고 설명한다. 존 마에다, 『단순함의 법칙』, 현호영 옮김, 유엑스
리뷰, 2016.

24 김인수, 『부끄러울 것 없는 일꾼으로』, 죠이선교회출판부, 2006년 2월
18일.

25 김인수, "열악한 환경에서 어떻게 교수 생활을 할 것인가?", 인수회 홈
페이지, 2002년 3월 8일. http://linsukim.com/cgi-bin/spboardpro/
board.cgi?id=pds&action=view&gul=6&page=2&go_cnt=0 (한때
이 홈페이지에 게시된 글이었으나 안타깝게도 이 홈페이지는 더 이상 운영되지
않는다.)

26 폴 터프, 『아이는 어떻게 성공하는가』, 권대기 옮김, 베가북스, 2013.

27 앤절라 더크워스, 『그릿: IQ를 뛰어넘는 열정과 끈기의 힘』.

28 Bezos, J., "We Are What We Choose," Princeton University
Commencement Address, May 30, 2010. http://www.princeton.
edu/main/news/archive/S27/52/51O99/index.xml

29 Pazzanese, C., "What is compelling to do right now?" *Harvard
Gazette*, September 26, 2023. https://news.harvard.edu/gazette/
story/2023/09/how-marshall-ganz-found-his-calling-as-activist-
scholar-mentor/ (2025년 4월 14일 접속)

30 애덤 그랜트, 『기브앤테이크Give and Take』, 윤태준 옮김, 생각연구소, 2013.

31 물론 여기에는 역사의 아이러니도 있다. 큰 공을 세운 한신은 결국 유방에게 의심받고 숙청당했다. '교토사주구팽(狡兎死走狗烹)', 즉 토끼를 잡고 나면 사냥개를 삶아 먹듯, 필요 없어지자 공신도 제거한 것이다. 이는 유방이 '주는 리더'였다고 해서 늘 이상적인 관계가 지속된 것은 아님을 보여준다. 완벽한 사람은 없고, 인간은 상황에 따라 바뀐다. 중요한 점은, 유방이 적어도 권력을 형성하는 초기 단계에는 기회를 주고 인재를 인정하며 능력 있는 사람들과 공동의 목표를 향해 나아갔다는 것이다.

32 Goodwin, D. K., *Team of Rivals: The Political Genius of Abraham Lincoln*, Simon & Schuster, 2005.

대학사용법

초판 1쇄 발행　　2014년 7월　5일
개정판 1쇄 발행 2026년 4월 10일

지은이 김재연
펴낸이 오세인 | **펴낸곳** 세종서적(주)

국장 주지현
편집 최정미, 이현미 | **표지 디자인** 박은진 | **본문 디자인** 강임순
마케팅 조소영 | **경영지원** 홍성우

출판등록 1992년 3월 4일 제4-172호
주소 서울시 광진구 천호대로132길 15, 세종 SMS 빌딩 3층
전화 (02)775-7012 | **마케팅** (02)775-7011 | **팩스** (02)319-9014
홈페이지 www.sejongbooks.co.kr | **네이버 포스트** post.naver.com/sejongbooks
페이스북 www.facebook.com/sejongbooks | **원고 모집** sejong.edit@gmail.com

ISBN 979-11-24255-11-7 03190

- 잘못 만들어진 책은 바꾸어드립니다.
- 값은 뒤표지에 있습니다.